文革文學大系

（十二）

史 料 卷

王　堯主編

現代文學研究叢刊
文史哲出版社印行

現代文學研究叢刊　30

文革文學大系（全十二冊）

主　編　者：王　　　　　　　堯
出　版　者：文　史　哲　出　版　社
http://www.lapen.com.tw
登記證字號：行政院新聞局版臺業字五三三七號
發　行　人：彭　　　正　　　雄
發　行　所：文　史　哲　出　版　社
印　刷　者：文　史　哲　出　版　社
臺北市羅斯福路一段七十二巷四號
郵政劃撥帳號：一六一八○一七五
電話886-2-23511028・傳真886-2-23965656

十二冊定價新臺幣五○○○元

中華民國九十六年（2007）十二月初版
中華民國九十八年（2009）二月初版訂正

導　言

王　堯

《史料卷》爲《“文革文學”大系》之一種。

《史料卷》爲突出歷史時間概念，在編排順序上和其他卷稍有不同：收錄的“講話”文稿以“講話”發表的時間爲序，同一作者收錄多篇的，不集中歸於同一名下，也以發表先後爲序。

如何論述中國當代文學史的問題逐漸引起關注，顯示了學界對一個學科成熟的期待。就整體性的學術背景而言，我們已經越過了非常態的學術史狀態，曾經在相當長的時期內，學界的注意力集中在學術上的“撥亂反正”和“打破禁區”、“填補空白”方面，這是一個令人興奮而且充滿了“戰鬥”激情的時期，但是許多真正的問題也常常被疏忽。在今天，當我們有可能討論建立當代文學的學科話語，並且把這種討論建立在中國當代文學與思想文化發展的勃勃生機中時，我們不僅需要轉換知識體系，轉換文學史觀念，轉化思維方式，而且需要有清晰地發現問題的意識，因爲漠視被遮蔽了的真問題的危害遠遠大於僞問題干擾我們的學術研究。

我們注意到，曾經在很長的時期內，當代文學史的敍述是殘缺不全的，突出的問題是“文革文學”被擱置，當代文學史的敍述在進入到 60 年代中期後突然中斷了。這一現象可以稱爲文學史敍述的“斷裂”問題。當初對這一現象的解釋是“文革”無文學，或曰“一片空白”，無疑，這一解釋在學理上是不能成立的。

現在，學界已經無須就是否有必要研究"文革文學"再作爭論。把"文革文學"納入到當代文學史的敍述，就當代文學史寫作而言其主要意義不在填補空白，而在於它不僅改變了我們寫作當代文學史的知識背景，改變了當代文學史著作的習慣內容，而且更爲重要的是它有可能在文學史哲學的層面上糾正"非歷史的觀點"，在中斷的縫隙中發現"歷史聯繫"，進而獲得重新敍述當代文學史的可能。如果不能改變"簡單中斷"的觀點，當代文學史寫作中的"整體性"構架是無法實現的。

"文革文學"，是與 20 世紀中國的重大事件"無產階級文化大革命"（簡稱"文化大革命"和"文革"）相關聯的。1966年 5 月中國爆發了持續十年的"文革"。對這場給當代中國帶來深重災難的"文化大革命"，中共十一屆六中全會通過的《關於建國以來黨的若干歷史問題的決議》作了徹底的否定，《決議》認爲："實踐證明，'文化大革命'不是也不可能是任何意義上的革命或社會進步。""歷史已經判明，'文化大革命'是一場由領導者錯誤發動，被反革命集團利用，給黨、國家和各族人民帶來嚴重災難的內亂。"《決議》對"文革"的評價是研究"文革文學"的政治原則，並且包含了某些方法論上的啓示。

爲了能夠更深入地把握"文革"與"文革文學"的關係，我們有必要瞭解"文革"時期的經典文獻對"文革"的釋義。1966年 5 月 16 日《中國共產黨中央委員會通知》中說："我們必須遵照毛澤東同志的指示，高舉無產階級文化大革命的大旗，徹底揭露那批反黨反社會主義的所謂'學術權威'的資產階級反動立場，徹底批判學術界、教育界、新聞界、文藝界、出版界的資產階級反動思想，奪取在這些文化領域中的領導權。而要做到這一點，必須同時批判混進黨裡、政府裡、軍隊裡和文化領域的各界裡的資產階級代表人物，清洗這些人，有些則要調動他們的工作。"1966 年 8 月 8 日通過中國共產黨中央委員會《關於無產階級文化大革命的決定》進一步說："當前開展的無產階級文化大革命，是一場觸及人們靈魂的大革命，是我國社會主義革命發展的一個更深入、更廣闊的新階段。""資產階級雖然已經被推翻，但是，他們企圖用剝削階級的舊思想，舊文化，舊風俗，舊習慣，來腐蝕群眾，征服人心，力求達到他們復辟的目的。無產階級恰恰相反，必須迎頭痛擊資產階級在意識形態領域裡的一切挑戰，用無產階級自己的新思想，新文化，新風俗，新習慣，來改變整個社會的精神面貌。在當前、我們的目的是鬥垮走資本主義道路的當權派，批判資產階級的反動學術'權威'，批判資產階級和一切剝削階級的意識形態，改革教育，改革文藝，改革一切不適應社會主義經濟基礎的上層建築，以利於鞏固和發展社會主義制度。"後來毛澤東又把這場革命看作是"無產階級反對資產階級和一切剝削階級的政治大革命，是中國共產黨及其領導下的廣大革命群眾和國民黨反動派長期鬥爭的繼續，是無產階級和資產階級鬥爭的繼續。"這些論點被概括成所謂"無產階級專政下繼續革命的理論"，它的核心意義是：在無產階級取得了政權並建立了社會主義制度的條件下，還要進行一個階級推翻一個階級的政治大革命，"文化大革命"就是這種"繼續革命"的最重要的方式。"在上層建築其中包括在文化領域中對資產階級實行全面的專政"則是"繼續革命"的重要組成部分。

我國五十年代末期提出"文化革命"的問題，當時所講的文化革命的內容，主要是社會主義的文化、教育事業，指提高人民的文化水準和健康水準，建設工人階級的知識份子隊伍，改變我國教育、科學、文化的落後狀態，這正是列寧在十月革命之後提出的文化革命的本來意義。而"文化大革命"不是馬克思主義經典作家所講的原來意義上的文化革命。"按照科學意義上的革命，'文化大革命'不能在任何意義上稱為一個革命。它不是用一種什麼先進的生產關係去代替一種落後的生產關係，也不是用一種先進的政治力量來取代一種反動的政治力量。"[1]冠以"文化"二字的這場"革命"是由文化領域的"批判"開始的。《五一六通知》說:"我國正面臨著一個偉大的無產階級文化大革命的高潮。這個高潮有力地衝擊著資產階級和封建殘餘還保存的一切腐朽的思想陣地和文化陣地。"在"文革"當局和為主流意識形態支配的輿論中,都明確無誤地把"文藝革命"看作"文化大革命"的"開端"。1967年《人民日報》《紅旗》雜誌元旦社論《把無產階級文化大革命進行到底》中說:"一九六三年,在毛主席親自領導下,我國進行的以戲劇改革為主要標誌的文藝革命,實際上是無產階級文化大革命的開端。"中央文革小組組長陳伯達,在中央直屬文藝系統聯說:"文藝界的革命是我國無產階級文化大革命的開端。"由文藝而及政治,這正是當代中國大陸政治在相當長一段時期內的運作特點。

"文革文學"就在這樣的歷史語境中產生和發展。文學與政治的關係成為最基本的問題,並在根本上規定了"文革文學"的性質和它的品貌,即在整體上"文革文學"是"無產階級在上層建築其中包括文化領域對資產階級實行全面專政"的組成部分。關於"兩個階級、兩條道路、兩條路線鬥爭"的"基本路線"成為"文革文學"的出發點;"塑造無產階級英雄典型形象"是社會主義文藝代替"根本任務";"三突出"是"創作原則";"革命的浪漫主義和革命的現實主義相結合"是創作方法;"革命樣板戲"的話語霸權則貫穿"文革文學"始終。這些構成了"文革文學"的基本方面。在文學淪為主流意識形態話語的過程中,文學的理想、精神、審美屬性、語言等發生了災難性的變化,幾乎所有的問題到了這時都被推到了極端。

"文革文學"不是一個孤立的存在。在討論這一問題時,我

---

1 胡喬木:《談〈關於建國以來黨的若干歷史問題的決議〉對"文化大革命"的幾個論斷》,《學習》1993年第1期。

覺得恩格斯關於中世紀不是歐洲歷史簡單中斷的思想是研究的理論支點。恩格斯在談到"十八世紀的唯物主義"（主要是機械唯物主義）的局限性時說："它不能把世界理解爲一種過程，理解爲一種處在不斷的歷史發展中的物質。""這種非歷史的觀點也表現在歷史領域中。在這裡，反對中世紀殘餘的鬥爭限制了人們的視野。中世紀被看作是由千年來普遍野蠻狀態所引起的歷史的簡單中斷；中世紀的巨大進步 —— 歐洲文化領域的擴大，在那裡一個挨著一個形成的富有生命力的大民族，以及十四和十五世紀的巨大的技術進步，這一切都沒有被人看到。這樣一來，對偉大歷史聯繫的合理看法就不可能產生，而歷史至多不過是一部供哲學家使用的例證和插圖的彙集罷了。"我們也不能把"文革"和"文革文學"看成是歷史的"簡單中斷"，應當注意到歷史階段之間的相互聯繫以及歷史的整體性。關於"文革文學"由 1966 至 1976 年的時間設定，依據的是已經爲一般人所認可的"文革"的起（發動）迄（結束）時間，上限以《五・一六通知》爲標誌，下限以"粉碎'四人幫'"爲標誌；"文革文學"不僅是個時間概念，更爲重要的，是個歷史概念。無論之於"文革文學"的實際，還是從文學研究的學術要求來看，我們都必須理清"文革文學"的來龍去脈與"文革文學"的內在理路。因此不是孤立的，而是將"文革文學"置於一個更爲宏闊的時空中加以研究，發現"文革文學"的歷史因素，並同時揭示"文革文學"作爲一種背景與新時期的文學的關係，這樣就爲理解"文革文學"構築了一個由"歷史'與"現實"組合而成的"平臺"。在發現歷史因素時，我們可以追溯到 1942 年毛澤東《在延安文藝座談會上的講話》發表之後的解放區文學，也可追溯到二三十年代的左翼文藝甚至追溯到"五四"新文化運動；但是，"文革文學"最直接的背景是人們通常所說的"十七年文學"，因而"文革前"的概念不是大而無當的，它主要指稱"十七年文學"。研究愈深入就愈發現，

"十七年文學"中某些因素的惡性發展最終產生了"文革文學",而不是像有的研究者所認爲的"文革文學"是偏離"十七年文學"的結果。文學的"文革"與"文革前"之關係是複雜的。我們都知道,"文革"的發動是以否定"十七年"爲前提的,作爲"文革文學"的官方綱領《林彪同志委託江青同志召開的部隊文藝工作座談會紀要》同樣是以全盤否定"十七年文學"爲前提的;也許由於這樣一個政治原因,新時期之初人們爲了否定"文革文學",又幾乎是全盤肯定了"十七年文學"。在肯定/否定的二元對立的思維中,事物之間的內在的邏輯被忽略。當我們在學術的視野中把"文革文學"與"十七年文學"作爲一個整體加以研究時,就不能不對"十七年文學"作部分的否定。有意義的是,無論是在當時還是在今天,無論是那時的"文革"當局還是現在的一些研究者,都注意到了文學的"文革"與"文革前"的關聯,只是解釋的角度不同而已,這樣不同的角度顯示了歷史的巨大差異。姚文元在《評反革命兩面派周揚》中說:"當我們回顧解放以來文藝鬥爭的歷史時,可以清楚地看到兩條路線的尖銳鬥爭:一條是毛澤東文藝路線,是紅線,是毛澤東同志親自領導了歷次重大的鬥爭,把文化革命一步步推向前進,作了長時間的準備,直到發動了轟轟烈烈的、向資產階級全面進攻的、億萬人民參加的無產階級文化大革命,一直挖進周揚一夥的老巢。"在"文革後",對姚文元所說的這些重大鬥爭的性質、意義我們已經作了完全不同的價值判斷與闡釋,此之謂"撥亂反正"。但無論從什麼角度來理解,有一點是明確的:這些"歷次重大的鬥爭"一步步推動了"文化大革命"。

在 1972 年之前,除了"革命樣板戲"外,創作基本處於無序狀態。我們通常所說的"八個樣板戲",多數作品在"文革"前便已創作,凝聚了一些藝術家、文學家的心血。在"京劇革命"的旗幟下,這些劇碼被重新改變,在內容和形式上都深刻地打上

了 "文化革命" 的烙印,被奉爲 "樣板戲",由此總結出來的 "三突出" 原則成爲清規戒律。1972 年新創作的《虹南作戰史》、《牛田洋》、《金光大道》等小說的出版, "文革文學" 的話語建設進入了積極而有序的狀態。新創刊的和恢復出版的文學期刊爲主流文學的發展創造了條件。以 "革命樣板戲" 的創作經驗爲指導,按照主流意識形態的設計, "文革" 開始形成自己的文學話語系統並且側重表現兩個方面:作爲歷史的 "社會主義改造" 和作爲現實的 "無產階級文化大革命",兩者都是寫兩個階級、兩條道路、兩條路線的鬥爭,後者逐漸發展爲側重寫與 "走資派" 的鬥爭。這樣,主流意識形態話語的一部分就成爲 "陰謀文藝"。《初春的早晨》、《金鐘長鳴》、《典型發言》、《只要主義真》等這方面的代表作,因此受到主流文學評論的重視。《虹南作戰史》、《牛田洋》與《初春的早晨》、《金鐘長鳴》等是 "文革" 主流意識形態話語的兩極,介於這兩者中間的作品是 "文革文學" 的基本方面。

知識份子重新獲得了寫作的權力,但是個人話語、知識份子話語並沒有獲得合法性;也就是說,知識份子的重新寫作,並不是由他們的 "知識份子性" 所決定的,而是他們在 "同工農兵結合,爲工農兵服務" 中被賦予了 "階級性"。在主流文學話語的形成過程中創作者選擇了不同的創作姿態。

從發動 "文革" 到 "四人幫" 被粉碎,黨內外都有不同的聲音,反對和抵制 "文革" 極左思潮的聲音和力量一直在艱難生長著,黨的文藝政策也在 1975 年前後有過調整。這些作爲一種健康的力量,在局部多多少少改變了文化專制主義的面貌。當代作家思想之再生,儘管是那樣的艱難,但它開始孕育於作家與現實的衝突之中,孕育於作家的思想矛盾之中。巴金後來在《隨想錄》的寫作中曾經詳細敍述了他們這一代知識份子在 "林彪事件" 後思想覺醒的歷程。各種 "地下沙龍" 的出現是青年知識份子成爲思想者的民間形式。在這種相對自由的空間中,青年詩人們有了感情交流的機會，也有了聆聽心靈傾訴的可能。由《中國知青詩抄》可知散落在民間的詩人似乎更多。"黃皮書"和"灰皮書"這些異文化文本，不僅帶給他們全新的語言感覺，而且更爲重要的是有了可以依傍的思想文化資源。這樣，體制之外的寫作就出現了。思想之再生的不同方式決定了"文革"後期文學的不同走向。

值得注意的是，在有限的縫隙中出現了相對疏離主流意識形態的作品，"理念"與"生活"的衝突是這些作品的基本矛盾。我們必須強調這種疏離只是相對的。70年代初期批判極左思潮和70年代中期文藝政策調整所帶來的空間是有限的，對極左思潮的批判不久便夭折，文藝政策的調整也不是否定"文革"，文學創作者不可能在更廣泛的範圍內和更本質的問題上清算極左思潮對創作的影響，因此，那些相對疏離政治中心的話語也顯示出被主流意識形態話語鉗制的無可奈何。儘管這種疏離是相對的，但十分重要。

隨著知識份子思想的覺醒，和"文革"主流話語相對立、並且在不同程度上反對主流話語的民間話語（包括"地下文學"）開始出現。在相對自由的隨想空間中，由於文化背景和精神歷程的差異，民間話語的分層特徵是明顯的。在"地下文學"中，郭小川、穆旦、曾卓、牛漢、流沙河等人的詩歌，豐子愷的散文，食指、北島等青年詩人的詩作，以及在民間流傳的一些"手抄本"，都值得我們注意。當時公映的一些電影戲曲如《創業》、《海霞》、《三上桃峰》和《園丁之歌》等幾經挫折或在演出後再遭遇批判，顯示了文藝政策調整階段的特殊狀況。其中處於"潛流"狀態的一些創作（如"地下詩歌"）和思潮在浮出地表後，成了新時期文學的主潮之一。在"四五運動"中產生的"天安門詩歌"也在由"文革"到"新時期"的過渡中起到了特別的作用。

編選《"文革文學"大系》包含了我們對"文革文學"的這些基本認識。大系共五卷十二冊：《小說卷》，《詩歌卷》，《散文報告文學卷》,《戲劇電影卷》及《史料卷》。以下是有關編選的幾點說明：

一、入選作品分爲公開發表出版與未公開發表出版兩類。凡公開發表出版的原則上以初版爲準。當時未公開發表出版的，一類是有影響的手抄本，進行甄別後入選那些爲文學界認可的、確定創作於“文革”時期的作品；一類是確證創作於當時但未傳抄，直到新時期公開發表出版的，如穆旦等人的詩，豐子愷的散文等。考慮到“文革文學”的特殊性，有代表性的“陰謀文藝”也應入選而不應作爲附錄處理。

二、作品的編排不以作品的內容分類，一律以作品發表出版的時間先後爲序，同一作者如入選多篇作品，則集中歸於同一名下，也以發表出版的時間先後爲序；當時未公開發表出版，但確證是“文革”期間的作品，收錄時也一律按創作時間的先後排序。

三、入選作品篇末均注明最初發表的報刊或出版的單位、時間，不能確定的則注明選自何處。原文有寫作時間的也照錄。

四、爲方便讀者瞭解相關背景，對部分作品以“編者按”的形式加了題解式的注釋。

五、按照“文革”時期的習慣，凡“語錄”均仍然以黑體排出；入選作品中的政治批判性文字以及涉及到的一些具體人名均不作技術處理。

六、長篇小說作存目處理。

作爲一個有深刻社會主義信仰的青年知識份子，我從 1990 年代初期開始關注“文革文學”及“文革”時期的思想文化，並在很長一段時間裡以此爲研究工作的重點。最初的想法在 1998 年完成的博士論文《“文革文學”研究》中有比較充分的表達，其後我自己對這個時期文學及思想文化的認識也有若干重要變化。重視文獻的收集與整理是我在一開始研究時就注意到的，學界一些朋友甚至認爲這是我的研究特色之一。但這樣的工作，於整個研究界都是剛剛起步。我一方面意識到中國當代文學學科的成熟與文獻的收集、整理和認識有關,一方面又感到當代文獻整理的困難。

　　大概從 1990 年代中期開始,我便著手"文革文學"的史料收集工作,和當時在《文匯報》筆會工作的蕭關機會我當然珍惜,而且此事與我的學術理想吻合。我只是詢問有無出版的可能,陳先生告訴我已和中國文聯出版社簽約。此後我開始了緊張的編選工作,因為有前面的基礎,依據手上的索引,重新翻閱了 1966—1976 年間的文學期刊、重要作品集、報紙副刊以及"文革"後出版的相關書籍,仔細篩選了大約三百萬字的作品。當時跟我讀研究生的谷鵬,幾乎承擔了全部的複印工作,並坐了火車把一大包稿子北上送到北京。—— 這套書最終還是沒有出版。因為研究和教學的需要,前年我不得不向出版社要回稿子,幾經周折,拿回了一份排版後的列印稿。今年五月,我去臺灣參加作為東吳大學中文系建系五十周年活動,文史哲出版社的彭正雄先生和政治大學中文系的張堂錡博士特地到住所看我,相談甚歡。說到他們不久前幫我出版的論文集《"文革"對"五四"及"現代文藝"的敘述與闡釋》,我又提及我曾經做過的"文革文學"作品的收集與整理工作,兩位先生認為這是件有價值的工作,文史哲出版社可以出版。我回大陸後,即開始工作,在在原有的基礎上,刪去了一部分作品而成小說、詩歌和散文報告文學卷,增加了戲曲電影及史料各一卷。隨我讀學位的博士生、碩士生利用暑假的時間幫我把書面文本轉成了電子文檔。

　　大系的編選是一項複雜而艱巨的工作,由於編者水準有限,又受資料限制,不免有適當之處,尚祈方家與讀者指正。如前所述,這項工作得到不少朋友的支援和幫助,在這套書即將付梓時,我要向陳駿濤先生,向關心和付出勞動的朋友們致謝,向彭正雄先生和張堂錡博士致謝。　　　　　2006 年 11 月於蘇州三槐堂

"文革文學"大系
史　料　卷

目　　錄

大力發展和繁榮社會主義戲劇，更好地爲社會主義的經濟基礎服務

── 在一九六三年底到一九六四年初華東地區話劇觀摩演出會上的講話

柯 慶 施

發展和繁榮社會主義戲劇，使戲劇爲社會主義時代的工農兵服務，爲無產階級政治服務，爲階級鬥爭、生產鬥爭、科學實驗三大革命運動服務，爲鞏固和發展社會主義的經濟基礎服務，是社會主義革命和社會主義建設時期一項極爲重要、艱巨的任務，是社會主義革命的一個重要組成部分。要發展和繁榮社會主義戲劇，必須在黨的百花齊放、推陳出新的方針指導下，進行戲劇改革，推資本主義、封建主義之陳，出社會主義、共產主義之新，大力提倡社會主義的革命現代劇。改革舊戲，提倡新戲，這不僅是戲劇界、文藝界一場尖銳、複雜的鬥爭，而且是一場"興無滅資"和移風易俗的革命鬥爭，是一場廣泛深刻的社會主義革命。

爲了大力發展和繁榮社會主義戲劇，徹底改造那些長期爲封建主義、資本主義服務的舊戲，根據黨中央和毛澤東同志的歷次指示精神，華東地區在一九六三年底到一九六四年初舉行了一次規模較大的話劇觀摩演出。參加演出的有華東地區各省、市和部隊的十九個話劇團，共演出了他們在一九六三年內所創作的十三

個多幕劇和七個獨幕劇。這些戲的內容，都是反映我國社會主義革命和社會主義建設的，題材豐富多樣，主題一般也都是革命的健康的，它們集中地反映了社會主義時代的新人新事和新的精神面貌，特別是工農兵中的新人新事和新的精神面貌，得到廣大群眾的喜愛和好評。在這些戲中，《激流勇進》、《一家人》、《龍江頌》、《豐收之後》、《第一與第二》、《母子會》、《櫃檯》、《年青的一代》和《小足球隊》等比較優秀的劇碼，不僅成了話劇的保留劇目，而且為其他劇種移植。在這次觀摩大會上，我們還組織到會的戲劇、文藝工作者，學習了毛澤東同志的有關著作，檢查了這幾年的工作，總結交流了經驗，制訂了今後工作規劃，在政治上、思想上的收穫也是很大的。所有這些，都是高舉毛澤東文藝思想紅旗所取得的一次重大的勝利。

這次華東話劇觀摩演出，不僅為華東地區話劇事業的發展和繁榮開闢了一條廣闊的道路，而且對華東地區整個戲劇事業的發展和繁榮起了有力的推動作用和激勵作用。現在，在華東地區的戲劇舞臺上，開始出現了一個前所未有的大演革命的現代戲的朝氣勃勃的局面。不僅話劇，而且包括京劇和其他許多地方劇種，以及音樂、舞蹈、評彈、說唱等等，都開始從帝王將相、才子佳人的圈子裡走出來，努力地反映我們偉大的社會主義時代的精神面貌。總之，我們的戲劇事業和整個文藝事業，在黨中央和毛澤東同志的親切關懷下，正努力跟上時代的腳步，進一步符合社會主義革命和社會主義建設形勢的要求，適應社會主義的經濟基礎，受到廣大工農兵群眾的熱烈歡迎。

現在，我想就華東地區的戲劇工作和整個文藝工作的情況，談談有關發展和繁榮社會主義戲劇、文藝的若干問題。

（一）我們的戲劇，一定要為無產階級政治服務，一定要為社會主義經濟基礎服務

戲劇為誰服務，如同整個文藝為誰服務一樣，是一個根本問題，原則問題。毛澤東同志早在一九四二年《在延安文藝座談會上的講話》中就明確指出，"我們的文學藝術都是為人民大眾的，首先是為工農兵的，為工農兵而創作，為工農兵所利用的。"他又說："誠然，為著剝削者壓迫者的文藝是有的。文藝是為地主階級的，這是封建主義的文藝。中國封建時代統治階級的文學藝術，就是這種東西。直到今天，這種文藝在中國還有頗大的勢力。文藝是為資產階級的，這是資產階級的文藝。像魯迅所批評的梁實秋一類人，他們雖然在口頭上提出什麼文藝是超階級的，但是他們在實際上是主張資產階級的文藝，反對無產階級的文藝的。文藝是為帝國主義者的，周作人、張資平這批人就是這樣，這叫做漢奸文藝。在我們，文藝不是為上述種種人，而是為人民的。"毛澤東同志所指出的文藝為人民服務、為工農兵群眾服務的方向，是我們無產階級戲劇和整個文藝的根本方向，是無產階級戲劇、文藝區別於封建主義、資產階級戲劇、文藝的分水嶺。戲劇、文藝為人民服務、為工農兵群眾服務的問題，也就是為百分之九十幾以上的革命人民服務的問題。革命的戲劇、文藝是為絕大多數的革命人民服務的，絕不是為地主、資產階級以及他們的遺老遺少等少數人服務的。為人民服務、為工農兵群眾服務，這是我們革命的無產階級的戲劇、文藝唯一正確的方向。無論在過去新民主主義革命階段，還是現在社會主義革命和社會主義建設時期，我們都要堅定不移地堅持這一方向。

　　戲劇、文藝為誰服務的問題，就是上層建築為經濟基礎服務的問題。戲劇、文藝是上層建築之一，在階級社會裡，它都是從屬於一定階級的政治，並為一定階級的政治服務的；而歸根結柢是，上層建築必須和經濟基礎相適應，必須符合經濟基礎的客觀要求，為經濟基礎服務。毛澤東同志在《新民主主義論》一書中深刻地說明了這個問題，他說："一定的文化（當作觀念形態的文化）是一定社會的政治和經濟的反映，又給予偉大影響和作用於一定社會的政治和經濟；而經濟是基礎，政治則是經濟的集中的表現。這是我們對於文化和政治、經濟的關係及政治和經濟的關係的基本觀點。"爲一定階級的政治服務，爲一定社會的經濟基礎服務，這對作爲觀念形態的文化中的戲劇、文藝，作爲上層建築之一的戲劇、文藝來說，必然是這樣。任何一個階級都要建立爲本階級經濟基礎服務的上層建築，爲本階級利益服務的戲劇、文藝。封建地主階級、資產階級有他們的戲劇、文藝，爲他們服務；我們無產階級也必須有自己的戲劇、文藝，爲無產階級的政治服務，爲社會主義的經濟基礎服務。在新民主主義革命階段，我們的文化是爲反帝反封建反官僚資本主義的鬥爭服務，爲新民主主義的政治服務，爲新民主主義的經濟基礎服務的。雖然那時的文化也有社會主義的因素，而且是起決定作用的因素，但是，就其基本性質來說，仍然是新民主主義的文化。現在，是社會主義革命和社會主義建設時期，我們的文化必須是社會主義的文化，社會主義的文藝，社會主義的戲劇。正如毛澤東同志所說："以社會主義爲內容的國民文化必須是反映社會主義的政治和經濟的。"不能設想，我們的政治和經濟是社會主義的，而戲劇、文藝是資本主義、封建主義的，或者仍然是新民主主義的。在社會主義時代，戲劇、文藝還有反帝反封建的任務；但是最主要最根本的任務是徹底反對資本主義、反對資產階級的鬥爭，是爲社會主義服務，爲保護、鞏固和發展社會主義的經濟基礎服務。這是我們首先必須弄清楚的問題。

社會主義社會是一個存在著階級和階級鬥爭的社會。在社會主義階段，在由資本主義過渡到共產主義的整個歷史時期內，存在著無產階級和資產階級兩個階級的鬥爭，社會主義和資本主義兩條道路的鬥爭。一方面，代表著社會主義力量的新人、新事、新思想、新風尚，正在蓬蓬勃勃地成長起來，廣大人民群眾政治覺悟不斷提高，具有社會主義、共產主義思想的英雄模範人物不斷湧現，社會主義事業迅速向前推進，社會主義的經濟基礎日趨鞏固和發展。另一方面，還存在著阻礙、削弱和破壞社會主義經濟基礎的舊東西。雖然在經濟上，我們基本上消滅了資本主義所有制，但是，在國內沒有消滅資產階級的一切影響以前，在沒有根除產生資本主義的一切根源以前，在國際上還存在著帝國主義和資本主義以前，總之，在進入共產主義以前，兩個階級、兩條道路的鬥爭是不會停止的。在政治思想上、在意識形態上的鬥爭，比在經濟上的鬥爭更為複雜和曲折。資產階級採取各種方法，包括"和平演變"的方法進行復辟活動，而且在一定的條件下，會使復辟的可能變為現實。這種鬥爭必然要尖銳地反映到戲劇、文藝戰線上來。正在成長的社會主義力量、共產主義因素對將要最後死亡的資本主義勢力和封建主義勢力，只有進行長期的、不斷的、反覆的鬥爭，才能逐步戰而勝之，取而代之。

　　對於這場尖銳複雜的階級鬥爭，對於這場廣泛深刻的社會主義革命，我們每一個革命工作者，包括戲劇、文藝工作者在內，都面臨著嚴峻的考驗，都不能不明確地表示自己的態度。你是積極參加到這一鬥爭中去，用社會主義、共產主義思想去戰勝資本主義、封建主義思想，還是與此相反？我們的戲劇、文藝工作者，首先應該是一個革命者。作為一個革命者，你就要積極參加這一鬥爭，而不能迴避這一鬥爭，你就要宣傳社會主義、共產主義，而不能宣傳資本主義、封建主義，你就要站在新事物這一邊，而不能站在舊事物那一邊。但是，對於這場兩個階級、兩條道路的鬥爭，在我們的戲劇、文藝工作者中間實際上是有不同態度的。有積極的態度，有消極的態度，還有反對的態度。採取反對的態度，固然是不能容許的；採取消極的態度，也同樣是不對的。消極的態度，就是：既不去反對舊的東西，又不去支持新的東西。既不反對又不支持，結果是舊的東西氾濫，新的東西受到壓抑。這樣，新的東西怎能迅速成長，舊的東西又怎能被徹底打倒？我們如果不從根本立場上、態度上解決這個問題，就不可能是一個真正的革命者，所謂爲社會主義服務，實際上就是一句空話。

那末，我們文藝、戲劇工作者用什麼爲社會主義服務？這就是要用文藝這個武器來參加現實鬥爭，通過藝術形象的感染作用，通過藝術形象潛移默化的作用，宣傳社會主義、共產主義思想，反對資本主義、封建主義思想，啓發和教育人民群眾，提高他們的政治覺悟，鼓舞他們的革命精神。作爲社會主義革命武器的戲劇、文藝，不但要對人民群眾進行革命的傳統教育，而且要進行革命的前途教育，鼓舞人民群眾立革命的雄心大志，堅決將社會主義革命進行到底，積極支援世界各國人民的革命鬥爭，爲全人類的徹底解放，爲在全世界實現共產主義而奮鬥。“文學應當成爲黨的文學”（列寧）。這是革命戲劇、文藝的黨性、階級性所決定的。可是，有人在社會主義革命勝利以後，不是把戲劇、文藝看作是繼續進行中國革命和世界革命的武器，而是認爲它只是供人玩賞的消遣品。顯然，這種看法是非馬克思列寧主義的，是和革命的戲劇、文藝的方向背道而馳的。在社會主義社會裡，如果戲劇、文藝不去爲無產階級服務，那末它就不成爲社會主義的上層建築，就會蛻化變質，走上修正主義的道路，成爲搞資本主義復辟的上層建築。現代修正主義的上層建築，現代修正主義的戲劇、文藝，不是已經不折不扣地成爲資本主義復辟的工具了嗎？他們以“急先鋒”的姿態，大肆散播資產階級的人性論、人道主義、和平主義和福利主義，傳播資產階級的腐朽沒落的生活方式，竭力反對革命，反對無產階級專政，醜化社會主義制度，成爲爲帝國主義“和平演變”政策效勞、爲資本主義復辟開闢道路的工具。我們必須認真吸取這一嚴重的經驗教訓。

戲劇是具有群眾性的藝術形式之一。它通過舞臺形象，對千百萬觀眾起著強烈的影響。好戲有好的影響，壞戲有壞的影響。因此，每一個戲劇工作者都要認識到自己的責任重大，以對革命負責，對群眾負責的精神，認真寫好演好革命的現代戲，在實際行動中堅持毛澤東文藝思想，同一切違反毛澤東文藝思想的錯誤觀點進行堅決的鬥爭。

建國以來，華東地區的戲劇工作，在毛澤東文藝思想的指引下，取得了很大成績。這是不能低估的。但是也要看到，我們的戲劇工作和社會主義經濟基礎還很不相適應。在我們戲劇界，有些人雖然口頭上也贊成文藝爲工農兵服務的方向，但是實際上他們不去貫徹執行黨的文藝方針，他們對於反映社會主義的現實生活和鬥爭，十五年來成績寥寥，不知幹了些什麼事。他們熱衷於資產階級、封建階級的戲劇，熱衷於提倡洋的東西，古的東西，大演“死人”、鬼戲，指責和非議社會主義的戲劇，企圖使社會主義的現代劇不能迅速發展。有些人身爲共產黨員，對這種情況卻熟視無睹，對於宣傳封建主義和資本主義的壞戲，不痛心、不干涉、不阻止、不反對，甚至還找理由替它辯護，說什麼“有鬼無害”，“封建道德有人民性”等等；相反地，對於反映現實生活和革命鬥爭的戲，不是滿腔熱情地支持，而是冷漠無情。所有這些，深刻地反映了我們戲劇界、文藝界存在著兩條道路、兩種方向的鬥爭。這種兩條道路、兩種方向的鬥爭，本質上就是戲劇、文藝爲哪一個階級服務的鬥爭。只要還有階級和階級鬥爭，文藝戰線上的這個鬥爭總是要存在著，總是要堅持下去、要鬥爭到底的。

（二）社會主義戲劇，必須以反映社會主義現實生活和鬥爭，以表現社會主義時代工農兵群眾爲其主要任務

我們要使戲劇爲無產階級政治服務，爲社會主義的經濟基礎服務，就一定要大力提倡反映建國以來社會主義革命和社會主義建設的現代劇，積極地表現社會主義時代工農兵群眾的現實生活和鬥爭，熱情地歌頌工農兵學商各條戰線上的新人、新事、新思想、新風尚。當然，反映新民主主義時期革命鬥爭的戲劇也是需

要的，但是要以更大的力量創作反映社會主義時代的戲劇。只有
這樣，反映社會主義時代、表現工農兵群眾的革命現代劇，才能
成為我們戲劇舞臺上的主流。也只有這樣，我們才能著力地、精
心地去塑造出更多更高大的工農兵群眾的英雄形象，寫出他們怎
樣在階級鬥爭、生產鬥爭和科學實驗三大革命運動中成長起來
的，作為廣大人民群眾學習和效法的榜樣，使更多的英雄模範人
物迅速地成長起來。

　　毛澤東同志教導我們："革命的文藝，應當根據實際生活創
造出各種各樣的人物來，幫助群眾推動歷史的前進。"這不僅是
我們社會主義戲劇創作的原則，而且是我們社會主義戲劇的光榮
責任。勞動人民是歷史的主人。社會主義時代的工農兵群眾是新
生活的締造者和建設者。無產階級戲劇、文藝發展的歷史，可以
說就是無產階級和勞動人民在黨的領導下爭取在戲劇、文藝中表
現自己的歷史，是他們用戲劇、文藝這個武器為爭取自己解放而
鬥爭的歷史。在社會主義時代，我們的戲劇只有以反映現實生活
和鬥爭為主，以表現工農兵群眾為主，才能獲得永不枯竭的生命
力，才會有偉大的發展前途。我們的戲劇工作者，必須塑造出更
多完美的正面英雄人物形象，熱情地歌頌他們無產階級革命精神
和共產主義高尚品德，並且有力地批判那些反面人物，充分發揮
革命戲劇的戰鬥作用。我們的戲劇工作者，也只有以表現工農兵
群眾為方向，才有利於自己投入現實生活和鬥爭，熟悉工農兵群
眾，和工農兵群眾相結合，徹底改造自己的思想，使自己真正成
為無產階級的戲劇工作者，使戲劇真正成為社會主義的戲劇。這
樣說，是不是別的戲就不可以演了呢？不。只要是正確地反映我
國歷史上和世界各國人民的階級鬥爭、民族解放鬥爭的戲，揭露
帝國主義、封建統治者和資產階級醜惡面目的戲，一切能夠幫助
群眾推動歷史前進的戲，一切有革命意義的戲，都可以上演；其
他一切經過改編可以古為今用的傳統劇碼，一切有利於人民的

戲，只要不違反毛澤東同志在《關於正確處理人民內部矛盾的問題》一文中所指出的六條政治標準，也是允許上演的。但是，在社會主義的戲劇舞臺上，必須以反映社會主義的生活和鬥爭為主，以表現社會主義時代的工農兵群眾為主，這是必須加以肯定和明確的。

對於為什麼要提倡革命的現代劇，至今還有些人持有不同的看法。有人說，提倡現代劇是因為時代變了，社會變了，任何一種藝術形式都要"既能表現古代人的生活，又能表現當代人的生活；既能表現這一階級的人物，又能表現那一階級的人物"，才能"彌補"戲劇的不足，才算是"完整、豐富、有力"。顯然，這種缺乏階級分析的觀點，是對我們為什麼要提倡革命現代劇的曲解。我們提倡現代劇，絕不是一個什麼彌補不足的問題，而是戲劇的根本改造問題，是使戲劇端正方向，使工農兵成為舞臺的主人，使戲劇為社會主義服務的根本問題。如果現代劇，要"既能表現古代人的生活，又能表現當代人的生活；既能表現這一階級的人物，又能表現那一階級的人物"，才算"完整、豐富、有力"，那末你是以表現社會主義時代的工農兵群眾為主，還是以表現封建時代的帝王將相、才子佳人為主？你是歌頌工農兵革命群眾、批判資產階級和其他反動階級的人物，還是與此相反？持這種論點的人，表面上也贊成戲劇革命、贊成表現工農兵，實際上卻保護帝王將相、才子佳人，最多給工農兵一個陪襯地位而已。看來，同樣是提倡現代劇，仍然有革命的、不革命的和反革命的分別。我們所提倡的是社會主義的戲劇，而不是別的什麼戲劇，是革命的現代劇，而不是別的什麼現代劇。

正因為這樣，對於我們提倡現代劇，帝國主義者和現代修正主義者是深惡痛絕的。帝國主義者胡說我們以"枯燥無味的"現代劇取代"非常受歡迎的以帝王將相、才子佳人為題材的"舊戲。現代修正主義者也和帝國主義者一鼻孔出氣，一唱一和，大肆攻擊我們的現代劇是什麼"修行"和"束縛在許許多多的條條和框框裡"的創作,是什麼"惡劣的庸俗教條"。這種攻擊和誣衊證明,現代修正主義者從他們反動的資產階級立場出發,根本不能理解什麼是社會主義的戲劇,什麼是革命的現代劇。在他們那裡,不僅革命的現代劇,而且真正的有強大生命力的生動活潑的馬克思列寧主義,都被指責爲是"修行",是"惡劣的庸俗教條"。

帝國主義者和現代修正主義者的種種攻擊和誣衊,不僅不能傷害我們一根毫毛,而且恰好說明我們提倡社會主義戲劇、提倡革命現代劇,是完全正確的和必要的。

人民的生活,工農兵的生活,是我們創作的無窮無盡的源泉。毛澤東同志說過:"一切種類的文學藝術的源泉究竟是從何而來的呢?作爲觀念形態的文藝作品,都是一定的社會生活在人類頭腦中的反映的產物,革命的文藝則是人民生活在革命作家頭腦中反映的產物。"社會主義時代的人民生活,是豐富多彩、生動活潑的。我們中國有幾千年的歷史。在這幾千年當中,作爲歷史的創造者的人民,有他們自己的光輝的生活和鬥爭;但是,他們在長期的反動統治下,受壓迫、受剝削,生活是悲慘的。現在呢,革命在全國範圍內勝利了,壓在我國人民頭上的帝國主義、封建主義和官僚資本主義三座大山推翻了,政治上翻身了,不再受壓迫;資本主義生產資料私有制消滅了,不再受剝削。在這種情況之下,我國勞動人民,在中國共產黨和毛澤東同志的領導下,正在充分發揮自己的聰明才智和無限的創造力,從事偉大的社會主義革命和社會主義建設事業,爲實現共產主義遠大的理想而奮鬥。在階級鬥爭、生產鬥爭、科學實驗三大革命運動中,在工農兵學商各個戰線上,人們在改造世界,也改造著自己。在這樣的鬥爭當中,有敵我矛盾,有人民內部矛盾,包括先進和落後的矛盾。我們的事業,我們的人民,是在不斷地解決各種矛盾和克服各種困難的過程中不斷前進的。在現實生活和鬥爭中，我們的工農兵群眾和他們的幹部，社會主義、共產主義思想覺悟迅速提高，精神面貌煥然一新。各條戰線，各個方面，新人、新事、新思息、新風尙大量湧現，社會主義、集體主義的英雄模範人物越來越多。僅就華東地區的部分材料來看，新人新事到處都有，時時都在發生：

他們有的是在階級鬥爭中立場堅定，不爲敵人威脅利誘所動搖，不爲舊思想、舊影響所侵蝕，永遠保持著無產階級戰士的本色。如《老賀來到小耿家》所報導的黨支部書記，《南京路上好八連》所謳歌的解放軍戰士，就是這樣。揚劇《奪印》、話劇《霓虹燈下的哨兵》，就是這些無產階級戰士的光輝品質在文藝作品中的反映。山東曲阜縣陳莊公社陳家莊大隊，在黨支部書記、全國農業勞動模範陳以梅的領導下，從一九五二年就開始組織農業生產合作社，三年內增產了百分之六十七。毛澤東同志在《中國農村的社會主義高潮》一書中，稱讚它是“一個辦得很好的合作社”。可是，這個大隊在一九六一年一度被階級敵人篡奪了領導權，生產受到破壞，產量由畝產四百五十斤下降到三百斤。但是陳以梅仍然緊緊依靠貧下中農進行鬥爭，在社會主義教育運動中，組織了貧下中農委員會，樹立了貧下中農優勢，打退了資本主義和封建勢力的進攻，奪回了領導權，現在生產又有了新的發展，每畝產量由三百斤翻到六百斤。又如上海市三輪車工人程德旺，他不但以平凡的勞動，全心全意爲乘客服務，把困難留給自己，方便送給別人，而且他在工作中，積極幫助維護社會治安，保衛社會主義利益，堅決和壞人壞事作鬥爭；一九六二年以來協助政府破獲了十一起違法案件。

他們有的是在工業生產當中忘我地勞動，爲增加產量、提高品質、節約成本、革新技術、創造發明而苦鑽苦研，作出巨大的貢獻。如上海永鑫無縫鋼管廠，原來是一家弄堂小廠，在老工人潘阿躍等人的帶領下，用自己的設備和技術，製造了一批精密度較高的優質無縫鋼管，並且在生產過程中，積極鑽研，改進了製造異型鋼管的機器，解決了大量生產異型無縫鋼管的問題。上海酒精廠職工，奮發圖強，自己武裝自己，幾年來，通過不斷革新，把一個破爛小廠改造成為一個採用國際上先進工藝生產的工廠，這個工廠的生產，現在比一九五七年增加四倍多。有許多工人為了解決一個技術關鍵問題，搞技術革新，可以廢寢忘食，到處奔走，不感到疲勞。

他們有的在農業生產中，一心一意搞好集體生產，艱苦奮鬥，改變很壞的生產條件，鑽研農業技術，變低產為高產，使高產更高產。江西有一個生產隊叫火箭隊，隊長叫丁長華，是個女青年。她那個地方原來很窮，沙土地，產量低。她有志氣，有幹勁，帶頭勞動，一心一意領導社員辦好集體生產，幾年來，每畝地收到的糧食總是在一千一二百斤以上，皮棉在二百斤以上。養豬也很多，一畝地將近養兩頭。要問她為什麼能把生產領導好，經驗有四條：一、大公無私，二、以身作則，三、走群眾路線，四、科學實驗。江蘇有個泗陽農場，是個國營農場。它在廢黃河的邊上，也是沙土地。場長張學同，原來是個農民，參加過遊擊戰爭。

他去之後，把那個農場建設好了，皮棉也是畝產二百斤。地瓜折成糧食，人家每畝是三百斤、四百斤，他那地方，我一九六二年去看的時候，儘管受了災，還收了五百多斤。不但如此，他還把附近的生產隊帶動起來，落後隊交給他一帶，一年功夫生產就有很大增長。山東泰安縣有個徂徠公社。這裡的社員和幹部，以自力更生的精神，愚公移山的氣概，將山嶺整修成梯田，將洪水攔蓄在水庫裡，改變了貧窮山區的面貌，糧食達到畝產六百斤。

他們有的是在和自然災害作鬥爭中具有全局觀點，高度的共產主義風格和英勇頑強的革命意志。福建一九六三年抗旱鬥爭中就有很多動人的事。多少個月沒有下雨，河裡的水乾了，再把河挖深，這個河裡沒有水，從那個河裡調過來。話劇《龍江頌》所寫的龍海縣榜山公社龍江大隊的幹部和社員"丟卒保車"的風格，就是福建省抗旱鬥爭的縮影。又如，一九六三年河北大水，從山東分洪，也是一個犧牲局部保全全局的壯舉，僅在恩縣窪一個地方，就自覺地讓洪水淹沒幾十萬畝地，保住了其他地方更大面積的地。爲了攔蓄洪水，當地臨時突擊築堤，堤造起來啦，人站在上面就像站在沙發上一樣，經不住大風大雨衝擊，有的地方決口。怎麼辦？我們的解放軍，我們的幹部和群眾，大家手挽手組成一條人牆，站在水裡，擋在堤的前面，和大風大雨搏鬥，同時採取了其他有效措施，終於保住了大堤。

他們有的在處理國家、集體、個人三者關係當中，站得高，看得遠，先國家，後集體、個人。如江西彭澤縣棉船公社江心大隊的黨支部，領導社員種好棉花，幾年來都超額完成售棉任務。他們提出的口號是："站在家門口，望到天安門"。這一口號，已在各地產生深刻的影響。還有，各地都有許多公社和社員群眾，不僅積極完成糧食徵購任務，支援國家建設，而且當外地有災時，寧可自己少吃點，也要將餘糧超額賣給國家支援災區。《豐收之後》就是人民群眾的先國家、後集體的高尚精神的寫照。

在我們人民解放軍和民兵中，更是英雄、標兵輩出。南京部隊某部連長郭興福所創造的先進教學方法，已在全軍推廣。海軍某部水兵趙爾春，濟南部隊某部戰士王永才，他們在救火和抗洪鬥爭中，獻出了自己的寶貴生命。浙江平陽縣民兵連長蘇旺巢，帶領全家上陣，痛殲蔣匪武裝特務。山東崆峒島漁民呂志玉，一家三代民兵，而且個個都是神槍手，他們一手握櫓，一手握槍，配合人民解放軍，保衛著祖國的海防。

我們有不少科學家、醫務工作者，他們的精神面貌也是很高尚的，他們孜孜不倦地攻鑽科學的難關，苦心孤詣地爲病人服務，搶救不治之症。像上海廣慈醫院的醫生護士搶救燒傷工人丘財康的事蹟，第六人民醫院醫生護士爲王存柏斷手再植的事蹟，都是世界醫學史上難以找到的先例。

在學習雷鋒運動中，各地都出現了許多雷鋒式的人物，雷鋒式的"毫不利己專門利人"的動人事蹟。如，福州部隊通訊部公務員、共產黨員張文根，看到兩個社員正在淘糞的時候，掉下糞坑去了，眼看就有生命危險，他不顧自己有病，不顧生命安危跳下去，竭盡全力把兩個人救出來。這樣，他自己也中了毒，昏迷過去，後來經過搶救才脫險。群眾見他這種捨己救人的高尚精神，同聲讚揚他是"毛主席的好戰士"。上海市郵件轉運處市內運輸科工人高長富，結婚不久，愛人祁秀章不幸瞎了雙眼，他想到他們倆都是窮苦出身，是自己同甘苦、共患難的階級姐妹，不因此嫌棄她，而且更加同情她、關心她、體貼她，積極幫助她進步。

不少的人知道後，也都以高尚的階級友愛，關心幫助他的愛人。上海第四師範學校深夜失火，學生們不僅臨危不懼，全力救火，而且丟開自己的東西不管，奮不顧身地搶救學校的物資，減少了公共財產的損失。

隨著群眾社會主義覺悟不斷提高，越來越多的人投入移風易俗、樹立社會主義新風尚的鬥爭。如上海普陀區錦繡裡原來有一百二十家供神敬佛，在社會主義教育運動中提高了階級覺悟，懂得了苦樂根源，從迷信思想的枷鎖中解放出來，現在已有一百十幾戶自覺地搬走和銷毀了迷信物像。他們說："我們被神鬼欺騙了多少年，今後再不許讓它害子害孫了！"又如徐匯區東廟橋路堂生裡，有八戶職工家庭，從一九五二年共同建造房屋、開始鄰居相處以來，八戶如一家，一貫團結互助，相互關懷，提倡樸素，勤儉持家，被人們譽爲"穩固的生產後方"。他們還經常憶苦思甜，教育孩子牢記過去苦，珍惜今日甜；他們還處處以自己的模範行動，教育孩子熱愛勞動，助人爲樂，教育孩子拾到東西歸還原主，促進孩子身心健康發展。

　　像以上這樣一些新人、新事、新思想、新風尚，在我們現在的社會主義社會中，到處湧現，到處風傳。這裡我只是舉了幾個例子，如果盡我們所知道的談下去，幾天幾夜也談不完。我們知道的還有限，在現實生活中，新人新事更是大量的，不斷湧現的。總之，新中國的勞動人民，正在進行著翻天覆地、前無古人的革命事業，創造著無限壯麗宏偉的歷史詩篇，他們有高尚的理想和革命感情，創造著可歌可頌的英雄事蹟。他們的形象既平凡而又偉大。講起來，聽起來，扣人心弦，使人激動。我們革命的戲劇、文藝工作者，怎麼可以不盡情地歌頌這樣偉大的時代，怎麼可以不精心刻畫這樣偉大的工農兵群眾，怎麼可以不塑造這樣偉大的英雄人物？我們不這麼做，能吃得下飯，睡得著覺嗎？

　　但是，在這樣豐富多彩的生活、這樣崇高的英雄人物面前，有的人卻說反映社會主義現實生活和鬥爭的戲“題材狹窄”、“簡單枯燥”，說工農兵的生活“粗”，“沒有味道”，沒有什麼可以表現的。這種看法，顯然是極端錯誤的。這些人的錯誤，歸根到底說來，是一個立場問題、態度問題、感情問題。不願寫現實生活，不願寫工農兵，認為這裡沒有戲，感情不豐富，那末是不是只有寫古代的帝王將相、才子佳人，寫資產階級、小資產階級，寫出鴛鴦蝴蝶式的那種“委婉纖細”、“纏綿悱惻”的感情，這才有戲，才有人情味，才有味道，才有豐富的感情？在我們看來，所謂工農兵的“粗”，正是一種革命堅定性的表現。只有用貴族老爺的眼光來看，才會覺得工農兵“愚昧粗野”，缺乏所謂“細緻複雜”的思想感情。在無產階級看來，剝削階級的感情是最最粗野低級，最最腐朽野蠻的。帝王將相、才子佳人，姑且不去說他。資產階級、小資產階級現在有什麼正面的東西值得表現呢？資產階級在上升時期，雖然起過一定的進步作用，但是隨著歷史的發展，已經走到它的反面。資產階級作為剝削階級，唯利是圖，損人利己，爾虞我詐，腐化墮落，荒淫無恥。資產階級是最殘酷無情的。馬克思、恩格斯在《共產黨宣言》中一針見血地指出：資產階級"使人和人之間除了赤裸裸的利害關係即冷酷無情的'現金交易'之外，再也找不到任何別的聯繫了。它把高尚激昂的宗教虔誠、義俠的血性、庸人的溫情，一概淹沒在利己主義打算的冷水之中。它把人的個人尊嚴變成了交換價值"。資產階級的這種人情味，這種感情，有什麼值得寫呢？如果我們要寫資產階級，絕不是歌頌它，而是在鬥爭中暴露它；我們寫它不是為了讓人民欣賞它，而是批判它，拿它做反面教材。現在我們有些青少年，不知道資產階級到底是怎麼一回事，寫一點這樣的戲倒也可以。我們也不是為暴露而暴露，而是為了使大家認識資產階級的醜惡面貌，襯托出勞動人民的崇高，共產主義的偉大，教育大家堅決同資產階級作鬥爭，肅清資產階級思想的影響，將資產階級分子改造成為勞動者。至於小資產階級，是一個不穩定的、逐步分化的階級，就其階級地位來說，是沒有任何出路的。小資產階級的思想，屬於資產階級的思想範疇，本質上就是資產階級思想。他們不是依附資產階級，為資產階級服務，就只有投降無產階級，接受無產階級的觀點，為無產階級服務。小資產階級的感情是空虛的、脆弱的、低級的、庸俗的，他們總是由幻想到破滅。有些人由於自己是小資產階級，有小資產階級的思想感情，就是喜歡小資產階級的感情，認為這樣才算有豐富的感情，才算有人情味，其實那也不過是一種資產階級的感情罷了。只有無產階級的感情才是人類最高尚、最偉大、最純潔的感情，因此也是最值得我們謳歌的。

在社會主義社會裡，敵我矛盾仍然很尖銳、很複雜，寫敵我矛盾的戲，比較容易形成尖銳的戲劇衝突，幫助群眾認識敵人，正確地進行敵我鬥爭。這是大家比較容易解決的問題。至於寫人民內部矛盾的戲，能不能寫出戲劇衝突，能不能寫好戲劇衝突，不少人還存有疑問。這次話劇會演中，一些好的劇碼已經給我們提供了有益的經驗。首要的問題是你怎樣去對待人民內部矛盾，是站在什麼立場上，用什麼觀點去寫。你如果以無產階級的立場、觀點去寫，就會寫得好；反之，你就寫不好，就會歪曲現實。有些人由於世界觀沒有得到改造，往往以資產階級或是小資產階級的立場、觀點去看待生活，因此看不見現實生活中光明的、積極的一面，而只看見現實生活中落後的、消極的一面，他們對歌頌社會主義的新人、新事、新思想、新風尚，缺乏革命的熱情，而對所謂“暴露”生活“黑暗面”卻感到莫大的興趣。他們自以為反映了現實生活，其實是黑白不分，是非顛倒。他們的所謂“暴露”，不過是站在資產階級立場上對現實生活的歪曲描寫。當然，我們也可以寫工作中的缺點、錯誤，寫有缺點、錯誤的勞動人民，但是，這是為了使人們從中得到教育，而不是什麼“暴露”。這個問題，毛澤東同志在《在延安文藝座談會上的講話》中講得很清楚、很透徹。他說：“對於革命的文藝家，暴露的物件，只能是侵略者、剝削者、壓迫者及其在人民中所遺留的惡劣影響，而不能是人民大眾。人民大眾也是有缺點的，這些缺點應當用人民內部的批評和自我批評來克服，而進行這種批評和自我批評也是文藝的最重要任務之一。但這不應該說是什麼‘暴露人民’。對於人民，基本上是一個教育和提高他們的問題。”另外還有一些同志，由於滿腦子的小資產階級幻想，將一切想得盡善盡美，完好無缺；但是，當一接觸到實際後，看到和自己原來的想像不一樣，就覺得沒有什麼東西好寫的，灰心喪氣了。這些同志應該丟掉不切實際的幻想，從實際出發，按照辯證唯物主義的觀點看問題，區分事物的主流和支流，現象和本質，正在成長的新東西和正在死亡的舊東西，善於抓住主流的、本質的東西，善於發現正在成長的、哪怕是處於萌芽狀態的新生事物。用階級觀點看人民內部矛盾，具體分析各種人物、各種矛盾，加以概括、提煉，在藝術上精心地構思，一定可以把人民內部矛盾寫得非常深刻並且有分寸，使人們從中吸取經驗教訓，得到很好的教育。我們已經有不少反映人民內部矛盾為主的好戲，它們寫得很有衝突，很有戲劇性，很有分寸，很符合實際。它們的經驗，可以回答對這個問題的一些疑慮。

此外，在我們華東有人說，抗日戰爭以前，即三十年代的電影、話劇好得很，似乎現在反而大大不如過去了。這種看法也是完全錯誤的。在一九四二年延安文藝座談會以前，我們是不是有革命的文藝運動？肯定是有的。當時的革命文藝運動（包括蘇區和白區的）在反帝、反封建的鬥爭當中，曾經起過積極的作用；特別是在中國人民反帝反封建的高潮中，出現了魯迅那樣的無產階級革命文化的偉大旗手，這是不容否認的。毛澤東同志對此作過很高的評價。但是，難道那時的文藝工作方向都對頭了？那時的文藝工作者在思想上認識上就沒有問題嗎？這是不可能的。黨中央和毛澤東同志在一九四二年召開文藝座談會，就是因為在文藝界，不論是二十年代、三十年代，還是四十年代初召開座談會的時候，這個問題都沒有明確、沒有解決。一九四二年在延安召開了文藝座談會，毛澤東同志講了話，革命文藝工作的方向問題得到解決，無產階級的革命文藝才走上了康莊大道，才在正確的道路上向前邁進。二十二年來，在毛澤東同志提出的文藝方向的指引下，隨著革命不斷深入和發展，革命文藝在為工農兵服務的藝術實踐中，不斷取得了新的成就。儘管在華東地區的文藝戰線上，並不是任何部門、任何時候都貫徹執行了黨的文藝路線，因而還存在各種急待解決的問題，但是，現在無論從哪一方面來說，都大大地超過了三十年代。由此可見，在今天不加分析地把三十年代的文藝說得那麼好，不但不符合歷史事實，而且無異是否定一九四二年以後在毛澤東文藝思想指導下取得的成就，無異是拉著革命文藝倒退到延安文藝座談會以前的狀況，停留在民主革命階段，永遠不跨進社會主義階段，也就根本不需要高舉毛澤東文藝思想的紅旗向前邁進了。這是我們的工農兵和人民群眾不能允許的。

（三）在社會主義時代，一定會產生出更多更好的、既有高度思想性又有高度藝術性的戲劇

　　社會主義戲劇，不但在政治內容上可以達到一個新的水準，而且在藝術品質上也可以達到一個新的高度。這是時代的要求，歷史的必然。那末，對於社會主義戲劇來說，什麼才是好戲呢？毛澤東同志在《在延安文藝座談會上的講話》中說：“文藝批評有兩個標準，一個是政治標準，一個是藝術標準。”又說：“政治並不等於藝術，一般的宇宙觀也並不等於藝術創作和藝術批評的方法。我們不但否認抽象的絕對不變的政治標準，也否認抽象的絕對不變的藝術標準，各個階級社會中的各個階級都有不同的政治標準和不同的藝術標準。但是任何階級社會中的任何階級，總是以政治標準放在第一位，以藝術標準放在第二位的。……我們的要求則是政治和藝術的統一，內容和形式的統一，革命的政治內容和盡可能完美的藝術形式的統一。缺乏藝術性的藝術品，無論政治上怎樣進步，也是沒有力量的。”毛澤東同志在這裡把政治標準第一、藝術標準第二以及政治標準和藝術標準之間的辯證關係闡述得十分清楚。我們對於一切文學藝術作品，都要根據上述要求去檢查、去衡量。無產階級對於政治標準必須具有更加明確的要求；無產階級的戲劇，必須努力達到“革命的政治內容和盡可能完美的藝術形式的統一”。按照政治標準來說，毛澤東同志根據當時抗日戰爭的具體情況，曾經具體指出：“一切利於抗日和團結的，鼓勵群眾同心同德的，反對倒退、促成進步的東西，便都是好的；而一切不利於抗日和團結的，鼓動群眾離心離德的，反對進步、拉著人們倒退的東西，便都是壞的。”在社會主義時期。毛澤東同志在《關於正確處理人民內部矛盾的問題》

的著作中，又提出六條政治標準，其中又以有利於社會主義改造和社會主義建設、有利於鞏固共產黨的領導作爲最根本的兩條。這六條標準，就是我們今天衡量戲劇好壞的政治標準。按照藝術標準來說，毛澤東同志指出："一切藝術性較高的，是好的，或較好的；藝術性較低的，則是壞的，或較壞的。這種分別，當然也要看社會效果。文藝家幾乎沒有不以爲自己的作品是美的，我們的批評，也應該容許各種各色藝術品的自由競爭；但是按照藝術科學的標準給以正確的批判，使較低級的藝術逐漸提高成爲較高級的藝術，使不適合廣大群眾鬥爭要求的藝術改變到適合廣大群眾鬥爭要求的藝術，也是完全必要的。"在這裡，毛澤東同志並沒有把藝術的高低、好壞看作是什麼抽象的東西，把它架空起來。毛澤東同志反覆強調的是，無產階級藝術要以更好地適應群眾的鬥爭要求、更好地爲無產階級政治服務爲目的。毛澤東同志一貫主張在文藝問題上必須進行兩條戰線的鬥爭，既反對政治觀點錯誤的藝術品，也反對只有正確的政治觀點而沒有藝術力量的"標語口號式"的傾向。

優秀作品的產生有它一定的社會歷史條件，不完全是個人主觀願望所能決定的；任何優秀作品和優秀作家都是時代的產物。在我國，正處在社會主義革命和社會主義建設時期，有黨中央和毛澤東同志的馬克思列寧主義的領導，革命旗幟鮮明，人民鬥志昂揚，社會主義事業蓬勃發展，社會面貌日新月異，我們這種豐富多彩、生動活潑的生活，無論從哪一方面來說，都是前無古人的。在這樣的基礎上。必然會產生出優秀的革命作家，寫出不但在政治內容上，而且在藝術品質上都很優秀的作品。這是時代決定了的。這個人不去寫，必然有另外的人寫；這個人寫不出優秀作品，那個人必然寫出優秀作品；這個作品不成爲優秀作品，那個作品必然成爲優秀作品。在今天，在帝國主義和資本主義國家，由於資本主義制度已經腐朽沒落，那些堅持反動資產階級立場觀點的文藝家就不可能創作出好的作品，只能產生反映資產階級腐朽沒落生活和意識的作品。在修正主義當權的國家，自己不革命，也不准人家革命，反馬克思列寧主義的修正主義作家也只能寫出頹廢、沒落、空虛、反動的作品，腐蝕人們的戰鬥意志，爲資本主義復辟開路。

當然，社會生活的豐富多彩，還只是出現優秀作品的客觀條件。要產生優秀作品，還有待作家的主觀努力；如果沒有作家的主觀努力，不付出艱巨的勞動，優秀作品仍然是產生不出來的。一部優秀作品的產生，是一個艱巨的創作實踐的過程，是我們的作家深入生活、熟悉生活、不斷提高自己思想水準和藝術水準的過程。特別是戲劇，要得到廣大群眾的歡迎，更要廣泛聽取群眾的意見，在演出實踐中，不斷地進行修改、加工和提高，精益求精，才能成爲群眾所喜愛的優秀戲劇。

華東話劇觀摩演出的所有劇碼，都是經過反覆修改、加工的；這些劇碼今後還要繼續不斷修改、加工，使其日臻完善，成爲保留劇目。可是，有些人對於社會主義戲劇這一新生事物開始不可避免出現的某些粗糙現象，不是採取熱情支持和積極幫助的態度，而是進行種種挑剔和刁難，到處指手劃腳，吹毛求疵，大有攻其一點、不計其餘的味道，實際上是對革命的現代劇採取否定的態度。顯然，這是不正確的態度。那末，現代劇能不能批評呢？不但能批評，而且批評對於搞好現代劇是極爲必要的。但是，我們需要的是善意的、帶建設性的批評，而不是惡意的、破壞性的批評。只要批評的態度是對頭的，即使批評錯了也不要緊。我們承認有不少現代劇還很粗糙，需要提高。這是我們在發展和繁榮社會主義戲劇的工作中必須認真對待的一件事。我們對於那種不負責任、粗製濫造的一般化、概念化的戲劇，也是堅決反對的，因爲那種戲劇有礙社會主義戲劇的聲譽，得不到群眾的歡迎。但是，必須弄清楚，我們所說的提高是在普及的基礎上的提高，是沿著爲工農兵服務、爲社會主義服務的方向的提高，而不是脫離工農兵群眾的什麼 "提高" ，違背爲工農兵服務、違背爲社會主義服務的方向的什麼 "提高" 。

我們戲劇工作者，要寫出演出更多更好的社會主義戲劇，就一定要徹底改造思想和長期深入工農兵群眾的生活。爲什麼有些人面對著豐富多彩、生動活潑的現實生活而寫不出東西來呢？最主要的原因，就是這兩個根本性的問題沒有解決，或者沒有解決好。爲什麼有些人熱衷於提倡和編寫資本主義、封建主義的戲劇，而不熱心於提倡和編寫社會主義戲劇？爲什麼有些話劇演員因爲沒有能演上外國古典戲劇中的角色而感到不勝遺憾，而不是因爲沒有能演出反映現實生活和鬥爭的戲劇於心有愧？這就說明他們的立場態度是有問題的，思想感情是有問題的，資本主義、封建主義思想對他們的影響是很深的。思想感情不同，愛憎也就不同。如果不進行思想改造，讓舊思想堵塞自己的頭腦。就會像鼻子傷風、眼睛色盲、耳朵聾聵那樣，對大量存在的新事物嗅不到、看不見、聽不清，也就寫不出、演不好表現社會主義新人、新事、新思想、新風尚的戲劇。我們有些戲劇工作者，包括其他方面的許多同志，就是沒有能真正深入生活，深入鬥爭，脫離群眾，脫離實際。因此，在他們的腦子裡只有舊的東西，沒有新的東西，或者只有抽象的新東西，沒有具體的新東西。如果這樣，即使想下決心改造自己，想寫出好的作品來，也是改造不好的，寫不出好的作品來的。所以，只有深入到群眾中去，深入到火熱的鬥爭中去，我們的立場、態度、思想、感情才能得到脫胎換骨的改造，資本主義、封建主義的尾巴才能徹底割掉。這樣，思想活躍了，眼界開闊了，知識豐富了，可寫的東西就多了，寫好的信心也就大了。毛澤東同志說： "中國的革命的文學家藝術家，有出息的文學家藝術家，必須到群眾中去，必須長期地無條件地全心全意地到工農兵群眾中去，到火熱的鬥爭中去，到唯一的最廣大最豐富的源泉中去，觀察、體驗、研究、分析一切人，一切階級，一切群眾，一切生動的生活形式和鬥爭形式，一切文學和藝術的原始材料，然後才有可能進入創作過程。”我們每一個戲劇工作者都必須遵循毛澤東同志的這個教導去做。

我們戲劇工作者，要寫出更多更好的社會主義戲劇，還要敢於同一切舊的藝術觀念實行最徹底的決裂，敢於打破資產階級、封建階級的藝術框框。要能夠充分地反映社會主義時代的豐富多彩、生動活潑的生活，深刻地表現社會主義時代工農兵的思想感情，生動地塑造社會主義時代的先進人物，就必須打破那些不適合今天需要的陳舊的藝術框框。我們有些戲劇工作者，由於長期受到資產階級、封建階級的藝術觀念的影響，往往被許多框框束縛著自己，不能突破，成爲藝術革新中的保守力量。馬克思和恩格斯在《共產黨宣言》中說：“共產主義革命就是要最堅決地打破過去傳下來的所有制關係；所以，毫不奇怪，它在自己的發展進程中要最堅決地打破過去傳下來的各種觀念。”我們要發展社會主義戲劇，要進行戲劇的改革，就要最堅決地打破過去傳下來的資產階級的、封建階級的政治觀念和藝術觀念，真正樹立起無產階級的政治觀念和藝術觀念。

這樣說，當然不能理解成爲對於中外文學藝術的優秀遺產不要繼承。凡是中外一切好的東西，我們都要繼承；問題是對繼承應該持有正確的態度。我們既不是歷史的虛無主義者，也不膜拜於遺產，而是對遺產採取批判地繼承的態度。這樣，才能創造出全新的自己的東西。列寧說：“馬克思主義這一革命的無產階級思想體系贏得了世界歷史性的意義，是因爲它並沒有拋棄資產階級時代最寶貴的成就，相反地卻吸收和改造了兩千多年來人類思想和文化發展中一切有價值的東西。只有在這個基礎上，按照這個方向，在無產階級專政（這是無產階級反對一切剝削的最後一次鬥爭）的實際經驗的鼓舞下繼續進行工作，才能認爲是發展真正無產階級的文化。"毛澤東同志也指出:"一切外國的東西,如同我們對於食物一樣,必須經過自己的口腔咀嚼和胃腸運動,送進唾液胃液腸液,把它分解爲精華和糟粕兩部分,然後排泄其糟粕,吸收其精華,才能對我們的身體有益,絕不能生吞活剝地毫無批判地吸收。"又說:"我們必須繼承一切優秀的文學藝術遺產,批判地吸收其中一切有益的東西,作爲我們從此時此地的人民生活中的文學藝術原料創造作品時候的借鑒"。"繼承和借鑒絕不可以變成替代自己的創造,這是絕不能替代的。"這就是說,我們對於優秀的文學遺產,要批判地繼承,而繼承是作爲我們從社會主義時代現實生活和鬥爭出發進行創造的借鑒,不是囫圇吞棗,全盤接受,更不能代替自己的創作。應當承認,中外歷史上有許多優秀的文藝作品,如十八、十九世紀的一些優秀的文藝作品,曾經揭露了封建主義、資本主義的罪惡,有它的時代意義。但是我們要看到,這些遺產都是封建時代和資本主義時代的東西,它們的基本思想是宣揚封建階級的意識形態包括它的道德觀念,宣揚資產階級的個人主義、民主主義和人道主義。這些東西,和無產階級的社會主義思想是根本對立的,必須和它實行最堅決、最徹底的決裂。我們對一切文學藝術遺產,包括戲劇在內,都要進行批判,對那些越有影響的,就越要徹底地批判,才會對社會主義、對今天的人民起有益的作用。可是,我們有些人對十八、十九世紀的文藝作品,推崇備至,五體投地,就是不加分析批判。這樣盲目地崇拜遺產,實際上是借繼承遺產之名,行宣傳封建主義、資本主義思想之實。

從藝術的形式上來說,一些古典的優秀文藝作品,有它獨到之處;傳統的戲劇有它長期形成的一套表演形式。在適當的條件下,經過努力,利用舊形式,改造舊形式來表現新內容,這是可能的,必要的。但是,內容和形式是密切聯繫的,新的內容總是要求新的形式來表現它。新內容利用舊形式、改造舊形式來表現自己，已經不是純粹的舊形式了，在某種意義上說來，在實際上說來，這已經可以說是一種新的形式了。傳統劇碼的表演形式，是適合表演古代人物的；不經過適當改造，不能很好地表現今天的新人物。我們要表現今天的工農兵，就要有今天工農兵的形象、語言、動作，就要用新的形式來表演，而這些東西是過去文藝作品和戲劇中很難找到的。我們要表演工農兵群衆中的英雄人物，總不能把它的語言、動作、風格等等搞得像封建階級、資產階級那樣矯揉造作、裝腔作勢吧！隨著內容的改變，必然在表演形式上要加以突破。過去傳留下來的某些藝術技巧，經過認真的改造以後，可以用來表現現代人物，這是我們不可忽視的一個方面；但是，主要還是要從現實生活中提煉出適合表演今天人物的藝術形式。在現實生活中，工農兵群衆的形象、語言、動作，經過提煉、加工，就能成爲很好、很美的藝術形式。這就是說，在戲劇工作者更好地和工農兵群衆結合以後，在大演現代劇、表現工農兵群衆的藝術實踐中，經過長期的摸索和積累，終究要找出適合表演社會主義生活的新形式，而這種新形式必然是更加民族化、更加群衆化的。可是，我們有些人就是不敢越雷池一步，不敢有所突破和創新，一味地硬搬和模仿。毛澤東同志早就告誡我們：「文學藝術中對於古人和外國人的毫無批判的硬搬和模仿，乃是最沒有出息的最害人的文學教條主義和藝術教條主義。」我們各種戲劇，從內容到形式，都要推陳出新，推封建主義、資本主義之陳，出社會主義、共產主義之新。否則，它們不但在政治上不行，在藝術上也不能發展，最後必不可免地要爲時代和群衆所拋棄。

總之，我們要相信前無古人、後有來者，不要抱殘守缺，厚古薄今，迷信過去。這在科學上是如此，在戲劇藝術上也是如此，在其他一切事業上都是如此。但是，這絲毫也不意味著我們在前進的道路上不會遇到困難，社會主義戲劇可以一帆風順地發展了。社會主義戲劇的建設，是一項長期的、艱巨的任務，社會主義戲劇本身必須有一個發展和完善的過程。無論封建主義的文化藝術，還是資本主義的文化藝術，都是經過了很長的形成和發展過程。中國的封建主義文化藝術，經歷了幾千年的興衰史；西歐各國資本主義文化藝術的發展，從"文藝復興"時期開始，也經過了好幾百年。在我國，作爲社會主義的文化藝術，才有短短十五年的歷史；社會主義的戲劇藝術畢竟是一個新生的幼芽。建設社會主義的戲劇，本身就是一場偉大的、深刻的革命。要使社會主義戲劇鞏固地佔領陣地，把散播封建主義、資本主義毒素的戲劇完全排除出舞臺，這需要我們的編劇、導演、演員、舞臺工作者齊心協力，作長期的、艱苦的努力和鬥爭。我們絕不能碰到困難就洩氣，就不敢前進。只要我們沿著正確的方向，進行不斷的努力，不斷提高社會主義戲劇的思想性和藝術性，我們就能創造出無愧於我們偉大時代的戲劇，在舞臺上開放出無限光輝燦爛的藝術花朵。

（四）更高地舉起毛澤東文藝思想紅旗，爲社會主義戲劇的發展和繁榮而奮鬥

在整個社會主義時期，國內和國際的階級鬥爭是長期的、複雜的和曲折的。文藝是階級鬥爭的武器，是時代的風雨表。階級鬥爭必然要在文藝上反映出來。我們的文藝要不要爲工農兵服務，要不要爲社會主義服務，這是文藝戰線上一場嚴重的、長期的階級鬥爭和思想鬥爭。在這場鬥爭中，無產階級思想不去佔領陣地，修正主義思想就會氾濫，就會爲資本主義復辟開路；社會主義戲劇不去佔領舞臺，資本主義、封建主義的戲劇就會去佔領舞臺，成爲社會主義革命和建設中的障礙。我們要時刻記住，現在還有兩個階級、兩條道路的鬥爭存在，還有資產階級思想、封建主義思想存在，一刻也不要忘記階級鬥爭。我們一切革命的戲劇、文藝工作者，一定要把毛澤東文藝思想紅旗舉得更高、更鮮

明，為建設社會主義的戲劇、文藝事業鬥爭到底。我們所有的戲劇、文藝工作者，都必須認真學習毛澤東思想，學習毛澤東文藝思想，認真學、反覆學，真正學到手，以提高認識，改造思想，使我們社會主義的戲劇、文藝，更加堅定地沿著毛澤東同志所指出的方向奮勇前進。

要堅定不移地實現毛澤東同志提出的文藝方向，必須正確地貫徹執行黨的百花齊放、推陳出新的方針。這個方針，是改革和發展我國戲劇藝術的根本方針。實踐證明，這個方針是完全正確的。它是毛澤東同志根據文藝為工農兵服務的方向提出來的，又是為了使文藝更好地為工農兵服務的。這個方針，是促進我國社會主義文學藝術發展和繁榮的方針。它絕不是保護封建主義、資本主義文學藝術的方針，絕不能被人利用來發展封建主義、資本主義那一套東西。我們只允許在社會主義方向下，藝術上不同題材、不同風格、不同流派的自由發展、自由競爭，絕不允許在內容上宣傳資本主義和封建主義。

為了發展和繁榮社會主義戲劇，必須組織革命的戲劇隊伍，加強戲戲劇隊伍的建設，建立一支能夠正確貫徹毛澤東文藝思想的又紅又專的戲劇、文藝隊伍。戲劇、文藝工作者，包括編劇、導演、演員、音樂工作者、舞臺美術工作者在內，首先要下決心做一個堅強的無產階級革命戰士，使自己不斷革命化。戲劇隊伍的革命化問題，是一個極大的問題，也是一個亟待解決的迫切問題。革命化，也就是要真正無產階級化，共產主義化，用馬克思列寧主義、毛澤東思想武裝自己的頭腦。可是，對於我們戲劇隊伍來說，不少人還沒有完成社會主義的思想改造，在他們的頭腦中無產階級思想還很少，有的人資產階級思想乃至封建主義思想還很嚴重，而他們天天要演戲，要宣傳，對群眾的影響很大，那末就發生一個問題：他們究竟用什麼面貌來改造世界呢？是用無產階級的面貌，社會主義的面貌，還是用資產階級、封建階級的面貌呢？毛澤東同志指出："小資產階級出身的人們總是經過種種方法，也經過文學藝術的方法，頑強地表現他們自己，宣傳他們自己的主張，要求人們按照小資產階級知識份子的面貌來改造黨，改造世界。在這種情形下，我們的工作，就是要向他們大喝一聲，說：'同志'們，你們那一套是不行的，無產階級是不能遷就你們的，依了你們，實際上就是依了大地主大資產階級，就有亡黨亡國的危險。只能依誰呢？只能依照無產階級先鋒隊的面貌改造黨，改造世界。"毛澤東同志這段話，有著極其深刻的教育意義。教育者必先受教育。如果我們不去認真改造自己的資產階級、小資產階級思想，牢固地樹立無產階級的革命思想，就不可能實現革命化，社會主義的戲劇也就不可能在我們手裡真正建設起來。所以，一切革命的戲劇工作者，都必須投身到沸騰的生活和火熱的鬥爭中去，同社會主義革命和建設時期的工農兵相結合，徹底改造自己的立場、觀點、思想和感情，割掉資產階級、小資產階級個人主義、自由主義，名利思想的尾巴，和一切舊觀念實行最徹底的決裂，樹立無產階級的世界觀，才能使自己成為名副其實的堅定的無產階級的文藝戰士。我們的戲劇工作者，能不能真正和工農群眾相結合，是他們能否真正成為無產階級文藝戰士的重要標誌。毛澤東同志說過："革命的或不革命的或反革命的知識份子的最後的分界，看其是否願意並且實行和工農民眾相結合。"這對我們戲劇、文藝工作者同樣適用。我們有些戲劇、文藝工作者是從舊社會走過來的，或者是出身於剝削階級家庭，或者受過資產階級教育，他們不可避免地沾染了某些資本主義、封建主義的遺毒；而我們有些年輕同志，則沒有經受過階級剝削和階級壓迫的苦難，缺少階級鬥爭的鍛鍊和體會；加之，他們都沒有很好地經常地和工農兵群眾一起同吃、同住、同勞動；因此，他們和工農兵群眾的思想感情總是有一段不小距離的。他們必須有自知之明，正視自己的弱點，不斷改造自己、鍛鍊自己、提高自己，把自己的思想感情徹頭徹尾、徹裡徹外地轉到工農兵群衆方面來，才能真正成爲無產階級的文藝戰士。也只有這樣，他們才能真正地熱愛社會主義，全心全意地去表現社會主義的工農兵，熱情地歌頌社會主義的英雄人物，寫出具有高度思想性和高度藝術性的作品來。

在加強戲劇隊伍的建設方面，又需要重視創作隊伍的建設。劇本創作，是發展和繁榮社會主義戲劇的一個關鍵問題。沒有劇本，社會主義戲劇是不能迅速發展的。戲劇工作的領導部門，應當把劇本創作作爲自己的首要任務來抓。除了導演、演員和舞臺工作人員外，各地都必須建立一支精幹的創作隊伍。專業的創作人員要認識到自己的重大責任，自覺地深入生活，努力進行創作。與此同時，還要特別注意培養業餘的戲劇隊伍，發現和幫助業餘劇作者，使專業創作和業餘創作結合起來。業餘的戲劇作者散佈在各條戰線上，投身在現實鬥爭中，人數衆多，潛力很大，只要我們精心幫助、培養，是一支不可忽視的重要力量。

我們的戲劇隊伍，包含著一切願意爲社會主義服務、爲工農兵服務的文學家、藝術家、戲劇家，要團結他們，熱情地幫助他們進步，爲他們的創作提供良好的條件。我們相信，在我們社會主義社會裡，一切願意進步的文藝家，經過革命鬥爭和藝術實踐的鍛煉，不斷地改造自己，他們中間的大多數人，都可能爲祖國的社會主義革命和社會主義建設，爲社會主義的戲劇、文藝，作出應有的貢獻。

爲了建設革命的戲劇、文藝，建設革命的戲劇、文藝隊伍，要求我們在文藝界中嚴肅地開展思想鬥爭。加強文藝批評，就是開展思想鬥爭的一種方法。我們要加強評論工作，來指導和推動創作和演出，總結創作和演出的經驗，開展文藝思想鬥爭。我們一定要發展革命的文藝批評，積極提倡、扶持、鼓勵一切好的、進步的、革命的文藝作品，批判那些壞的、落後的、反動的東西。

這是發展和繁榮社會主義戲劇不可缺少的一件工作。華東話劇觀摩演出，是通過會演，總結交流經驗，提高思想認識，開展比學趕幫，進行群眾性文藝批評的生動活潑的方法。事實證明，這對發展和繁榮社會主義戲劇來說，是一種很好的方法，今後可以適當採用。

加強黨對戲劇的領導，是發展和繁榮社會主義戲劇的根本條件。各級黨委一定要加強對戲劇工作的領導，加強對戲劇隊伍的思想政治工作，認真地進行戲劇戰線上的社會主義改造和戲劇工作者的思想改造，並把它作為社會主義革命的一個重要任務來抓。這方面的社會主義革命是放鬆不得的。過去有人以"反對領導干預創作"為名，否認黨的領導的重要性。這是極其錯誤的，必須堅決反對。現代修正主義者特別惡毒地攻擊我們黨對文藝工作的領導。他們別有用心地說，現代劇"都在黨組織的直接領導與參加下寫的"，"與其說是某些劇作家寫的……不如說是黨委寫的"。他們這種攻擊，實際上是妄圖使創作離開馬克思列寧主義的黨的領導，接受他們修正主義黨的領導；離開馬克思列寧主義的方向，走上他們的修正主義方向。如果上了他們的當，就必然要使我們戲劇、文藝成為資本主義復辟的工具，我們的戲劇、文藝工作者也就要滾進修正主義的泥坑。我們必須警惕這一點，一定要把戲劇、文藝戰線上的社會主義革命進行到底。我們的戲劇、文藝是進行革命鬥爭的武器，是抵制和逐步肅清資本主義和封建主義影響、防止修正主義侵蝕的強有力武器。我們的戲劇、文藝，一定要緊緊掌握在黨的手裡，置於黨的堅強領導之下。我們要加強黨的領導，黨就不能不去"干預"一下那種不利於社會主義、不利於人民的創作，不能不"破壞"一下他們的創作情緒。毛澤東同志說得好："馬克思主義就不破壞創作情緒了嗎？要破壞的，它決定地要破壞那些封建的、資產階級的、小資產階級的、自由主義的、個人主義的、虛無主義的、為藝術而藝術的、貴族式的、頹廢的、悲觀的以及其他種種非人民大眾非無產階級的創作情緒。對於無產階級文藝家，這些情緒應不應該破壞呢？我以爲是應該的，應徹底地破壞它們，而在破壞的同時，就可以建設起新東西來。"我們所說的加強黨的領導，絕不是修正主義所誣衊的去包辦創作，而是去正確指導如何進行創作。實際情況是：在今天這個偉大的社會主義時代，作家、藝術家個人的思想水準和所見所聞，畢竟是有限的。黨的領導，掌握時代的脈搏，瞭解革命的動向，從政治上、思想上、題材選擇上幫助作家、藝術家，這不僅不妨礙作家、藝術家的積極性、創造性，而且能幫助他們提高思想、明確方向。事實上，只有遵循黨所指明的方向，充分吸取群眾的豐富的鬥爭生活經驗，認真聽取群眾的意見和要求，才可能產生出成功地反映社會主義生活和鬥爭的戲劇來。

　　當前國際國內的形勢很好。戲劇、文藝工作者必須趕上時代的潮流，加速社會主義新戲劇、新文藝的建設和發展。我們的革命戲劇、文藝，不但要爲中國革命服務，而且要爲世界革命人民服務，擔負起無產階級國際主義所應該擔負的任務。我們的一切戲劇、文藝工作者，都要立革命大志，樹遠大理想，高高舉起毛澤東文藝思想紅旗，用戲劇、文藝的武器，支持和鼓舞中國人民和世界人民反對帝國主義、各國反動派和現代修正主義的鬥爭，爲共產主義的徹底實現而奮鬥！

（原載《紅旗》1964 年第 15 期）

談京劇革命

— 一九六四年七月在京劇現代戲觀摩演出人員的座談會上的講話

江　青

　　我對這次演出表示祝賀。大家付出了很大的勞動,這是京劇革命的第一個戰役,已經取得了可喜的收穫,影響也將是比較深遠的。

　　京劇革命現代戲是演起來了,可是,大家的認識是否都一樣了呢?我看還不能這樣說。

　　對京劇演革命的現代戲這件事的信心要堅定。在共產黨領導的社會主義祖國舞臺上占主要地位的不是工農兵,不是這些歷史真正的創造者,不是這些國家真正的主人翁,那是不能設想的事。我們要創造保護自己社會主義經濟基礎的文藝。在方向不清楚的時候,要好好辨清方向。我在這裡提兩個數字供大家參考。這兩個數字對我來說是驚心動魄的。

　　第一個數字是:全國的劇團,根據不精確的統計,是三千個(不包括業餘劇團,更不算黑劇團),其中有九十個左右是職業話劇團,八十多個是文工團,其餘兩千八百多個是戲曲劇團。在戲曲舞臺上,都是帝王將相,才子佳人,還有牛鬼蛇神。那九十幾個話劇團,也不一定都是表現工農兵的,也是"一大、二洋、三古",可以說話劇舞臺也被中外古人佔據了。劇場本是教育人民的場所,如今舞臺上都是帝王將相、才子佳人,是封建主義的一套，是資產階級的一套。這種情況，不能保護我們的經濟基礎，而會對我們的經濟基礎起破壞作用。

第二個數字是：我們全國工農兵有六億幾千萬，另外一小撮人是地、富、反、壞、右和資產階級分子。是為這一小撮人服務，還是為六億幾千萬人服務呢？這問題不僅是共產黨員要考慮，而且凡有愛國主義思想的文藝工作者都要考慮。吃著農民種的糧食，穿著工人織造的衣服，住著工人蓋的房子，人民解放軍為我們警衛著國防前線，但是卻不去表現他們，試問，藝術家站在什麼階級立場，你們常說的藝術家的“良心”何在？

京劇演革命的現代戲這件事還會有反覆，但要好好想想我在上面說的兩個數字，就有可能不反覆，或者少反覆。即使反覆也不要緊，歷史總是曲曲折折前進的，但是，歷史的車輪絕不能拉回來。我們提倡革命的現代戲，要反映建國十五年來的現實生活，要在我們的戲曲舞臺上塑造出當代的革命英雄形象來。這是首要的任務。我們也不是不要歷史劇，在這次觀摩演出中，革命歷史劇占的比重就不小。描寫我們黨成立以前人民的生活和鬥爭的歷史劇也還是要的，而且也要樹立標兵，要摘出真正用歷史唯物主義觀點寫的、能夠古為今用的歷史劇來。當然，要在不妨礙主要任務（表現現代生活、塑造工農兵形象）的前提下來搞歷史劇。傳統戲也不是都不要，除了鬼戲和歌頌投降變節的戲以外，好的傳統戲都盡可上演。但是，這些傳統戲如果不認真整理加工，是沒有什麼人看的。我曾系統地下劇場兩年多，觀察了演員、觀眾，司以得出結論，傳統戲如果不認真進行加工，是不會有人看的。今後傳統戲的整理、加工工作還是要的，但是，所有這些都不能代替第一個任務。

其次，說說從何著手的問題。

我認為，關鍵是劇本。沒有劇本，光有導演、演員，是導不出什麼，也演不出什麼來的。有人說：“劇本，劇本，一劇之本。”

這話是很對的。所以,一定要抓創作。

這些年,戲劇創作遠遠落後於現實,京劇的創作更談不到。編劇的人少,又缺乏生活,當然創作不出好劇本來。抓創作的關鍵是把領導、專業人員、群眾三者結合起來,我最近研究了《南海長城》的創作經驗,他們就是這樣搞的,先由領導出個題目,劇作者三下生活,並且親身參與了一次殲滅敵人特務的軍事行動。劇本寫好之後,廣州部隊的許多負責同志都親自參加了劇本的討論。排演以後,廣泛徵求意見,再改。這樣,不斷徵求意見,不斷修改,所以能在較短時間內搞出這樣及時反映現實鬥爭的好戲來。

上海市委抓創作,柯慶施同志親自抓,各地都要派強的幹部抓創作。

短時間內,京劇要想直接創作出劇本來還很難,不過,現在就要抽出人來,先受些專門訓練,然後放下去生活,可以先寫小戲,再逐漸搞出大戲來。小戲搞得好也很好。

在創作上,要培養新生力量,放下去,三年五年就會開花結果。

另一方面是移植,這也好。

移植要慎重選擇,第一看政治傾向好不好,第二要看與本劇團條件是否合適。移植時要好好分析原作,對人家的長處要肯定下來,不能改變;對人家的弱點,要加以彌補。改編的京劇,要注意兩方面的問題;一方面要合乎京劇的特點,有歌唱,有武打,唱詞要合乎京劇歌唱的韻律,要用京劇的語言。否則,演員就無法唱。另一方面,對演員也不要過分遷就,劇本還是要主題明確,結構嚴謹,人物突出,不要為了幾個主要演員每人來一段戲而把整個戲搞得稀稀拉拉的。

京劇藝術是誇張的,同時,一向又是表現舊時代舊人物的,因此,表現反面人物比較容易,也有人對此很欣賞。要樹立正面人物卻是很不容易，但是，我們還是一定要樹立起先進的革命英雄人物來。上海的《智取威虎山》，原來劇中的反面人物很囂張，正面人物則乾癟癟。領導上親自抓，這個戲肯定是改好了。現在把定河道人的戲砍掉了一場，座山雕的戲則基本沒有動（演座山雕的演員是很會做戲的），但是，由於把楊子榮和少劍波突出起來了，反面人物相形失色了。聽說對這個戲有不同看法，這個問題可以爭論一番。要考慮是坐在哪一邊？是坐在正面人物一邊，還是坐在反面人物一邊？聽說還有人反對寫正面人物，這是不對的。好人總是大多數，不僅在我們社會主義國家是如此，即使在帝國主義國家裡，大多數的還是勞動人民。在修正主義國家裡，修正主義者也還是少數。我們要著重塑造先進革命者的藝術形象，給大家以教育鼓舞，帶動大家前進。我們搞革命現代戲，主要是歌頌正面人物。內蒙古藝術劇院京劇團的《草原英雄小姊妹》很好，劇作者的革命感情被這兩個小英雄的先進事蹟激動起來，寫成這樣一個戲，那中間的一段還是很動人的。只是由於作者還缺乏生活，搞得又很急，還沒有來得及精雕細刻，一頭一尾搞得不大好，現在看來，好像是一幅好畫嵌在粗劣的舊鏡框裡。這個戲，還有一點值得重視，那就是為我們的少年兒童寫了京戲。總之，這個戲是有基礎的，是好的。希望劇作家再深入生活，好好加以修改，我覺得，我們應該重視自己的勞動，搞出來的東西不要輕易丟掉。有的同志對於搞出來的成品不願意再改，這就很難取得較大的成就。在這方面，上海是好的典型，他們願意一改再改，所以把《智取威虎山》搞成今天這個樣子，這次觀摩演出的劇碼，回去都應該繼續加工。立起來了的，不要輕易把它打倒。

（原載《紅旗》1967 年第 6 期）

文化戰線上的一個大革命

《紅旗》雜誌社論

　　京劇改革是一件大事情。它不僅是一個文化革命,而且是一個社會革命。以這次在北京舉行的京劇革命的現代戲觀摩演出大會為開端的京劇改革,以及隨著而來的戲劇、曲藝、電影、文學、音樂、舞蹈、美術等文學藝術各方面的進一步革命化,是我國文化思想領域裡社會主義革命的一個重要組成部分。

　　這次觀摩演出大會,演出了許多革命的現代戲。這些戲的思想內容一般都是好的,其中有些是很好的,塑造了許多光輝的英雄人物形象,表演藝術也有一些新的創造,發揮了京劇藝術的特長。為了演好革命的現代戲,有些演員在深入工農兵群眾方面,還作出了很大的努力,有不少人正準備深入到工農兵群眾中去。這一切表明,在毛澤東文藝思想的光輝照耀下,革命的京劇現代戲在用社會主義、共產主義思想來教育和影響觀眾方面,已經邁出了第一步。我們應當為京劇界的成就而向他們祝賀。

　　早在一九四二年,毛澤東同志就已經指出,文藝"為什麼人的問題,是一個根本的問題,原則的問題";"我們的文學藝術都是為人民大眾的,首先是為工農兵的"。為工農兵服務,這是我們堅定不移的方向。社會主義的文藝為工農兵服務,就是要為社會主義革命和社會主義建設服務,為消滅剝削階級及其思想影響而鬥爭。在文藝領域中,戲劇是特別具有群眾性的藝術形式之一;京劇是有著廣大的愛好者和觀眾的。因此,同其他各種文藝形式一樣，京劇用什麼樣的思想來教育群眾，用什麼樣的感情來影響群眾，是一個具有原則意義的大問題。

社會主義制度，比之歷史上一切剝削制度，有著無比的優越性。社會主義社會廢除生產資料私有制，建立生產資料公有制，消滅人剝削人的制度，建立無產階級專政，人民成了國家的主人。但是，社會主義社會還是一個有階級和階級鬥爭的社會。在從社會主義到共產主義的整個歷史時期裡，還存在著無產階級和資產階級的兩個階級的鬥爭，社會主義和資本主義的兩條道路的鬥爭。歷史的總規律是無產階級終將戰勝資產階級，社會主義終將戰勝資本主義，並進入共產主義；但是，在社會主義這個歷史階段中，階級鬥爭是有起伏的，資本主義復辟的危險是存在的。資本主義復辟可以採取暴力的形式或者“和平演變”的形式，也可以是兩種形式互相結合。帝國主義和地主、資產階級不僅使用暴力，而且往往企圖用“糖衣炮彈”的政策，企圖通過修正主義，潛移默化地使社會主義逐漸蛻變爲資本主義。而爲了達到這個目的，他們又總是千方百計地同無產階級爭奪思想陣地，以便散播反動的政治思想影響和資產階級生活方式，來毒害和溶化共產黨人、無產階級和其他革命人民，從思想上爲反革命復辟準備條件，開闢道路。

這是一場嚴重的階級鬥爭。

在這場鬥爭中，文藝是一個重要的爭奪點；作爲文藝的重要部門之一的戲劇也不例外。從以赫魯雪夫爲代表的現代修正主義的文藝，包括他們的戲劇中，我們已經看到，他們大肆散播資產階級的人性論、人道主義、和平主義等等，竭力反對革命，攻擊無產階級專政，醜化社會主義制度；他們販賣美帝國主義腐朽沒落的“新奇”藝術，宣揚美國生活方式，用形形色色頹廢下流反動的東西，去毒害社會主義國家的人民群眾特別是青年一代，使其思想墮落，意志消沉，道德敗壞。現代修正主義的文藝，是磨滅和腐蝕人民群眾革命意志的文藝，是適應帝國主義需要，爲帝國主義"和平演變"政策效勞，爲資本主義復辟效勞的文藝。

所以，在社會主義社會裡，文藝是什麼階級的思想陣地，宣傳什麼樣的思想，不僅關係到文藝本身是否具有革命性的問題，關係到文藝有沒有發展前途的問題，而且更關係到社會主義的政治制度和經濟基礎能不能鞏固，能不能發展，會不會變質的問題。如果我們社會主義社會的文藝，不是去宣傳無產階級思想，不是熱情地表現工農兵的革命精神，表現新時代英雄人物的崇高品質，而是去散播資本主義、封建主義思想，那麼，它不但不成其爲社會主義文藝，而且由於它所傳播的反動腐朽的思想，對人民群眾特別是我們的下一代，有著極大的腐蝕作用，而不能不有利於資本主義勢力和封建勢力。毫無疑問，這種離開社會主義、反對社會主義的文藝，是我們絕對不能容許的。

隨著社會主義革命和社會主義建設的發展，政治思想領域中的社會主義革命，有必要進一步深入進行。作爲上層建築組成部分之一的戲劇，也有必要相適應地把興無產階級思想，滅資產階級思想，宣傳社會主義、共產主義，直接爲社會主義服務作爲自己的首要職責。這就要求京劇藝術，必須根據推陳出新的方針加以改革。什麼叫推陳出新？這就是推資本主義、封建主義之陳，出社會主義、共產主義之新。不僅要有適合社會主義時代的新內容，而且要有適合社會主義時代的新形式。表現現代鬥爭生活的、革命的、在內容和形式上都有新創造的現代戲，在京劇舞臺上應當占主要的位置，在其他劇種的舞臺上也應當占主要的位置。只有這樣，我們的戲劇舞臺這個重要的思想陣地，才能真正成爲無產階級的思想陣地。

時代前進了，文藝的內容必須隨著改變。不能設想，爲帝王將相、才子佳人所統治的舞臺，也能夠爲"興無滅資"的鬥爭任務服務。即使在某些傳統劇碼中，有不同程度的進步思想，但是，它們也遠不能滿足勞動群眾的要求，遠不能對人民進行社會主義的思想教育。至於那些包含著封建糟粕的壞戲，則更是有害無益，而必須堅決拋棄。前一個時期，有人提倡在戲曲舞臺上大演鬼戲，提倡牛鬼蛇神，還提出所謂“有鬼無害論”，爲傳播封建迷信的鬼戲做辯護，這是十分有害的，是資產階級和封建勢力向社會主義進攻在文藝領域中的反映。它大大不利於提高人民的政治覺悟，不利於社會主義制度的鞏固和發展。散播封建主義、資本主義思想的文藝，絕不能爲無產階級的政治服務，絕不能爲社會主義的經濟基礎服務，而只會對它起阻礙和破壞的作用。

這裡，我們提出一個尖銳的問題。在無產階級和資產階級的兩個階級的鬥爭中，在社會主義和資本主義的兩條道路的鬥爭中，我們的文學藝術究竟是站在哪一邊？是反映工人階級和貧農、下中農的思想感情呢，還是反映資本主義勢力和封建勢力的思想感情？是爲占人口絕大多數的工人、農民、士兵服務呢，還是爲少數剝削階級分子服務？是執行毛澤東同志早就提出的馬克思列寧主義的文藝路線呢，還是搞現代修正主義那一套？應當指出，在我國文藝戰線上，有的同志真正解決了這個問題，而有的同志卻沒有解決或者沒有完全解決。我國的社會主義革命雨社會主義建設已經有了十五年的歷史，我國勞動人民在各條戰線上創造了歷史的奇蹟。而有些文藝工作者卻對此視若無睹，缺乏熱情，根本不願意或者沒有很好地去歌頌、去反映這個鬥爭。相反地，他們迷戀於資本主義和封建主義的文化，還是躲在“象牙之塔”裡，死也不肯深入到工農兵群眾中去，深入到火熱的鬥爭中去，他們的靈魂深處還是一個資產階級的王國，他們不斷頑強地表現自己，企圖用自己的世界觀來改造世界。其中極少數人已經開始糜爛，已經蛻化變質。也有些人原來就是站在剝削階級方面的。這種情況，是不能容忍，必須加以改變的。

隨著我國社會主義革命和社會主義建設的進展，革命的群眾文化運動已經興起來了。他們迫切需要革命的戲劇，革命的歌曲，革命的舞蹈蹈，革命的電影，革命的詩歌，革命的小說，革命的美術。在這些方面，廣大的工農兵群眾，已經開始動手幹起來了。廣大的人民群眾，正用革命的文藝去摧毀反動的文藝。面對著這種情況，我們的文藝工作者當採取什麼樣的態度呢？有的同志開始深入到工農兵群眾中去，同民群眾一起進行文化革命。這樣，他們就面目一新，生氣勃勃，用文武器去反映社會主義的鬥爭生活，為社會主義服務，因而也得到了群眾的歡迎；他們在奪取社會主義的思想陣地方面，貢獻出自己的力量。這次京劇革命的現代戲觀摩演出中，有些受到廣大觀眾歡迎的演員，就證明了這一點。但是，不能不指出，在整個文藝隊伍中，不少人還沒有這樣做。對於這樣一個革命的群眾文化運動，有的人採取按兵不動的態度，甚至有的人採取抗拒的態度。因此，我們要大喝一聲：必須堅決執行毛澤東同志的文藝方針，到工農兵群眾中去，到火熱的鬥爭中去，用文藝這個武器，興無產階級思想，滅資產階級思想，擴展社會主義的思想陣地，摧毀資本主義的思想陣地，這是在我國把社會主義革命進行到底的一件頭等重要的任務。

文學藝術要革命化，最重要、最關鍵的問題，是文學藝術工作者本身的革命化。毛澤東同志教導我們說："革命的文學家藝術家，有出息的文學家藝術家，必須到群眾中去，必須長期地無條件地全心全意地到工農兵群眾中去，到火熱的鬥爭中去"。這是我們一切文藝工作者走向革命化的根本途徑。

革命的文藝家，首先應當是一個革命戰士。如果不到工農兵群眾中去，不到火熱的鬥爭中去，認真地鍛煉自己，改造自己，就不可能有革命的精神，革命的感情，對於反映革命的生活就會缺乏熱情，對於文藝為工農兵服務，為社會主義服務，為世界革命人民服務，就會漠不關心，而不能把它當作切身的事業。

毛澤東同志說："作為觀念形態的文藝作品，都是一定的社會生活在人類頭腦中的反映的產物。革命的文藝，則是人民生活在革命作家頭腦中的反映的產物。人民生活中本來存在著文學藝術原料的礦藏，這是自然形態的東西，是粗糙的東西，但也是最生動、最豐富、最基本的東西；在這點上說，它們使一切文學藝術相形見絀，它們是一切文學藝術的取之不盡、用之不竭的唯一的源泉。這是唯一的源泉，因為只能有這樣的源泉，此外不能有第二個源泉。”很明顯的，只有在工農兵群眾的鬥爭中，經過磨練，才能在創作上和藝術上獲得突飛猛進，才能用文藝武器教育和鼓舞千百萬群眾，在社會主義革命和社會主義建設的各條戰線上，更加奮勇前進。

在這個文化革命的運動中，京劇開始演革命的現代戲，這是一個極為可喜的現象。有人說，演現代戲就是京劇藝術的枯萎和死亡。事實恰恰相反，由於京劇的開始革命化、群眾化，革命的京劇現代戲不僅得到文藝界的讚賞，而且受到各方面群眾的歡迎，不僅京劇的老觀眾喜愛看革命的京劇現代戲，而且過去不常看京劇的人們，也成了革命的京劇現代戲的積極觀眾。這樣，演革命的現代戲，就使京劇藝術獲得了新的生命力，開拓了新的廣闊的前途。當然，任何優秀的藝術，都不是一朝一夕形成的，革命的京劇現代戲也是這樣。我們不能苛求它一下子臻於完美，也不應當因為有些劇碼一時還比較粗糙，或者有些小缺點而輕易放棄。對於那些有正確的政治方向和革命的思想內容的劇碼，我們應當以鍥而不捨的毅力，在不斷實踐中，聽取各方面的意見，反覆進行修改，使它逐漸成熟，逐步改進，逐步提高，日趨完美。至於那些內容好、表演好的優秀劇碼，更需要加以推廣，並以精益求精的精神，在普及的基礎上提高。

社會主義的文化革命，是一個艱巨的、長期的、偉大的任務。各地黨的組織和文藝領導部門，必須十分重視這一工作，認真加以領導，推動這個革命運動健康地向前發展，以便在思想意識領域裡,有計劃、有步驟地徹底打敗和消滅資本主義勢力和封建勢力,更好地發揮社會主義文藝在階級鬥爭、生產鬥爭和科學實驗三大革命運動中的巨大作用。

(原載《紅旗》1964 年第 12 期)

搞好“三結合”，堅持“三過硬”，創作更多的好作品

《戲劇報》社論

　　近年來，中國人民解放軍的文藝工作者在軍委、林彪同志和總政治部的領導下，高舉毛澤東思想紅旗，堅持四個第一，大興三八作風，廣泛開展創作活動，寫出了很多好戲。最近，總政文化部舉辦了戲劇創作經驗交流會，初步總結了部隊戲劇創作的經驗，這些經驗是很可貴的。

　　部隊戲劇工作者創作的優秀劇碼，有著高度的思想性、藝術性和戰鬥性。當黨的八屆十中全會指出關於階級和階級鬥爭的形勢時，部隊就有了《在霓虹燈下的哨兵》；當解放軍廣泛開展四好連隊運動時，就出現了《帶兵的人》；當美帝國主義者及其走狗瘋狂發動對越南和剛果（利）的侵略時，就先後寫出了《南方來信》《赤道戰鼓》……。這些戲，都閃耀著毛澤東思想的光輝，有著巨大的教育作用和藝術感染力，而且，都是如此地及時，正當鬥爭形勢需要的時候，這些戲就在舞臺上出現，發揮了它重大的作用。

　　這麼多好戲這樣及時地出現，是怎麼來的呢？

　　首先，這是由於部隊真正把戲劇當作階級鬥爭的武器來使用的。一九六〇年軍委擴大會議決議中指出，部隊的文藝工作者必須緊密結合部隊任務和思想情況，為興無滅資、鞏固和提高戰鬥

力服務。林彪同志也曾指出,部隊的文藝工作是加強部隊的革命化,抓活的思想,做思想工作的主要工具之一。部隊各級黨委,各級首長,都非常重視文藝工作。部隊的戲劇工作者在黨的領導下,遵循毛主席文藝方向,認真嚴肅地把戲劇創作當做革命的戰鬥任務來執行。革命需要什麼,他們就寫什麼,革命的需要就是他們的需要,工農兵的愛憎就是他們的愛憎。正是這種強烈的為政治服務、為階級鬥爭服務的思想和熱烈的階級感情,才使得這些作品具有鮮明的傾向性和感人的革命精神。

有了正確的方向、路線,還得有正確的方法。部隊戲劇工作者按照林彪同志的指示,大搞"三結合",堅持"三過硬",走出一條正確的路。三結合,就是領導、專業人員和群眾的結合。三過硬,就是學習毛主席著作過硬,深入生活過硬,練基本功過硬。可以說,這是一條創作優秀劇碼的必由之路,是社會主義戲劇創作的基本規律之一。

一切事業必須在黨的領導下才能做好,戲劇創作能例外嗎?當然不能。一切工作必須走群眾路線才能多快好省,戲劇創作能例外嗎?當然也不能。那麼,在戲劇創作中如何體現黨的領導和群眾路線呢?這就是"三結合"。結合的具體方式方法可以多種多樣,但結合的精神是必須具備的。

由於同領導結合,創作工作就可以進行全面的統籌安排,抓住生活中的重大問題;就可以幫助作者辨明方向,使作者不論是深入生活還是從事創作,都可以目標明確。這對於作者的啟發,對於作品思想品質的提高將會很有幫助。

由於同群眾結合,作者在創作上也必定會得到不少幫助。群眾是社會主義革命和社會主義建設的積極參加者,他們戰鬥在各個崗位上,作者所要歌頌的先進人物就是他們自己或者他們的戰友,因此,廣泛地聽取他們的意見,就必然會大大擴展作者的眼界,豐富作者的想像,激發作者的創作熱情。群眾對於創作的評論與建議，是使得我們戲劇能深刻與準確反映生活真實的重要參考。

　　毛主席指示我們：“我們應當相信群眾，我們應當相信黨，這是兩條根本的原理。如果懷疑這兩條原理，那就什麼事情也做不成了。”毛主席的指示，正是“三結合”的思想核心。當然，同領導、群眾相結合，不等於不需要作者自己的努力。依靠領導、依靠群眾不是依賴。在三結合的過程中，領導和群眾的意見，必須尊重，但也必須有選擇，一定要通過作者的融匯和消化，成為自己的東西，才能在作品中體現出來。因此，“三結合”必須以作者為主，必須以作者的“三過硬”為前提。沒有作者在思想、生活、基本功三方面的過硬本領，是創作不出好作品來的。

　　怎樣才能三過硬呢？從創作來說，工農兵火熱的鬥爭生活是源泉。但是，如果作者在學習毛主席著作、領會毛澤東思想上沒有基礎，也就是說，如果不能初步樹立起無產階級的革命世界觀，那末，即便到生活裡面去，也不能很好地改造舊思想，不能正確地深刻地理解生活、認識生活，從而就不能在作品中正確地深刻地反映生活，甚至會造成對生活的歪曲。只有學習毛主席著作過硬，才能帶動作者的生活過硬和基本功過硬，才能創作出過硬的好作品。同時，也只有在不斷深入生活、不斷鍛煉基本功的過程中，才能不斷改造自己的世界觀和文藝思想，才能更深切地理解毛澤東思想。這三者過硬的過程是以生活為基礎，以思想為主導的相互作用、相互深化的過程。就創作實踐說，也就是邊看、邊想、邊寫、邊改的“四邊”過程。只有在創作實踐中不斷地看，不斷地想，不斷地寫，不斷地改，不斷地同領導，同群眾緊密結合，才可能更快地過硬，更快地寫出好作品來。

　　“三結合”和“三過硬”是解放軍許多優秀戲劇作品創作經驗的總結，也是解放以來我國許多優秀戲劇作品創作經驗的共同結晶。解放軍的戲劇工作者把戲劇創作的好經驗提升到文藝理論、創作規律的高度，給我們指出了正確的道路，我們應該努力鑽研學習。而最好的學習就是照著這樣的方法去實踐。我們已經有了一些優秀作品，但這距離人民的要求還很遠，我們希望戲劇工作者樹立起一個勇於學、敢於比的風氣，既要有攀登世界高峰的雄心壯志，又要有踏踏實實、苦學苦幹的工作作風。搞好"三結合"，堅持"三過硬"。只有這樣，我們才能創作出毛主席所要求的"政治和藝術的統一，內容和形式的統一，革命的政治內容和盡可能完美的藝術形式的統一"這樣的好作品。

（原載《戲劇報》1965 年第 4 期）

評新編歷史劇《海瑞罷官》

姚　文　元

　　從一九五九年六月開始，吳晗同志接連寫了《海瑞罵皇帝》、《論海瑞》等許多歌頌海瑞的文章，反覆強調了學習海瑞的"現實意義"。一九六一年，他又經過七次改寫，完成了京劇《海瑞罷官》，還寫了一篇序，再一次要求大家學習海瑞的"好品德"。劇本發表和演出後，報刊上一片讚揚，有的文章說它"深寓著豐富的意味"、"留給觀眾以想像的餘地"，鼓吹"羞為甘草劑，敢做南包公"；有的評論文章極口稱讚吳晗同志"是一位善於將歷史研究和參加現實鬥爭結合起來的史學家"、"用借古諷今的手法，做到了歷史研究的古為今用"，這個戲更是"開闢了一條將自己的歷史研究更好地為社會主義現實、為人民服務的新途徑"；有的文章還說："人們在戲裡表揚'清官'……是在教育當時的做官的，起著'大字報'的作用。"

　　既然《海瑞罷官》及其讚揚者提出了這麼重大的問題，並且廣泛地宣傳了他們的主張，我們就不能不認真地進行一次研究。

《海瑞罷官》是怎樣塑造海瑞的？

　　在這個歷史劇裡，吳晗同志把海瑞塑造得十分完美，十分高大，他"處處事事為百姓設想"，"是當時被壓抑，被欺負，被冤屈人們的救星"，在他身上，你簡直找不出有什麼缺點。看來，這是作者的理想人物，他不但是明代貧苦農民的"救星"，而且是社會主義時代中國人民及其幹部學習的榜樣。

為了塑造自己的英雄，作者是精心設計過的。安排這位青天大老爺的出場，就用了九場戲中整整三場戲。第一、二兩場戲，海瑞都沒有出場，劇本不惜筆墨地大寫徐府即曾經鬥倒嚴嵩、當過宰相、退休在家的徐階一家，如何霸佔農民土地、強搶民女、賄賂官府打死貧苦農民趙玉山，正當在公堂上農民洪阿蘭"滿腔悲憤喚蒼天"之際，一紙緊急公文帶來海瑞將作應天十府巡撫的命令，得意忘形的官吏們如聞晴天霹靂，驚呼"這便如何是好！"連"衙役"都大叫"海青天要來了，這可不得了！"第三場戲海瑞穿便服上場了，作者安排他當面傾聽"心如油煎"的"眾鄉民"如何用最敬仰的詞句，傾吐對海青天的百般盼望，歌頌他是"公正為官"、"明斷公案"、"口碑頌滿"、"美政多端"……。雖然封建社會"上下都是官世界""有理無錢莫進來"，但呼冤的農民一致相信"海青天"這個官是一個例外，"海青天一定能替我們作主！"這種烘雲托月的手法，是為了使觀眾強烈感到只有海瑞才能解救農民的痛苦。它說明了《海瑞罷官》並不是如作者所說的是寫什麼"封建統治階級的內部鬥爭"，而是千方百計地為我們今天的觀眾塑造一個決定農民命運的英雄。

戲劇衝突圍繞著"退田"展開。雖然吳晗同志在序言中自稱劇本"改以除霸為主題"，但實際上冤獄是從佔田開始，"除霸"、"平冤獄"的行動也是圍繞著"退田"進行。"退田"被寫成是"幫助窮農民辦法的一種"，作為戲劇衝突最高潮的"罷官"，就是罷在"退田"這件事上。劇本通過"鄉民甲"的口特別說明："我等都是徐家佃戶"；要觀眾記住：戲裡寫的是貧苦農民同徐階等鄉官、貪官之間的鬥爭，而海瑞是完全站在徐家佃戶一邊的。"海青天"果然不負眾望，一上任就"為民作主"，他不但咒罵"高放債強佔田真真市儈"，鼓動農民去"告狀"，而且在公堂上頗有民主風度地徵求告狀的"父老們"的意見。農民要求退還被徐家和"各家鄉官"所占土地，要求"大老爺作主"，於是海瑞一道號令，"發出榜文，限令各家鄉官，十日內把一應霸佔良民田產，如數歸還"。"退田"之後，尖銳的階級矛盾忽然都不起作用了，"眾鄉民"向海瑞叩頭道："大老爺爲民作主，江南貧民今後有好日子過了！"作者要貧農們"感恩戴德，……朝夕禮拜"，欣喜鼓舞，齊聲"同唱"對清官的讚歌："今日裡見到青天，勤耕稼重整家園，有土地何愁衣飯，好光景就在眼前！"劇本告訴人們：儘管封建制度原封未動，地主殘酷的壓迫和剝削依然存在，只要照海瑞的辦法去做，農民的"土地"、"衣飯"就統統可以解決，"一片好光景"就在"眼前"了！

劇本還著重刻劃了海瑞如何"爲民雪恨"，大殺"貪官"。劇本反覆宣傳："冤獄重重要平反"，海瑞決心"平民憤"，要把"惡官吏都掃盡"，"今日定要平民怨，法無寬恕重如山。"行動是：劇本中海瑞判華亭知縣王明友斬罪，判松江知府李平度"革職囚禁，聽候朝命"，判徐階兒子徐瑛絞罪。據吳晗同志自己說，爲了不致讓海瑞"走得灰溜溜的……沒勁頭"，"下了決心，把徐瑛處死"。這樣，罷官而去的海瑞，便成爲一個反抗封建皇朝的勝利了的英雄。戲結束時，徐瑛被處死刑，徐階昏倒下去了，新任巡撫驚惶失措，海瑞高舉大印，昂然挺立，口說"大丈夫頂天立地"，心裡想："我海瑞還是勝利了！"作者塑造自己的英雄人物的任務，也"勝利"完成了。

這個戲裡，作爲正面英雄人物出現的，只有海瑞一人。農民只能消極地向大老爺喊冤，懇求"大老爺與我等作主"，把自己的命運托給"海青天"。爲了襯托海瑞形象如何高出於所有封建官吏，其他出場的主要官吏統統設計成壞蛋。海瑞的妻子和家人也是"明哲保身"派，只有他母親支持了他一下。海瑞孤零零一個人，從經濟到政治，單槍匹馬搞了一場大革命。

看完這齣戲，人們強烈地感到：吳晗同志塑造的這個英雄形象，比過去封建時代許多歌頌海瑞的戲曲、小說都塑造得高大多了。儘管吳晗同志在劇本的單行本前面特地寫了歷史說明，還在"海瑞罷官本事"中摘錄了許多條史料，企圖使人們得到這樣的印象：他是完全根據歷史事實來寫戲的；但是，人們仍然不能不發出這樣的疑問：封建社會的統治階級當中，難道真的出現過這樣的英雄嗎？這個"海青天"是歷史上那個真海瑞的藝術加工，還是吳晗同志憑空編出來的一個人物呢？

一個假海瑞

我們不是歷史學家。但是，根據我們看到的材料，戲中所描寫的歷史矛盾和海瑞處理這些矛盾時的階級立場，是違反歷史真實的。戲裡的海瑞是吳晗同志為了宣揚自己的觀點編造出來的。

海瑞是一五六九年夏到一五七〇年春這段時間內，任應天巡撫的。當時，江南農村中的階級矛盾和階級鬥爭十分尖銳。從正德到嘉靖、隆慶年間，隨著地主階級用各種方法瘋狂地掠奪農民土地，土地集中程度越來越高，農民受的剝削越來越重。《日知錄》載："吳中之民，有田者什一，為人佃作者什九。"說明松江一帶絕大部分土地都被地主所佔有。顧炎武雖然沒有指明確切年代，據我們查到的材料，這個估計是符合明代中葉以後蘇、松一帶情況的。掠奪土地最厲害的，是依仗政治勢力擴大"皇莊"的皇族地主集團，此外就是一部分在鄉間的官僚地主，徐階就佔有大量土地，有的說二十四萬畝，有的說四十萬畝，大約相當於今天上海市所屬松江縣耕地面積的三分之一或一半。海瑞所謂"華亭鄉官田宅之多，奴僕之眾，小民囂怨而恨"，就是他親眼所見的階級鬥爭尖銳化的寫照。土地的集中，加速了農民同地主階級矛盾的尖銳化。農民大批破產逃亡，許多土地荒蕪，"無田者爲人傭工"（《華亭縣誌》）。農民階級同地主階級的矛盾是封建社會的根本矛盾，階級鬥爭的尖銳化，必然會影響地主階級內部各個階層的相互關係。在土地絕大部分爲地主佔有的情況下，官僚地主要繼續兼併土地，不能不把對象集中到中小地主，以及"傭人耕作"的"富家"即"富農"（又叫"上農"）身上，因而地主階級內部矛盾也尖銳起來。同時，由於官僚地主隱匿了大批不交稅的土地，獨佔剝削果實，封建皇朝的財政十分困難，"帑藏匱竭"，一部分在朝的官吏不斷要求查田，要求限制"皇莊"和其他莊田，限制繼續兼併中小地主的"民田"。這就引起了朝野各派地主集團之間矛盾的尖銳化。而當時官僚地主兼併土地的主要方法之一，就是海瑞在"退田"中所反對的所謂"投獻"。

投獻主要有兩種。一種是有勢力的豪強地主收買同原田主有某種關係的狗腿子，把原田主的田"獻"給自己，使原有的"富家"喪失土地，"獻田"的狗腿子就變成這塊土地的管家或二地主。另一種是中小地主、富農、個別或少數自耕農爲了逃避嚴重的徭役和賦稅，把自己的田寄獻給官僚地主。因爲《明律》規定官僚可以根據品級的高低有減免徭役賦稅的特權，把田算在官僚地主的名下，就可以逃避徭役。官僚地主乘機把想逃避徭役的中小地主和富農、自耕農的土地強佔爲己有。由於土地絕大部分都爲地主、富農所佔有，官僚地主通過"投獻"強佔的土地主要是中小地主和富農的土地。這是事情的本質。《海忠介公傳》中記載："以故富者輒籍其產于士大夫，甯以身爲傭佃而輸之租，用避大役，名曰投獻。故士一登鄉舉，輒皆受投獻爲富人。而士大夫既謝失勢，又往往折入於暴貴者，以兼併爲固然。乃豪強大有力之人，視田宅所便，收之莫敢不與。"這裡所說的"富者"，當然不是貧農，他們無田可"獻"：而是指地方上"失勢"的士大夫或沒有政治身分的中小地主和富農。他們的"民田"不斷被"豪強大有力"的官僚地主兼併,達到"收之莫敢不與"的地步。既嚴重損害了中小地主和富農的利益,又嚴重影響了皇朝的財政收入。

正因爲這樣,海瑞一到松江華亭一帶,就發現當地的"諸生員""鄉官之賢者"甚至某些"府縣官",都"群聲"反對徐階這類大官僚地主兼併巨量土地,反對他們搞"投獻"。"鄉官之賢者"對海瑞說:"二十年以來府縣官偏聽鄉官舉監囑事,民產漸消,鄉官漸富"。後八個字不是活活畫出大官僚地主吞併中小地主的一幅圖畫嗎?海瑞下的結論是:"爲富不仁,人心同憤",這個"同憤",就是指中小地主、富農以及代表他們利益的知識份子對大地主兼併的共同的政治態度。當戴鳳翔這個江南大地主的代言人攻擊海瑞縱容"刁徒"時,海瑞就用上述材料證明他的"退田"是以這些人的呼聲爲基礎的。看來,海瑞的話符合事實。他的"退田",反映了這些"民產漸消"的中小地主和富農的共同要求,也爲了緩和地主階級內部矛盾以及廣大農民同地主階級之間越來越尖銳的階級矛盾,有利於增加賦稅收入,解決朝廷的財政困難。

弄清楚這些歷史事實以後,《海瑞罷官》怎樣歪曲了階級關係,就清清楚楚了。

海瑞要鄉官退田,是要地主向農民退還土地嗎?不是。《明史》及幾個海瑞傳記都寫明,海瑞要求鄉官退田是退出"受獻"的土地。"公嚴厲以治,下令受獻者悉退還,或許贖回。"這是削弱兼併,打擊大地主。除退回官府的之外,退出去的田,絕大部分還是落到原來"獻田"的"弱者"、"富戶"即中小地主和富農手中,實際上保護了中小地主和富農的利益。貧雇農既無田可"獻",無錢去"贖","退田"當然不會退到他們手裡。怎麼能夠臆造出海瑞是一心一意爲貧農獲得土地而"戰鬥"呢?

海瑞要徐階退田是爲了"徐家佃戶"翻身嗎?根本扯不

上。海瑞在給李春芳的信中說明過要徐階"退田"的目的："若不退之過半，民風刁險，可得而止之耶！爲富不仁，有損無益，可爲後車之戒。……區區欲存翁退產過半，爲此公百年後得安靜計也，幸勿以爲訝。"這不是把海瑞的階級立場說得再明白沒有了嗎？明明是爲了"止"民風的"刁險"，是爲了地主階級不致在越來越尖銳的階級鬥爭中被打倒，是爲了徐階"百年後得安靜"，哪裡是什麼徵求貧農意見而解決"徐家佃戶"的土地問題！

海瑞搞"退田"是"爲民作主"嗎？海瑞自己在《督撫條約》中告訴我們：他當巡撫的一切措施，都是"除積弊于相安，復祖宗之成法"。原來"祖宗"制定的《明律》中早有規定："若將互爭及他人田產妄作己業朦朧投獻官豪勢要之人，與受者各杖一百，徒三年。"這不正就是海瑞所處理的矛盾嗎？明皇朝早就規定這條反投獻的法律，是爲了緩和本階級的內部矛盾，防止兼併惡性發展，以利於鞏固整個地主階級專政。這個法律後來成了一紙空文。海瑞不過在這個範圍內搞了一下反投獻而已，怎麼能夠把他寫成爲江南農民"作主"呢？

海瑞爲了"窮農民"而反對過"高放債"嗎？最好聽聽海瑞反駁戴鳳翔攻擊他的話："先年糧長往往于收糧時，先除還自己平日私債，後算官數；富豪亦乘出米之時，伺逼償債，公私並舉，錢糧難完。臣……謂待完糧後，方私下取償，非禁不許還債也。""公"是封建皇朝；"私"是地主土豪。海瑞說明自己並不反對鄉間的地主剝削，並不反對"放債"，只是爲了解決皇朝的財政收入問題，反對鄉間大地主獨吞剝削果實。

海瑞從來沒有想從根本上解決農民同地主之間的矛盾。他只是想緩和這個矛盾。海瑞自己就說過："以下奉上，義不可缺，爲之損益調停，使可久行"。坦率地說明了他做的是"損益調停"的工作，目的是把大地主的剝削限制在不妨礙地主階級根本利益的法定範圍之內，削弱農民的反抗，使"以下奉上"的封建剝削可以"久行"。他再三再四要農民服從封建統治，遵守"禮義"，"毋作強賊"，對已產生的農民暴動，他主張雙管齊下，"用兵安民，並行不悖"。他反對最反動的大地主，目的並不是削弱地主的土地所有制，而是鞏固地主的土地所有制，鞏固地主對農民的統治，鞏固明皇朝政權。這是封建統治階級各個集團、各個派別的共同利益，也是地主階級的"長遠利益"所在。把海瑞寫成農民利益的代表，這是混淆了敵我，抹殺了地主階級專政的本質，美化了地主階級。海瑞一再表明自己對於皇帝忠心耿耿，他給高拱的信中痛陳自己內心時說："區區竭盡心力，正欲爲江南立千百年基業，酬上恩報知己也。"他怎麼能夠做出動搖"千百年基業"的事來呢？

對"退田"的描寫是假的。"平冤獄"的描寫是真的嗎？根據我們查到的資料，只能作出否定的回答。松江知府、華亭知縣根本沒有被殺、被革。海瑞任應天巡撫時，蘇、松一帶沒有撤掉任何一個縣以上的官。徐階的兒子根本沒有死，曾被判充軍。這件事也不是海瑞幹的，而是徐階罷相後，徐階政敵高拱再起時幹的，張居正上臺，這個判決就取消了。《明史 '高拱列傳》是這樣寫的："階子弟頗橫鄉里，拱以前知府蔡國熙爲監司簿錄其諸子，皆編戍，所以扼階者無不至。逮拱去位，乃得解。"《徐階列傳》中也有相同的記載。抓徐階兒子這件事，性質上是高拱乘機報復，執行者也是另外的官僚，同海瑞不相干。嚴嵩垮了之後，徐階、高拱、張居正之間進行過長期的奪權鬥爭。把內閣中不同政治集團的傾軋，硬移到海瑞身上，變成海瑞"站在窮農民一邊"去"平民憤"，這不是違背了基本的歷史事實嗎？吳晗同志明明知道歷史上"徐階的兒子只被判處充軍"，但爲了極力美化海瑞，仍舊要這樣寫，這說明他爲了塑造自己理想的英雄，是不惜改寫歷史的！

　　海瑞也不是像戲裡寫得那樣"民主"。相反,他認爲"江南民風刁僞","百端架誣,蓋不啻十狀而九"。他自言對付"刁訟"的辦法是"衙門前嘗不絕七八人枷號,又先痛打夾苦之",認爲這是好經驗。海瑞在《興革條例》中談到"疑獄"時還說過:"事在爭言貌,與其屈鄉宦,寧屈小民,以存體也。"下有小注曰:"鄉宦小民有貴賤之別,故曰存體。"爲保護"貴賤之別"可以"寧屈小民",這是地主階級專政反動本質的表現。現在硬說海瑞如何民主,甚至會向農民請求"指教",這豈不是把海瑞的政治立場給顛倒過來了!

　　看一看這些歷史事實,再看一看《海瑞罷官》中的海瑞,就不難發現,這是一個編造出來的假海瑞。這是一個用資產階級觀點改造過的人物。歷史劇需要藝術加工,需要再創造,我們並不要求新編歷史劇的細節都同歷史一樣,但必須要求在人物的階級立場、階級關係上符合歷史真實。儘管吳晗同志曾經說過歷史劇要"力求其比較符合於歷史真實,不許可有歪曲,臆造",然而事實勝於雄辯,這個新編歷史劇中海瑞的形象已經同合理想像和典型概括沒有什麼關係,只能屬於"歪曲,臆造"和"借古諷今"的範圍了。

　　階級鬥爭的進程告訴我們:無論海瑞或海瑞以後的封建官吏,都無法使已經腐朽沒落的明皇朝恢復青春,更無法緩和農民仇恨的烈火。海瑞之後,松江農民依舊受著重重殘酷的壓迫和剝削,兼併、逃亡繼續發展,階級矛盾繼續尖銳化。一五八七年海瑞死,以後農民起義風起雲湧,勢如怒潮。一六四四年明亡,離海瑞死還不到六十年。在這樣歷史現實面前,劇本竟然要貧農對"退田"唱出"有土地何愁衣飯,好光景就在眼前!"歡呼"江南貧民從此有好日子過了!"這不是荒唐到可笑嗎?

《海瑞罷官》宣揚了什麼？

既然是一個假海瑞，我們就來看一看作者通過這個藝術形象宣揚了什麼。

我們知道，國家是階級鬥爭的工具，是一個階級壓迫另一個階級的機關。沒有什麼非階級的、超階級的國家。這是馬克思列寧主義對待國家問題的基本觀點。從這種觀點出發，就不能不承認，封建國家是地主階級對農民實行專政的工具。封建國家的法律、法庭和執行統治權力的官吏，包括"清官"、"好官"在內，只能是地主階級專政的工具，而絕不可能是超階級的，絕不可能是既為統治階級又為被統治階級服務的工具。當然，由於地主階級內部存在各種階層和集團，由於階級鬥爭形勢的變化，他們之間在這個或那個問題上，在對待大地主、中小地主和富農利益的態度上，在壓迫農民的程度和方法上，會有區別，有鬥爭。

但是，從根本上說，這種鬥爭的實質絕不可能超越維護地主階級專政的範圍。任何時候，我們都不能把這種地主階級內部鬥爭歪曲成農民同地主之間的階級鬥爭。就拿"清官"同"貪官"的鬥爭來說，確實有過清官大老爺在地主階級的法庭上、根據地主階級法律的某些條文，懲辦一些"貪官"的事；也有個別農民所告的恰巧是某個"清官"所反對的派別或集團中的一員，出現個別農民在這個"清官"面前"打贏"官司的事。這種現象迷惑過不少沒有政治鬥爭經驗的農民，使他們看不清"清官"的階級面貌，看不清封建國家和封建法庭的階級本質，地主階級也經常利用這種現象來麻痺農民的覺悟，把"清官"當作掩蓋階級統治本質的工具，當作配合武裝鎮壓、對農民進行階級鬥爭的重要手段。《明史》上就記載過地主階級派出"清官"作為緩兵之計，然後把起義農民一舉消滅的事。但是，從根本上說，不論"清官"、

"好官"多麼"清"、多麼"好"，他們畢竟只能是地主階級對農民實行專政的"清官"、"好官"，而絕不可能相反。

《海瑞罷官》卻向我們說：不！"清官"不是地主階級專政的工具，而是爲農民階級服務的。你看，戲裡的海瑞是一個封建皇朝的欽差大臣，可是他卻代表貧苦農民利益向徐階展開劇烈的鬥爭。在這場鬥爭中，一方面，"清官"海瑞以保護"徐家佃戶"和所有貧苦農民利益的大英雄出現，同所有執行地主階級專政的別的官吏相對立，"清官"和"貪官"之間的矛盾竟被寫成保護農民和鎮壓農民的矛盾、退還農民土地和強佔農民土地的矛盾，絲毫看不出"清官"在鞏固地主階級專政中的作用。另一方面，所有農民都被寫得消極無爲，沒有一點革命的鬥爭精神，他們唯一的作用就是跪下來向"海青天"告狀，哀求青天大老爺爲他們伸冤作主，把"清官"看作是自己的救世主。顯然，在《海瑞罷官》的作者看來，階級鬥爭不是推動歷史前進的動力，"清官"才是推動歷史的動力；人民群眾不需要自己起來解放自己，只要等待有某一個"清官"大老爺的恩賜就立刻能得到"好日子"。這樣，戲中就把作爲地主階級專政工具的"清官"和法律、法庭，統統美化成了離開地主階級專政而獨立存在的超階級的東西，宣揚了被壓迫人民不需要革命，不需要經過任何嚴重鬥爭，不需要打碎舊的國家機器，只要向"清官"卑躬屈膝地叩頭，實行封建皇朝的"王法"，就能把貪官污吏一掃而光，就能求來"好光景"。

列寧說過：國家問題，這是一個"被資產階級的學者、作家和哲學家弄得最混亂的問題"（《論國家》）。所謂"清官""平冤獄"之類，作爲國家問題的一部分，恐怕是被地主資產階級弄得特別混亂的問題，成了毒害人民思想的一種迷信。馬克思列寧主義者有責任揭露這種假像，破除這種迷信。《海瑞罷官》恰恰相反，它不但不去破除這種迷信，而且在新編歷史劇的名義下百般地美

化地主階級官吏、法庭、法律，加深這種迷信。農民本來還知道
"上下都是官世界"，"有理無錢莫進來"，海瑞一出場就憤慨
地問農民，地主惡霸"憑的是哪條王法？"教訓農民："這又是
你們的不是了，爲何不告？"在"平冤獄"的過程中，又反覆強
調"王子犯法，與庶人同罪"之類掩蓋"王法"階級本質的話，
並且用"實際行動"證明：只要有海瑞這樣的"清官"按"王
法"辦事，就能使法庭變成保護農民的場所，就能"爲民雪恨"，
就能平反"冤獄"，使農民獲得土地。這不是把地主階級的國家
機器統統當作保護農民的工具了嗎？這不是把地主階級專政鎮壓
農民的本質一筆勾銷了嗎？這不是在宣傳只要有地主階級清官大
老爺在衙門裡"爲民作主"，農民一"告"就能獲得解放了嗎？
這種大肆美化地主階級國家、宣傳不要革命的階級調和論的戲，
還談得上什麼"歷史劇的創作也必須以馬克思列寧主義、毛澤東
思想爲指導"呢？

自從人類社會有階級和國家以來，世界上就沒有出現過"大
老爺爲民作主"的事情。在中國，不但地主階級改良派，就是資
產階級民主派也從來沒有給農民帶來什麼"好日子"。只有中國
共產黨領導的偉大革命徹底打碎了地主資產階級的國家機器，建
立了以無產階級爲領導的、以工農聯盟爲基礎的中華人民共和
國，才解決了江南和全國農民的"土地""衣飯"問題。這畢竟
是任何人都無法推翻的鐵的事實。

我們希望吳晗同志把自己塑造的海瑞形象，把通過這個形象
宣揚的那些觀點，同毛澤東同志一再闡明過的馬克思列寧主義的
觀點對照起來看，就不難發現，吳晗同志恰恰用地主資產階級的
國家觀代替了馬克思列寧主義的國家觀，用階級調和論代替了階
級鬥爭論。在今天宣傳這些地主資產階級吹噓了千百年的陳舊觀
點，究竟是爲什麼？究竟是對誰有利？需要分清是非。

《海瑞罷官》要人們學習什麼東西？

　　海瑞是一個有影響的歷史人物。看來，他是封建社會處於沒落時期，地主階級中一位較有遠見的人物。他忠於封建制度，是封建皇朝的“忠臣”。他看到了當時農民階級同地主階級尖銳矛盾的某些現象，看到了當時本階級內部某些腐化現象不利於皇朝統治，爲了鞏固封建統治、削弱農民反抗、緩和尖銳的階級矛盾，爲了維護封建皇朝的根本利益，他敢於向危害封建皇朝利益的某些集團或者某些措施進行尖銳的鬥爭。在若干事情上，他同中小地主和富農利益一致，抑制豪強地主，目的還是爲了鞏固整個地主階級對農民的專政，維護皇朝的利益。他上《治安疏》，這是被吳晗同志和許多文章、戲劇說成是代表人民利益的事情，也有人專門編演過新的歷史劇《海瑞上疏》，可是，正如他在疏本劈頭就說的：他認爲：“君者，天下臣民萬物之主也。”他的目的是爲皇朝“求萬世治安”。這個行動也只能說明他如何忠君，而不能說明別的。所以嘉靖皇帝沒有殺他，他死後，皇帝很難過，“贈太子少保，諡忠介。”禮部左侍郎祭悼時還說：“雖強項不能諧時，而直心終以遇合。”封建皇朝很懂得海瑞是地主階級利益忠心的保衛者。這是海瑞的階級本質，是海瑞全部行動的出發點和歸宿。像吳晗同志那樣，把海瑞描寫成農民利益的代表，說什麼海瑞“愛護人民，一切爲老百姓著想”，他是“爲了人民的利益”而鬥爭，甚至把他說成是“不怕封建官僚勢力”的英雄，這是徹底歪曲了海瑞的階級面貌的。明皇朝歌頌海瑞“保民如子”，吳晗同志則說他“一切爲老百姓著想”，請問兩者到底還有什麼區別呢？

　　歷來地主階級史書上，還曾經大書特書過許多材料來說明海瑞如何“處處事事爲百姓”，如海瑞在擔任江南巡撫時期，如何大反徐階，大搞"退田"，如何"不到一個月"就修好了吳淞江，人民歌頌他是"海龍王"，等等。因此，他死後，"小民罷市，喪出江上，白衣冠送者夾岸，酹而哭者，百里不絕"。這些記載加上舊小說、舊戲的渲染，很容易迷惑人。但是，這種"官書"上的記載，顯然包含著地主階級的誇大成分，我們應當用階級觀點慎重地加以分析。"反投獻"，要徐階"退田"，是有過這件事的，但徐階究竟退了沒有，退了多少，是真退還是假退，都找不到可靠的材料。根據談遷《國榷》隆慶五年七月記載，徐階曾退出四萬畝田，但那十分明確是退給官府，"入四萬畝于官"，根本不是退給農民。極而言之，就算"退產過半"吧，也還是為了地主階級利益，也並不是只有海瑞一人幹過的事。徐階在朝時，也幹過"退田"，在嘉靖第四子景王載圳死時，"奏奪景府所占陂田數萬頃還之民，楚人大悅。如果不分析"還之民"這個"民"是哪個階級，如果按照吳晗同志的觀點，誰敢"退田"就是英雄，敢退幾萬頃皇田的徐階豈不是比海瑞更大的英雄了麼？修吳淞江確有這件事，但究竟修好了多少，也是值得懷疑的。只要想一想：在現代條件下修一條江都不很容易，海瑞難道能在那麼短的時間內把一條江整治好嗎？據海瑞在《開吳淞江疏》中自己說，他原來"議開江面十五丈"，從正月初三動工，到二月間錢就用光了，但"工程浩大，銀兩不敷"，要求動用公款。可見至少這一個多月中連原計劃也沒有完成，而且困難很大。吳晗同志鼓吹什麼"進度很快，不到一個月就完工了"，這種誇大連海瑞自己的話也不符合。至於出喪的描述，我們只要想一想：在解放以前，廣大貧苦農民在地主階級殘酷剝削下，窮得連衣服都穿不上，許多農民幾代人穿一件破衣裳，自己家裡死了親人都沒有喪服穿，就知道那時候能穿體體面面的"白衣冠"來路祭的人，絕不是貧農，絕不是吳晗同志說的"廣大人民"，而只能是地主、富農和商人中的某些人。如果在新編的歷史劇中，能夠真正貫徹歷史唯物主義的原則，用階級觀點，對這類史料進行科學分析，去僞存真，按照海瑞的本來面貌去塑造這個人物，使觀眾看到他的階級本質是什麼，用歷史唯物論的觀點去認識歷史人物的階級面貌，也不是一件沒有意義的事。從破除許多歌頌海瑞的舊小說、舊戲的所散佈的壞影響來說，是有積極意義的。可是吳、晗同志卻不但違背歷史真實，原封不動地全部襲用了地主階級歌頌海瑞的立場觀點和材料；而且變本加厲，把他塑造成一個貧苦農民的"救星"、一個爲農民利益而鬥爭的勝利者，要他作爲今天人民的榜樣，這就完全離開了正確的方向。

　　吳晗同志毫不含糊地要人們向他塑造的海瑞"學習"。我們到底可以"學習"一些什麼呢？

　　學習"退田"嗎？我國農村已經實現了社會主義的集體所有制，建立了偉大的人民公社。在這種情況下，請問：要誰"退田"呢？要人民公社"退田"嗎？又請問：退給誰呢？退給地主嗎？退給農民嗎？難道正在社會主義道路上堅決前進的五億農民會需要去"學習"這種"退田"嗎？

　　學習"平冤獄"嗎？我國是一個實現了無產階級專政的國家。如果說什麼"平冤獄"的話，無產階級和一切被壓迫、被剝削階級從最黑暗的人間地獄衝出來，打碎了地主資產階級的枷鎖，成了社會的主人，這難道不是人類歷史上最徹底的平冤獄嗎？如果在今天再要去學什麼"平冤獄"，那末請問：到底哪個階級有"冤"，他們的"冤"怎麼才能"平"呢？

　　如果不是學退田、學平冤獄，那麼，《海瑞罷官》的"現實意義"究竟是什麼呢？

　　也許吳晗同志會說：就算學習退田、平冤獄都不對吧，學習他"頂天立地"的"大丈夫"精神，"以反對舊時代的鄉愿和今天的官僚主義"，這總可以吧！？我不是在《海瑞罷官》的劇情提要中說過，這個戲"著重寫海瑞的剛直不阿，不爲強暴所屈"

的 "堅強意志" 嗎？我們今天在處理內部關係上不是也需要這種 "真男子" 嗎？劇本中的確突出地寫了海瑞反對 "甘草" ，罵 "鄉愿" ，而且還把徐階塑造成 "鄉愿" 的典型。

官僚主義確實要反。事實上，中國共產黨人從來沒有放鬆過反官僚主義的鬥爭。但是，我們知道，今天社會主義社會存在的官僚主義有它的社會根源和思想根源，需要長期的鬥爭才能根本肅清。至於說到 "剛直不阿" 、 "大丈夫" 、 "男子" 、 "反對鄉愿" 等等，那就需要首先明確它的階級內容：為哪個階級？對哪個階級？各個階級對這些概念有不同的理解，不能拋開它們具體的階級內容而抽象化。地主階級所提倡的 "剛直不阿" 、 "大丈夫" 等等，有它特定的階級含義，根本不能同無產階級的革命性、戰鬥性混為一談。這裡，我們想重複地引用一下毛澤東同志解釋過的魯迅的兩句著名的詩： "橫眉冷對千夫指，俯首甘為孺子牛。" 毛澤東同志說： " '千夫' 在這裡就是說敵人，對於無論什麼兇惡的敵人我們絕不屈服。 '孺子' 在這裡就是說無產階級和人民大眾。" （《在延安文藝座談會上的講話》）對敵人，是 "橫眉冷對" ，對人民，是甘心情願地俯首做牛。今天如果離開了這樣明確的階級立場、階級觀點，抽象地說什麼 "剛直不阿" "大丈夫" 等等，甚至把 "俯首甘為孺子牛" 也叫做 "鄉愿" ，把橫眉冷對無產階級和勞動人民叫做 "剛直" ，用這種 "傲骨" 去搞什麼 "退田" 、 "平冤獄" ，去 "反對今天的官僚主義" ，去向勞動人民 "罷官" ，那會把人們引導到什麼地方去呢？

如果不健忘的話，我們還會記得：一九五七年，當生產資料所有制方面的社會主義改造基本完成以後，有一小撮人，忽然對於大反 "鄉愿" 產生了特殊的興趣。有人就曾用 "反對鄉愿" 、 "反對甘草" 的口號來反對無產階級的革命幹部和民主人士中的左派，咒罵黨的領導是 "拘拘於小德的鄉愿" ，把跟共產黨走的民主人士誣為 "甘草主義" ，這樣的語彙可以從當時的某些報紙上找到一大堆。因為站在地主資產階級階級立場看來，從黨和人民的最高利益出發，採用民主和說服的手段，用團結 —— 批評 —— 團結的方法，來正確處理人民內部的矛盾，推動人們努力走向進步，都是"鄉愿"，都是"甘草"；從地主資產階級利益出發，敢於堅持錯誤到底，敢於做無產階級專政的反對派，敢於把不贊成他們的人一棒子打死，這才是"大丈夫"、"強哉矯"，才是"羞爲甘草劑"。這一套東西的實質早已路人皆知了，爲什麼《海瑞罷官》及其評論者又要重新拾起來加以鼓吹呢？

吳晗同志頑強地宣傳過一種理論：歷史劇要使封建時代某些人物的"優良品德""深入人心，成爲社會主義共產主義道德的組成部分。"我們不在這裡討論道德問題（這也是一個被資產階級的學者、作家和哲學家弄得十分混亂的問題），但如果像《海瑞罷官》這樣把海瑞的思想行爲都當作共產主義道德的"組成部分"，那還要什麼學習毛澤東思想，什麼思想改造，什麼同工農兵結合，什麼革命化勞動化呢？

現在回到文章開頭提出的問題上來：《海瑞罷官》這張"大字報"的"現實意義"究竟是什麼？對我們社會主義時代的中國人民究竟起什麼作用？要回答這個問題，就要研究一下作品產生的背景。大家知道，一九六一年，正是我國因爲連續三年自然災害而遇到暫時的經濟困難的時候，在帝國主義、各國反動派和現代修正主義一再發動反華高潮的情況下，牛鬼蛇神們刮過一陣"單幹風"、"翻案風"。他們鼓吹什麼"單幹"的"優越性"，要求恢復個體經濟，要求"退田"，就是要拆掉人民公社的台，恢復地主富農的罪惡統治。那些在舊社會中爲勞動人民製造了無數冤獄的帝國主義者和地富反壞右，他們失掉了製造冤獄的權利，他們覺得被打倒是"冤枉"的，大肆叫囂什麼"平冤獄"，他們希望有那麼一個代表他們利益的人物出來，同無產階級專政對抗，爲他們抱不平，爲他們"翻案"，使他們再上臺執政。"退田"、"平冤獄"就是當時資產階級反對無產階級專政和社會主義革命的鬥爭焦點。階級鬥爭是客觀存在，它必然要在意識形態領域裡用這種或者那種形式反映出來，在這位或者那位作家的筆下反映出來，而不管這位作家是自覺的還是不自覺的，這是不以人們意志爲轉移的客觀規律。《海瑞罷官》就是這種階級鬥爭的一種形式的反映。如果吳晗同志不同意這種分析，那麼請他明確回答：在一九六一年，人民從歪曲歷史真實的《海瑞罷官》中到底能"學習"到一些什麼東西呢？

我們認爲：《海瑞罷官》並不是芬芳的香花，而是一株毒草。它雖然是頭幾年發表和演出的，但是，歌頌的文章連篇累牘，類似的作品和文章大量流傳，影響很大，流毒很廣，不加以澄清，對人民的事業是十分有害的，需要加以討論。在這種討論中，只要用階級分析觀點認真地思考，一定可以得到現實的和歷史的階級鬥爭的深刻教訓。

（原載 1965 年 11 月 10 日《文匯報》）

附錄

《北京日報》:《評新編歷史劇（海瑞罷官）》編者按

十一月十日上海《文匯報》發表了姚文元同志《評新編歷史劇（海瑞罷官）》一文，現在加以轉載。

吳晗同志編的《海瑞罷官》是一齣影響較大的戲。過去本報和《北京晚報》發表過繁星、常談、方三、史優等讚揚《海瑞罷官》的文章。幾年來，學術界、文藝界對《海瑞罷官》這齣戲和吳晗同志寫的其他文章是有不同意見的。我們認爲，有不同的意見應該展開討論。毛主席說："百花齊放、百家爭鳴的方針，是促進藝術發展和科學進步的方針，是促進我國的社會主義文化繁榮的方針。”為了便於大家運用歷史唯物主義和階級分析的觀點實事求是地弄清是非，解決問題，我們準備在本報就《海瑞罷官》及其他有關的問題展開討論。

（原載 1965 年 11 月 29 日《北京日報》）

《人民日報》：《評新編歷史劇（海瑞罷官）》編者按

　　姚文元同志在《文匯報》上發表的這篇文章，對海瑞這個歷史人物和《海瑞罷官》這齣戲，提出了很重要的批評意見。我們認為，對海瑞和《海瑞罷官》的評價，實際上牽涉到如何對待歷史人物和歷史劇的問題，用什麼樣的觀點來研究歷史和怎樣用藝術形式來反映歷史人物和歷史事件的問題。這個問題，在我國思想界中存在種種不同的意見，因為還沒有系統地進行辯論，多年來沒有得到正確的解決。

　　本報過去也發表過吳晗同志的《海瑞罵皇帝》（筆名劉勉之，一九五九年六月十六日）、《論海瑞》（一九五九年九月二十一日），還發表過其他有關歷史人物評價的文章。我們準備就《海瑞罷官》這齣戲和有關問題在報紙上展開一次辯論，歡迎史學界、哲學界、文藝界和廣大讀者踴躍參加。

　　毛澤東同志在《在中國共產黨全國宣傳工作會議上的講話》一文中說過，“我們的政權是人民民主政權，這對於為人民而寫作是有利的環境。百花齊放、百家爭鳴的方針，對於科學和藝術的發展給了新的保證。如果你寫得對，就不用怕什麼批評，就可以通過辯論，進一步闡明自己正確的意見。如果你寫錯了，那末，有批評就可以幫助你改正，這並沒有什麼不好。在我們的社會裡，革命的戰鬥的批評和反批評，是揭露矛盾，解決矛盾，發展科學、藝術，做好各項工作的好方法。"

我們希望，通過這次辯論，能夠進一步發展各種意見之間的相互爭論和相互批評。我們的方針是：既容許批評的自由，也容許反批評的自由；對於錯誤的意見，我們也採取說理的方法，實事求是，以理服人。正如毛澤東同志所指出，"我們一定要學會通過辯論的方法、說理的方法，來克服各種錯誤思想。"

毛澤東同志又說，"這個方法可以使我們少犯錯誤。有許多事情我們不知道，因此不會解決，在辯論中間，在鬥爭中間，我們就會明瞭這些事情，就會懂得解決問題的方法。各種不同意見辯論的結果，就能使真理發展。對於那些有毒素的反馬克思主義的東西，也可以採取這個方法，因為同那些反馬克思主義的東西進行鬥爭，就會使馬克思主義發展起來。這是在對立面的鬥爭中的發展，是合於辯證法的發展。"

（原載 1965 年 11 月 30 日《人民日報》）

高舉毛澤東思想偉大紅旗積極參加社會主義文化大革命

《解放軍報》社論

　　毛主席教導我們，社會主義社會還存在著階級和階級鬥爭。毛主席說：在我國"無產階級和資產階級之間的階級鬥爭，各派政治力量之間的階級鬥爭，無產階級和資產階級之間在意識形態方面的階級鬥爭，還是長時期的，曲折的，有時甚至是很激烈的。"文化戰線上興無滅資的鬥爭，是無產階級同資產階級、社會主義同資本主義兩個階級、兩條道路、兩種意識形態之間的階級鬥爭的一個重要方面。無產階級要按照自己的世界觀改造世界，資產階級也要按照自己的世界觀改造世界。

　　社會主義的文化，要爲工農兵服務，爲無產階級的政治服務，爲鞏固和發展社會主義制度、逐步向共產主義過渡服務。資產階級、修正主義的文化，是爲資產階級服務，爲地富反壞右服務，爲資本主義的復辟開闢道路。文化這個陣地，無產階級不去佔領，資產階級就必然去佔領。這是一場尖銳的階級鬥爭。由於我國資產階級的殘餘勢力還比較大，資產階級知識份子還比較多，資產階級思想的影響還比較嚴重，他們同我們鬥爭的方法越來越陰險狡猾，越來越曲折隱蔽，只要我們稍不注意，稍有鬆懈，就不容易看出來，就可能被資產階級的糖衣炮彈所擊中，甚至喪失我們的陣地。在這一方面，社會主義同資本主義之間誰戰勝誰的問題還沒有解決。鬥爭是不可避免的，搞不好就會出修正主義。

我們人民解放軍是中國共產黨和毛主席締造和領導的人民軍隊，是黨和人民的最馴服的工具，是無產階級專政的重要支柱。它在無產階級革命事業中一直起著重要作用，在社會主義文化大革命中，也要起重要作用。我們必須進一步認清意識形態領域裡的階級鬥爭形勢，同全國人民一道，高舉毛澤東思想偉大紅旗，堅定不移地把社會主義文化革命進行到底，使部隊文藝工作在突出政治、促進人的革命化方面發揮巨大的威力。

文化戰線上存在著尖銳的階級鬥爭

十六年來，文化戰線上存在著尖銳的階級鬥爭。

在我國革命的兩個階段，即新民主主義階段和社會主義階段，文化戰線上都存在兩個階級、兩條路線的鬥爭，即無產階級和資產階級在文化戰線上爭奪領導權的鬥爭。我們黨的歷史上，反對“左”右傾機會主義的鬥爭，也都包括文化戰線上的兩條路線鬥爭。

王明路線是一種曾經在我們黨內氾濫過的資產階級思潮。一九四二年開始的整風運動中，毛主席先在理論上徹底地批判了王明的政治路線、軍事路線和組織路線；緊接著，又在理論上徹底地批判了以王明為代表的文化路線。毛主席的《新民主主義論》和《在延安文藝座談會上的講話》，就是對文化戰線上的兩條路線鬥爭的最完整、最全面、最系統的歷史總結，是馬克思列寧主義世界觀和文藝理論的繼承和發展。

在我國革命進入社會主義階段以後，我們在文化戰線上所進行的一系列重大的鬥爭，如對影片《武訓傳》的批判，對《紅樓夢研究》的批判，對胡風反革命集團的鬥爭，反右派鬥爭，以及近三年來的社會主義文化大革命等等，都是黨中央和毛主席親自領導的。毛主席的《關於正確處理人民內部矛盾的問題》和《在中國共產黨全國宣傳工作會議上的講話》兩篇著作，是我國和各國革命思想運動、文藝運動的歷史經驗的最新的總結，是馬克思列寧主義世界觀和文藝理論的新發展。

　　毛主席的這四篇光輝著作，是偉大的毛澤東思想的重要組成部分，是當代馬克思列寧主義世界觀和文藝理論的最高峰，是我們文藝工作的最高指示，夠我們無產階級用上一個長時期了。

　　建國後的十幾年來，文藝界存在著一條與毛澤東思想相對立的反黨反社會主義的黑線。這條黑線就是資產階級的文藝思想、現代修正主義的文藝思想和所謂三十年代文藝的結合。“寫真實”論，“現實主義廣闊的道路”論，“現實主義深化”論，反“題材決定”論，“中間人物”論，反“火藥味”論，“時代精神匯合”論，等等，就是他們的代表性論點。而這些論點，大抵都是毛主席《在延安文藝座談會上的講話》中早已批判過的。電影界還有人提出所謂“離經叛道”論，就是離馬克思列寧主義、毛澤東思想之經，叛人民革命戰爭之道。在這股資產階級、現代修正主義文藝思想逆流的影響或控制下，十幾年來，從反映人民戰爭、描寫人民軍隊和其他軍事題材的作品來看，真正歌頌革命英雄人物，爲工農兵服務、爲社會主義服務的好的或者基本上好的作品也有，但是不多，不少是中間狀態的作品。還有一些是反黨反社會主義的毒草。有些作品，歪曲歷史事實，不表現正確路線，專寫錯誤路線。有些作品，寫了英雄人物，但都是犯紀律的，或者塑造起一個英雄形象卻讓他死掉，人爲地製造一個悲劇的結局。有些作品，不寫英雄人物，專寫中間人物，實際上是落後人物，醜化工農兵形象；而對敵人的描寫，卻不是暴露敵人剝削、壓迫人民的階級本質，甚至加以美化。還有些作品，則專搞談情說愛，低級趣味，說什麼“愛”和“死”是永恆主題。這些都是資產階級的、修正主義的東西，必須堅決反對。

社會上文藝戰線兩條道路的鬥爭，必然要反映到軍隊中來，軍隊不是生活在真空裡，絕不可能例外。我軍是無產階級專政的主要工具。沒有一支黨領導的人民軍隊，就沒有革命的勝利，就沒有無產階級專政，就沒有社會主義，也就沒有人民的一切。因此，敵人一定會千方百計地從各方面對我軍進行破壞，也一定會利用文藝的武器，對我軍進行腐蝕。對此，我們必須高度警惕。但是，有人卻不是這樣看法，他們說部隊文藝方向的問題已經解決了，主要是提高藝術水準的問題。這種觀點是錯誤的，是極其有害的，也是缺乏具體分析的。事實上，軍隊的文藝有的方向對，藝術水準也比較高；有的方向對，藝術水準低；有的在政治方向和藝術水準方面都有嚴重的缺點或錯誤；也有的是反黨反社會主義的毒草。十幾年來，在文藝戰線階級鬥爭的大風浪裡，部隊文藝工作者也有些人經不起考驗，犯了或輕或重的錯誤。這說明，軍隊的文藝工作也在不同程度上受到了反黨反社會主義的黑線的影響。我們一定要根據黨中央和毛主席的指示，積極參加文化戰線上的社會主義大革命，徹底搞掉這條黑線，徹底清除這條黑線對部隊的影響。搞掉這條黑線之後，還會有將來的黑線，還得再鬥爭。這是一場艱巨、複雜、長期的鬥爭，需要經過幾十年甚至幾百年的努力。堅定不移地把社會主義文化大革命進行到底，這是關係到我軍革命化建設的大事，是關係到我國革命前途的大事，也是關係到世界革命前途的大事。

文化大革命出現了新的形勢

自從一九六二年九月，毛主席在黨的八屆十中全會上，向全黨和全國人民發出了千萬不要忘記階級和階級鬥爭的號召之後，文化戰線方面的興無滅資的鬥爭，就進一步地開展起來了。

近三年來，社會主義的文化大革命，已經出現了新的形勢。

革命現代京劇的興起就是最突出的代表。從事京劇改革的文藝工作者，在黨中央和毛主席的領導下，以馬克思列寧主義、毛澤東思想爲武器，向封建階級、資產階級和現代修正主義的文藝，展開了英勇頑強的進攻，鋒芒所向，使京劇這個最頑固的堡壘，從思想內容到藝術形式，都來了個極大的革命，並且帶動文藝界發生著革命性的變化。革命現代京劇《紅燈記》《沙家濱》《智取威虎山》《奇襲白虎團》等和芭蕾舞劇《紅色娘子軍》、交響音樂《沙家濱》、泥塑《收租院》等，已經得到廣大工農兵群眾的批准，在國內外觀眾中受到了極大的歡迎。這是對社會主義文化革命將會產生深遠影響的創舉。它有力地證明：京劇這個最頑固的堡壘也是可以攻破的，可以革命的；芭蕾舞、交響樂、雕塑這些外來的古典的藝術形式，也是可以加以改造，來爲我們所用的，對其他藝術的革命就更應該有信心了。同時，這些事實也有力地回擊了形形色色的保守派，和所謂“票房價值”論、“外匯價值”論、“革命作品不能出口”論，等等。

近三年來，社會主義文化大革命的另一個突出代表，就是工農兵在思想、文藝戰線上的廣泛的群眾活動。從工農兵群眾中，不斷地出現了許多優秀的、善於從實際出發表達毛澤東思想的哲學文章；同時，還不斷地出現了許多優秀的、歌頌我國社會主義革命的偉大勝利，歌頌社會主義建設各個戰線上的大躍進，歌頌我們的新英雄人物，歌頌我們偉大的黨和偉大的領袖毛主席英明領導的文藝作品。特別是工農兵發表在壁報、黑板報上的大量詩歌，無論內容和形式都劃出了一個完全嶄新的時代。

我們部隊的文化工作，這幾年來也出現了很好的形勢。林彪同志主持軍委工作以來，對文藝工作抓得很緊，作了很多重要的指示。一九六○年中共中央軍委擴大會議《關於加強軍隊政治思想工作的決議》，明確地規定部隊文藝工作“必須密切結合部隊的任務和思想情況，爲興無滅資、鞏固和提高戰鬥力服務”。大多數部隊文藝工作者,突出政治,活學活用毛主席著作,深入連隊、農村和工廠,積極參加社會主義教育運動,和工農兵相結合,加強鍛煉,改造思想,提高了無產階級覺悟,因而創作了《霓虹燈下的哨兵》等好的戲劇,《歐陽海之歌》等好的小說,還有一些比較好的報告文學、戰士詩歌、音樂舞蹈和美術作品;同時也湧現了一批有發展前途的作者。

當然,這些都還只是社會主義文化革命的初步成果,是萬里長征的第一步。為保衛和發展這一成果,把社會主義文化革命進行到底,還需要我們作長期的、艱苦的努力。我軍的文藝工作者必須奮發圖強,作出應有的貢獻。

標社會主義之新,立無產階級之異,搞出好的樣板來

創造社會主義的新文藝,要搞出好的樣板來,領導同志要親自抓。我們有了好的樣板,有了這方面成功的經驗,才有說服力,才能鞏固地佔領陣地。

我們要敢於標新立異,就是標社會主義之新,立無產階級之異。努力塑造用毛澤東思想武裝起來的工農兵的英雄人物,是社會主義文藝的根本任務。毛主席指出:"你是資產階級文藝家,你就不歌頌無產階級而歌頌資產階級;你是無產階級文藝家,你就不歌頌資產階級而歌頌無產階級和勞動人民:二者必居其一。"因此,歌頌哪一個階級,塑造哪一個階級的英雄人物,哪一個階級的人物在文藝作品中居於統治地位,是文藝戰線上無產階級同資產階級之間階級鬥爭的焦點,是區分不同階級文藝的界線。

在毛澤東思想哺育下湧現的工農兵英雄人物,他們的優秀品質是無產階級階級性的集中表現。我們要滿腔熱情地去塑造工農兵的英雄形象。要塑造典型,不要受真人真事的局限。毛主席說:"文藝作品中反映出來的生活卻可以而且應該比普通的實際生活

更高，更強烈，更有集中性，更典型，更理想，因此就更帶普遍性。”這就需要我們的作者從長期的生活積累中去集中概括，創造出各種各樣的典型人物來。

要成功地塑造英雄人物，在創作方法上，一定要採取革命的現實豐義和革命的浪漫主義相結合的方法，絕不能採取資產階級的批判現實主義和資產階級的浪漫主義的方法。

部隊的作者，要把表現革命戰爭，宣傳毛主席的人民戰爭思想，塑造革命戰爭中的英雄人物，當作自己的光榮任務。寫革命戰爭，要首先明確戰爭的性質，我們是正義的，敵人是非正義的。作品中一定要表現我們的艱苦奮鬥、英勇犧牲，但是，也一定要表現革命的英雄主義和革命的樂觀主義。不要在描寫戰爭的殘酷性的時候，去渲染戰爭的恐怖。不要在描寫革命鬥爭的艱苦性的時候，去渲染苦難。革命戰爭的殘酷性和革命的英雄主義，革命鬥爭的艱苦性和革命的樂觀主義，都是對立的統一，但一定要弄清楚什麼是矛盾的主要方面，否則，位置擺錯了，就會產生資產階級和平主義傾向。在描寫人民革命戰爭的時候，不論是在以遊擊戰為主、運動戰為輔的階段，還是以運動戰為主的階段，都要正確地表現黨領導下的正規軍、遊擊隊和民兵的關係，武裝群眾和非武裝群眾的關係。

要搞出無產階級文藝的好樣板，絕不是一件輕而易舉的事。我們在戰略上一定要藐視它，而在戰術上卻一定要重視它。創作一部好的作品是一個艱苦的過程，領導創作的同志絕不能採取老爺式的態度，絕不可掉以輕心，要同創作者同甘共苦，真正下一番苦功夫。要盡可能地掌握第一手材料。要不怕失敗、不怕犯錯誤，要允許失敗、允許犯錯誤，還要允許改正錯誤。要依靠群眾，從群眾中來，到群眾中去，經過長時間的反覆實踐，精益求精，力求達到革命的政治內容和盡可能完美的藝術形式的統一。要在實踐中及時總結經驗，逐步掌握各種藝術的規律。不這樣，就不可能搞出好的樣板來。

許多重要的革命歷史題材和現實題材，急需我們有計劃、有步驟地組織創作。並通過這些創作，培養鍛煉出一支真正無產階級的文藝骨幹隊伍。

解放思想，破除迷信

社會主義的文化革命必須有破有立。不徹底破，就不能真正立。要進行社會主義文化革命，創造出社會主義的新文藝，必須解放思想，破除迷信。

要破除對所謂三十年代文藝的迷信。那時，左翼文藝運動政治上是王明的"左"傾機會主義路線，組織上是關門主義和宗派主義，文藝思想實際上是俄國資產階級文藝評論家別林斯基、車爾尼雪夫斯基、杜勃羅留波夫等的思想，他們是俄國沙皇時代資產階級民主主義者，他們的思想不是馬克思主義，而是資產階級思想。資產階級民主革命，是一個剝削階級反對另一個剝削階級的革命，只有無產階級的社會主義革命，才是最後消滅一切剝削階級的革命。因此，絕不能把任何一個資產階級革命家的思想，當成我們無產階級思想運動、文藝運動的指導方針。三十年代也有好的，那就是以魯迅為首的戰鬥的左翼文藝運動。到了三十年代的後期，那時左翼的某些領導人在王明的右傾投降主義路線的影響下，背離馬克思列寧主義的階級觀點，提出了"國防文學"的口號。這個口號，就是資產階級的口號，而"民族革命戰爭的大眾文學"這個無產階級的口號，卻是魯迅提出的。有些左翼文藝工作者，特別是魯迅，也提出了文藝要為工農服務和工農自己創作文藝的口號，但是並沒有系統地解決文藝同工農兵相結合這個根本問題，絕大多數還是資產階級民族民主主義者，有些人民主革命這一關就沒有過去，有些人沒有過好社會主義這一關。

　　要破除對中外古典文學的迷信。中國的古典文藝，歐洲（包括俄國）的古典文藝，對我國文藝界的影響是不小的，有些人就當作經典，全盤接受。毛主席教導我們：“文學藝術中對於古人和外國人的毫無批判的硬搬和模仿，乃是最沒有出息的最害人的文學教條主義和藝術教條主義。”古人、外國人的東西也要研究，拒絕研究是錯誤的，但一定要用批判的眼光去研究，做到古為今用，外為中用。

　　對十月革命後出現的一批比較優秀的蘇聯革命文藝作品，也要有分析，不能盲目崇拜，更不要盲目地模仿。盲目的模仿不能成為藝術。文學藝術只能來源於生活，只有生活才是文學藝術的唯一源泉。古今中外的文學藝術的歷史過程，證明了這一點。

要實行民主集中制，走群眾路線

　　在文藝工作中，不論是領導人員，還是創作人員，都要實行民主集中制，提倡“群言堂”，反對“一言堂”。要走群眾路線，把好突出政治的關。過去有些人搞出一個作品，不聽群眾意見，逼著領導人點頭，這是一種很壞的作風。領導創作的幹部，對待文藝創作，應該經常記住這樣兩點：第一，要善於傾聽廣大群眾的意見；第二，要善於分析這些意見，好的就吸收，不好的就不吸收。完全沒有缺點的作品是沒有的，只要基調還好，要指出其缺點和錯誤，把它改好。壞作品不要藏起來，要拿出來交給群眾去評論。我們不要怕群眾，要堅決地相信群眾，群眾會給我們提出許多寶貴意見的。對一些有模糊認識的人，還可以提高他們的鑒別能力。

提倡革命的戰鬥的群眾性的文藝批評

要提倡革命的戰鬥的群眾性的文藝批評，打破少數所謂"文藝批評家"（即方向錯誤的和軟弱無力的那些批評家）對文藝批評的壟斷。我們要把文藝批評的武器交給廣大工農兵群眾去掌握，使專門批評家和群眾批評家結合起來。在文藝批評中，要加強戰鬥性，反對無原則的庸俗捧場。要改造文風，提倡多寫通俗的短文，把文藝批評變成匕首和手榴彈，練出二百米內的硬功夫；當然也要寫一些系統的有理論深度的較長的文章。要擺事實，講道理，不要用名詞術語嚇人。只有這樣，才能繳掉那些所謂"文藝批評家"的械。在文藝評論中，對好的或者基本上好的作品要熱情支援，也可以善意地指出它的缺點；對壞作品要進行原則性的批評。對於文藝理論方面一些有代表性的錯誤論點，都要有計劃地進行徹底的批判。不要怕有人罵我們是棍子，對人家說我們簡單粗暴要有分析。我們有的批評基本正確，但是分析不夠，論據不充分，說服力差，應該改進。有的是認識問題，先說我們簡單粗暴，後來就不說了。但對敵人把我們正確的批評罵做是簡單粗暴，就一定要堅決頂住。文藝評論要成為經常的工作，成為開展文藝鬥爭的重要方法，也是黨領導文藝工作的重要方法。沒有正確的文藝評論，就不能堅持正確的文藝方向，就不可能繁榮創作。

用毛澤東思想重新教育文藝幹部
重新組織文藝隊伍

為了徹底地進行社會主義的文化革命，必須重新教育文藝幹部，重新組織文藝隊伍。遠在井岡山鬥爭的時期，在毛主席的直接領導下，在"古田會議決議"的光輝照耀下，工農紅軍就建立了紅色的文藝隊伍。在抗日戰爭時期，隨著我黨我軍的政治軍事力量的發展，我們的文藝隊伍也有了很大的發展。在根據地和軍隊中，我們培養過相當數量的革命文藝工作者，特別是《在延安文藝座談會上的講話》發表以後，他們堅持了正確的方向，堅持了同工農兵相結合的道路，在革命過程中起過積極的作用。問題是，在全國解放後，進了大城市，有些人沒有抵抗住資產階級思想的侵蝕，因而在前進中掉隊了。新參加部隊的文藝工作者，也帶來了形形色色的資產階級文藝思想的影響。還有少數人，根本沒有改造，堅持資產階級立場。

我們的文藝是無產階級的文藝，是黨的文藝。無產階級黨性原則是我們區別於其他階級的最顯著標誌。須知其他階級的代表人物也是有他們的黨性原則的，並且很頑強。不論是創作，還是評論，都必須堅持無產階級的黨性原則。

（原載 1964 年 4 月 18 日《解放軍報》）

林彪同志委託江青同志召開的部隊文藝工作座談會紀要

（一九六六年二月二日～二月二十日）

（一）

一九六六年二月二日到二月二十日，江青同志根據林彪同志的委託，在上海邀請部隊的一些同志，就部隊文藝工作的若干問題進行了座談。

來上海之前，林彪同志對參加座談會的部隊同志曾作了如下的指示；"江青同志昨天和我談了話。她對文藝工作方面在政治上很強，在藝術上也是內行，她有很多寶貴的意見，你們要很好重視，並且要把江青同志的意見在思想上、組織上認真落實，今後部隊關於文藝方面的檔，要送給她看，有什麼消息，隨時可以同她聯繫，使她瞭解部隊文藝工作情況，徵求她的意見，使部隊文藝工作能夠有所改進。部隊文藝工作無論是在思想性和藝術性方面都不要滿足現狀，都要更加提高。"

在座談開始和交談中，江青同志再三表示；對毛主席的著作學習不夠，對毛主席的思想領會不深，只是學懂哪一點，就堅決去做。最近四年，比較集中地看了一些作品，想了一些意見，這些意見不一定全對。我們都是共產黨員，爲了黨的事業，應當平等地進行交談。這件事，去年就應該做，因爲身體不行，沒有做到。最近，身體好一些，根據林彪同志的指示請同志們來共同商量。

　　江青同志建議先看作品，再閱讀一些有關的文件和材料，然後交談。江青同志給我們閱讀了毛主席的有關著作，並先後同部隊的同志個別交談八次，集體座談四次，陪同我們看電影十三次，看戲三次。在看電影、看戲過程中，也隨時進行了交談。另外，還要我們看了二十一部影片。在此期間，江青同志又看了電影《南海長城》的樣片，接見了《南海長城》的導演、攝影師和一部分演員，同他們談話三次，給了他們很大的教育和鼓舞。我們在接觸中感覺到：江青同志對毛主席思想領會較深，又對文藝方面存在的問題作了長時間的、相當充分的調查研究，親自種試驗田，有豐富的實踐經驗。這次帶病工作，謙虛、熱情、誠懇地同我們一起交談，一起看影片、看戲，給了我們很大啓發和幫助。

（二）

　　在近二十天中，我們閱讀了毛主席的兩篇著作和有關材料，聽取了江青同志許多極為重要的意見，看了三十餘部好的、壞的、和在不同程度上存在著缺點、錯誤的影片，又看了《奇襲白虎團》、《智取威虎山》兩出比較成功的革命現代京劇，從而加深了我們對毛主席文藝思想的理解，提高了對社會主義文化革命的認識。下面是在這次座談會中大家商議和同意的幾點意見：

　　一、十六年來，文化戰線上存在著尖銳的階級鬥爭。

　　事實上，在我國革命的兩個階段，即新民主主義階段和社會主義階段，文化戰線上都存在兩個階級、兩條路線的鬥爭，即無產階級和資產階級在文化戰線上爭奪領導權的鬥爭。我們黨的歷史上，反對“左”右傾機會主義的鬥爭，也都包括文化戰線上的兩條路線鬥爭。王明路線是一種曾經在我們黨內氾濫過的資產階級思想。一九四二年開始的整風運動中，毛主席先在理論上徹底地批判了王明的政治路線、軍事路線和組織路線；緊接著，又在理論上徹底地批判了以王明爲代表的文化路線。毛主席的《新民主主義論》、《在延安文藝座談會上的講話》和《看了<逼上梁山>以後寫給延安平劇院的信》，就是對文化戰線上的兩條路線鬥爭的最完整、最全面、最系統的歷史總結，是馬克思列寧主義世界觀和文藝理論的繼承和發展。在我國革命進入社會主義階段以後，毛主席又發表了《關於正確處理人民內部矛盾的問題》和《在中國共產黨全國宣傳工作會議上的講話》兩篇著作，這是我國和各國革命思想運動、文藝運動的歷史經驗的最新的總結，是馬克思列寧主義世界觀和文藝理論的新發展。毛主席的這五篇著作，夠我們無產階級用上一個長時期了。

毛主席的前三篇著作發表到現在已經二十幾年了，後兩篇也已經發表將近十年了。但是，文藝界在建國以來，卻基本上沒有執行，被一條與毛主席思想相對立的反黨反社會主義的黑線專了我們的政，這條黑線就是資產階級的文藝思想、現代修正主義的文藝思想和所謂三十年代文藝的結合；"寫真實"論、"現實主義廣闊的道路"論、"現實主義的深化"論、反"題材決定"論、"中間人物"論、反"火藥味"論、"時代精神匯合"論，等等，就是他們的代表性論點，而這些論點，大抵都是毛主席《在延安文藝座談會上的講話》中早已批判過的。電影界還有人提出所謂"離經叛道"論，就是離馬克思列寧主義、毛澤東思想之經，叛人民革命戰爭之道。在這股資產階級、現代修正主義文藝思想逆流的影響或控制下，十幾年來，真正歌頌工農兵的英雄人物，爲工農兵服務的好的或者基本上好的作品也有，但是不多；不少是中間狀態的作品，還有一批是反黨反社會主義的毒草。我們一定要根據黨中央的指示，堅決進行一場文化戰線上的社會主義大革命，徹底搞掉這條黑線。搞掉這條黑線之後，還會有將來的黑線，還得再鬥爭。所以，這是一場艱巨、複雜、長期的鬥爭，要經過幾十年甚至幾百年的努力。這是關係到我國革命前途的大事，也是關係到世界革命前途的大事。

過去十幾年的教訓是；我們抓遲了。只抓過一些個別問題，沒有全盤的系統的抓起來，而只要我們不抓，很多陣地就只好聽任黑線去佔領，這是一條嚴重的教訓。一九六二年十中全會作出要在全國進行階級鬥爭這個決定之後，文化方面的興無滅資的鬥爭也就一步一步地開展起來了。

二、近三年來，社會主義的文化大革命已經出現了新的形勢，革命現代京劇的興起就是最突出的代表。從事京劇革命的文藝工作者，在以毛主席為首的黨中央的領導下，以馬克思列寧主義和毛澤東思想為武器，向封建階級、資產階級和現代修正主義文藝展開了英勇頑強的進攻，鋒芒所向，使京劇這個最頑固的堡壘，從思想到形式，都發生了極大的革命，並且帶動文藝界發生著革命性的變化。革命現代京劇《紅燈記》、《沙家濱》、《智取威虎山》、《奇襲白虎團》等和芭蕾舞劇《紅色娘子軍》、，交響音樂《沙家濱》、泥塑《收租院》等，已經得到廣大工農兵群眾的批准，在國內外觀眾中，受到了極大的歡迎。這是一個創舉，它將會對社會主義文化革命產生深遠的影響。它有力地證明：京劇這個最頑固的堡壘也是可以攻破的，可以革命的；芭蕾舞、交響樂這種外來的古典藝術形式，也是可以加以改造，來為我們所用的，對其他藝術的革命就更應該有信心，有人說革命現代京劇丟掉了京劇的傳統，丟掉了京劇的基本功。事實恰恰相反，革命現代京劇正是對京劇傳統的批判地繼承，是真正的推陳出新。京劇的基本功不是丟掉了，而是不夠用了，有些不能夠表現新生活的，應該也必須丟掉。而為了表現新生活，正急需我們從生活中去提煉，去創造，去逐步發展和豐富京劇的基本功。同時，這些事實也有力地回擊了形形色色的保守派，和所謂“票房價值”論、“外匯價值”論、“革命作品不能出口”論，等等。

　　近三年來，社會主義文化革命的另一個突出表現，就是工農兵在思想、文藝戰線上的廣泛的群眾活動。從工農兵群眾中，不斷地出現了許多優秀的、善於從實際出發表達毛澤東思想的哲學文章；同時，還不斷地出現了許多優秀的、歌頌我國社會主義革命的偉大勝利，歌頌社會主義建設各個戰線上的大躍進，歌頌我們的新英雄人物，歌頌我們偉大的黨，偉大的領袖英明領導的文藝作品，特別是工農兵發表在壁報、黑板報上的大量詩歌，無論內容和形式都劃出了一個完全嶄新的時代。

　　當然，這些都還只是社會主義文化革命的初步成果，是萬里長征的第一步。為保衛和發展這一成果，把社會主義文化革命進行到底，還需要我們作長期的、艱苦的努力。

　　三、文藝戰線兩條道路的鬥爭，必須要反映到軍隊內部來，軍隊不是生活在真空裡，絕不可能例外。中國人民解放軍是中國無產階級專政的主要工具，是中國人民和世界革命人民的依靠和希望。沒有人民的軍隊，就沒有革命的勝利，就沒有無產階級專政；就沒有社會主義，也就沒有人民的一切。因此，敵人一定會從政治上是王明的"左傾"機會主義路線，組織上是關門主義和宗派主義，文藝思想實際上是俄國資產階級文藝評論家別林斯基、車爾尼雪夫斯基、杜勃羅留波夫以及戲劇方面的斯坦尼斯拉夫斯基的思想，他們是俄國沙皇時代資產階級民主主義者，他們的思想不是馬克思主義，而是資產階級思想。資產階級民主革命，是一個剝削階級代替另一個剝削階級的革命，只有無產階級的社會主義革命，才是最後消滅一切剝削階級的革命，因此，絕不能把任何一個資產階級革命家的思想，當成我們無產階級思想運動、文藝運動的指導方針。三十年代也有好的，那就是以魯迅為首的戰鬥的左翼文藝運動。到了三十年代的中期，那時左翼的某些領導人在王明的右傾投降主義路線的影響下，背離馬克思列寧主義的階級觀點，提出了"國防文學"的口號。這個口號，就是資產階級的口號，而“民族革命戰爭的大眾文學”這個無產階級的口號，卻是魯迅提出的。有些左翼文藝工作者，特別是魯迅，也提出了文藝要為工農服務和工農自己創作文藝的口號，但是並沒有系統地解決文藝同工農兵相結合這個根本問題。當時的左翼文藝工作者，絕大多數還是資產階級民族民主主義者，有些人民主革命這一關就沒過去，有些人沒有過好社會主義這一關。

要破除對中外古典文學的迷信。史達林是個偉大的馬克思列寧主義者，他對資產階級的現代派文藝的批評是很尖銳的，但是，他對俄國和歐洲的所謂古典著作卻無批判地繼承，後果不好。中國的古典文藝。歐洲（包括俄國）古典文藝，甚至美國電影，對我國文藝界的影響是不小的，有些人就當作經典，全盤接受。我們應當接受史達林的教訓。古人、外國人的東西也要研究，拒絕研究是錯誤的，但一定要用批判的眼光去研究，做到古為今用，外為中用。

對十月革命後出現的一批比較優秀的蘇聯革命文藝作品，也要有分析，不能盲目崇拜，更不要盲目的模仿。盲目的模仿不能成為藝術。文學藝術只能來源於人民生活，只有人民生活才是文學藝術的唯一源泉，古今中外的文學藝術的歷史過程，證明了這一點。

世界上從來是新生力量戰勝腐朽力量。我們人民解放軍開頭也是弱小的，終於轉弱為強，戰勝了美蔣反動派。面對著國內外大好的革命形勢和光榮的任務，我們應該以做一個徹底的革命派而感到自豪。要有信心，有勇氣，去做前人所沒有做過的事，因為我們的革命，是一次最後消滅剝削階級、剝削制度，和從根本上消除一切剝削階級毒害人民群眾的意識形態的革命。我們要在黨中央和毛主席的領導下，在馬克思列寧主義和毛澤東思想的指導下，去創造無愧於我們偉大的國家，偉大的黨，偉大的人民，偉大的軍隊的社會主義的革命新文藝。這是開創人類歷史新紀元的、最光輝燦爛的新文藝。

但是，要搞出好的樣板絕不是一件輕而易舉的事。對創作中的困難，我們在戰略上一定要蔑視它，而在戰術上卻一定要重視它。創作一部好的作品是一個艱苦的過程，抓創作的同志絕不能採取老爺式的態度，絕不可掉以輕心：要同創作者同甘共苦，真正下一番苦功夫。要盡可能地掌握第一手材料，不可能時也要掌握第二手材料。要不怕失敗、不怕犯錯誤，要允許失敗、允許犯錯誤，還要允許改正錯誤。要依靠群眾，從群眾中來，到群眾中去，經過長時間的反覆實踐，精益求精，力求達到革命的政治內容和盡可能完美的藝術形式的統一。在實踐中及時總結經驗，逐步掌握各種藝術的規律。不這樣，就不可能搞出好的樣板。

我們應當十分重視社會主義革命和社會主義建設的題材，忽視這一點，是完全錯誤的。

遼瀋、淮海、平津三大戰役及其他重大戰役的文藝創作，也要趁著領導、指揮這些戰役的同志健在，抓緊搞起來。許多重要的革命歷史題材和現實題材，急需我們有計劃、有步驟地組織創作。《南海長城》一定要拍好。《萬水千山》一定要改好。並通過這些創作，培養鍛煉出一支真正無產階級的文藝骨幹隊伍。

六、在文藝工作中，不論是領導人員，還是創作人員，都要實行黨的民主集中制，提倡"群言堂"，反對"一言堂"，要走群眾路線。過去有些人搞出一個作品，就逼著領導人鼓掌、點頭，這是一種很壞的作風。至於抓創作的幹部，對待文藝創作，應該經常記住這樣兩點：第一，要善於傾聽廣大群眾的意見；第二，要善於分析這些意見，好的就吸收，不好的就不吸收。完全沒有缺點的作品是沒有的，只要基調還好，要指出其缺點錯誤，把它改好。壞作品不要藏起來，要拿出來交給群眾去評論。我們不要怕群眾，要堅決地相信群眾，群眾會給我們提出許多寶貴意見的。另外，也可以提高群眾的鑒別能力。攝製一部電影要花費幾十萬元或者上百萬元，把壞片子藏起來，白白地浪費掉了，為什麼不拿出來放映，從而教育創作人員和人民群眾，又可以彌補國家經濟上的損失，做到思想、經濟雙豐收呢？影片《兵臨城下》演了好久，也沒有人批評，《解放軍報》是否可以寫篇文章批評一下。

七、要提倡革命的戰鬥的群眾性的文藝批評，打破少數所謂"文藝批評家（即方向錯誤的和軟弱無力的那些批評家）對文藝批評的壟斷，把文藝批評的武器交給廣大工農兵群眾去掌握，使專門批評家和群眾批評家結合起來。在文藝批評中，要加強戰鬥性，反對無原則的庸俗捧場。要改造文風，提倡多寫通俗的短文，把文藝批評變成匕首和手榴彈，練出二百米內的硬功夫，當然也要寫一些系統的，有理論深度的較長的文章。反對用名詞術語嚇人。只有這樣，才能繳掉那些所謂"文藝批評家"的械。《解放軍報》、《解放軍文藝》要開闢定期的或不定期的文藝評論專欄，對好的或者基本上好的作品要熱情支援，也可以善意地指出它的缺點；對壞作品，要進行原則性的批評。對於文藝理論方面一些有代表性的錯誤論點，和某些人在一些什麼《中國電影發展史》、《中國話劇運動五十年史料集》、《京劇劇碼初探》之類的書中企圖偽造歷史、抬高自己，以及所散佈的許多錯誤論點，都要有計劃地進行徹底的批判。不要怕有人罵我們是棍子，對人家說我們簡單粗暴要有分析。我們有的批評基本正確，但是分析不夠，論據不充分，說服力差，應該改進。有的人是認識問題，他們先說我們簡單粗暴，後來就不說了。對敵人把我們正確的批評罵做是簡單粗暴，就一定要堅決頂住。文藝評論要成為經常的工作，成為開展文藝鬥爭的重要方法，也是黨領導文藝工作的重要方法。沒有正確的文藝評論，就不可能繁榮創作。

八、文藝上反對外國修正主義的鬥爭，不能只捉丘赫拉依之類小人物，要捉大的，捉肖洛霍夫，要敢於碰他。他是修正主義文藝的鼻祖，他的《靜靜的頓河》、《被開墾的處女地》、《一個人的遭遇》對中國的部分作者和讀者影響很大。軍隊是否可以組織一些人加以研究，寫出有分析的、論據充分的、有說服力的批判文章。這對中國，對世界都有很大影響。對國內的作品，也應當這樣做。

九、在創作方法上，要採取革命的現實主義和革命的浪漫主義相結合的方法，不要搞資產階級的批判現實主義和資產階級的浪漫主義。

在黨的正確路線指引下湧現的工農兵英雄人物，他們的優秀品質是無產階級階級性的集中表現。我們要滿腔熱情地、千方百計地去塑造工農兵的英雄形象。要塑造典型，毛主席說："文藝作品中反映出朵的生活卻可以而且應該比普通的實際生活更高，更強烈，更有集中性，更典型，更理想，因此就更帶普遍性。"不要受真人真事的局限，不要死一個英雄才寫一個英雄，其實，活著的英雄要比死去的英雄多得多。這就需要我們的作者從長期的生活積累中，去集中概括，創造出各種各樣的典型人物來。

寫革命戰爭，要首先明確戰爭的性質，我們是正義的，敵人是非正義的。作品中一定要表現我們的艱苦奮鬥、英勇犧牲，但是，也一定要表現革命的英雄主義和革命的樂觀主義。不要在描寫戰爭的殘酷性時，去渲染或頌揚戰爭的恐怖；不要在描寫革命鬥爭的艱苦性時，去渲染或頌揚苦難。革命戰爭的殘酷性和革命的英雄主義，革命鬥爭的艱苦性和革命的樂觀主義，都是對立的統一，但一定要弄清楚什麼是矛盾的主要方面，否則，位置擺錯了，就會產生資產階級和平主義傾向。此外，在描寫人民革命戰爭的時候，不論是在以遊擊戰爲主，運動戰爲輔的階段，還是以運動戰爲主的階段，都要正確地表現黨領導下的正規軍、遊擊隊和民兵的關係，武裝群眾和非武裝群眾的關係。

選擇題材要深入生活，很好地調查研究，才能選對、選准。編劇要長期地、無條件地深入到火熱的鬥爭生活中去，導演、演員、攝影、美術、作曲等人員也要深入生活，很好地進行調查研究。過去，有些作品，歪曲歷史事實，不表現正確路線，專寫錯誤路線；有些作品，寫了英雄人物，但都是犯紀律的，或者塑造起一個英雄形象卻讓他死掉，人為地製造一個悲劇的結局；有些作品，不寫英雄人物，專寫中間人物，實際上是落後人物，醜化工農兵形象，而對敵人的描寫，卻不是暴露敵人剝削、壓迫人民的階級本質，甚至加以美化；還有些作品，則專搞談情說愛，低級趣味，說什麼“愛”和“死”是永恆主題。這些都是資產階級的、修正主義的東西，必須堅決反對。

十、重新教育文藝幹部，重新組織文藝隊伍。由於歷史的原因，在全國解放前，我們無產階級在敵人的統治下培養自己的文藝工作者要困難一些。我們的文化水準比較低，我們的經驗比較少，我們的許多文藝工作者，是受資產階級的教育培養起來的，在從事革命文藝活動的過程中，有些人又經不起敵人的迫害叛變了，或者經不起資產階級思想的腐蝕爛掉了。在根據地，我們培養過相當數量的革命文藝工作者，特別是《在延安文藝座談會上的講話》發表以後，他們有了正確的方向，走上同工農兵相結合的道路，在革命過程中起過積極的作用。缺點是，在全國解放後，進了大城市，許多同志沒有抵抗住資產階級思想對我們文藝隊伍的侵蝕，因而有的在前進中掉隊了。我們的文藝是無產階級的文藝，是黨的文藝。無產階級的黨性原則是我們區別於其他階級的最顯著標誌。須知其他階級的代表人物也是有他們的黨性原則的，並且很頑強。不論是創作思想方面，組織路線方面，工作作風方面，都要堅持無產階級的黨性原則，反對資產階級思想的侵蝕。同資產階級思想必須劃清界線，絕不能和平共處。現在文藝界存在的各種問題，對大多數人來講，是思想認識問題，是教育提高的問題。要認真學習毛主席著作，活學活用，聯繫思想，聯繫實際，帶著問題學，才能真正學得懂、學得通、學到手。要長期深入生活，和工農兵相結合，提高階級覺悟，改造思想，不爲名，不爲利，全心全意地爲人民服務。要教育我們的同志，讀一輩子馬克思列寧主義和毛主席的書，革一輩子命。特別要注意保持無產階級的晚節，一個人能保持晚節是很不容易的。

（三）

通過座談，我們對上述問題都有了較明確的認識，對這些問題的意見，也都符合軍隊文藝工作的實際情況，從而提高了我們的覺悟，加強了社會主義文化革命的決心和責任感。我們一定要繼續學好毛主席的著作，認真進行調查研究，種好試驗田，搞好樣板，在這一場興無滅資的文化革命鬥爭中起好帶頭作用。

（原載 1967 年 5 月 29 日《人民日報》）

向工農兵群眾學習 爲工農兵群眾服務[1]

郭 沫 若

因爲時間關係，簡單地講幾句。

石西民同志的報告（按：指石西民同志在人大常委會第三十次會議上所作的關於社會主文化革命的報告），對我來說，是有切身的感受。說得沉痛一點，是有切膚之痛。因爲在一般的朋友們、同志們看來，我是一個文化人，甚至於好些人都說我是一個作家，還是一個詩人，又是一個什麼歷史家。幾十年來，一直拿著筆桿子在寫東西，也翻譯了 — 些東西。按字數來講，恐怕有幾百萬字了。但是，拿今天的標準來講，我以前所寫的東西，嚴格地說，應該全部把它燒掉，沒有一點價值。

主要的原因是什麼呢？就是沒有學好毛主席思想，沒有用毛主席思想來武裝自己，所以，階級觀點有的時候很模糊。

文史方面，近來在報紙上開展著深入的批評，這是很好的，我差不多都看了。我是聯繫到自我改造來看的，並不是隔岸觀火。每一篇文章，每一個批評，差不多都要革到我自己的"命"上來。我不是在此地隨便說，的確是這樣，我自己就是沒有把毛主席思想學好，沒有把自己改造好。

---

1 編者按：本文是時任全國人民代表大會常務委員會副委員長的郭沫若在 1966 年 4 月 14 日人大常委會第 30 次會議上的發言，題目是《光明日報》發表時編者加的。

　　當然，我確實是一個文藝工作者，而且我還是文聯的主席。文藝界上的一些歪風邪氣，我不能說沒有責任。毛主席《在延安文藝座談會上的講話》發表以來，已經二十幾年了，我讀過多少遍，有的時候也能拿到口頭上來講，要爲工農兵服務啦，要向工農兵學習啦，但是，只是停留在口頭上。口頭上的馬克思列寧主義，紙頭上的馬克思列寧主義，就是沒有切實地做到，沒有實踐，沒有真正照著毛主席的指示辦事，沒有把毛主席思想學好。

　　慚愧得很。毛主席在二十多年前就教導我們，要我們爲工農兵服務。今天不是我們在爲工農兵服務，而是工農兵在爲我們服務了。現在工農兵學習毛主席著作，寫的東西比我們好。特別是我們拿筆桿子的人，搞文藝、搞歷史、搞哲學的人，必須要深刻地反省。我自己感到很難受，實在沒有改造好。

　　比方，報告裡講到的《歐陽海之歌》，這是一部劃時代的小說。作者金敬邁同志當了好幾年兵，現在還在廣東部隊文工團裡工作。因爲他當了多少年的兵，所以他才能寫出《歐陽海之歌》來。這本書，我看是非讀不可。今天在座的，無論哪一位能夠想辦法找一本《歐陽海之歌》，我推薦各位好好地讀它一遍。他真把歐陽海寫活了，把毛主席的思想寫活了。歐陽海同志是一九六二年犧牲的。他把一直到一九六二年止，所有的黨的方針、政策，把主席的思想，差不多都容納在這一部長篇小說裡面。看來，今天所謂專業文藝家，事實上是寫不出來的。他是真正在部隊裡滾了一身血跡的人，才寫得出這樣的文藝作品來。所以，兵在爲我們服務了，不是我們在爲兵服務。

　　報告裡提到大型泥塑《收租院》，是雕塑的革命化，現在還在美術館展覽，我自己看了三遍。那是很感動人的，有好多觀衆看了流眼淚，因爲他們聯想到自己的歷史，觸動了階級感情。的確好，那是我們四川大邑劉家的故事，據說在大邑原來的作品有一百四十六個人物，我們這裡只有六十幾個，只表現了一部分，已經很感動人了。已經有好幾十萬群眾去看了，現在五月份的門票都賣光了。在座的各位如果還沒有去看的話，我看不要把這個機會錯過，必須去看，也使我們自己受一次教育。前幾天有一個日本代表團，他們是搞工藝的代表團，我同他們見面的時候，代表團的團長就講，我們到中國來的第一件大事，就是看了《收租院》，收穫很大。搞《收租院》的一部分四川工人來了，不知道現在還在不在？他們在展覽館的後房裡面工作，我去看了。他們就是用稻草做骨頭，把稻草切成一寸長的樣子，用泥巴和在裡面，然後敷上去。材料是很便宜的。我看泥塑的味道再好也沒有，比石膏像，比大理石像，比漢白玉雕像都感動人。特別是用泥巴來塑農民，用不著滾一身泥巴，它就是一身泥巴。《收租院》的確是很好的傑作，是雕塑的革命化。它之所以能成功的原因，就是把主席思想掌握到了，活用了主席的思想。活學活用，用在雕塑上來，便收到了劃時代的成果。所以《收租院》一來，使得我們北京中央美術學院的劉開渠同志，還有好些人，受到了一次很好的教育。他們都同工人一道工作，仿塑了六十幾尊現在陳列的人物。這是工人在爲我們服務了，工人教育了我們。

事實上很多農民學毛主席著作比我們任何人學得都好，比我們這些知識份子學得好得多。我們這些知識份子，誇誇其談的什麼哲學家、史學家、什麼家，簡直不成家。工人、農民比我們學得好得多。我去年去山西，聽到周明山同志（他是農民）講起學習毛主席著作的體會，那真是生動活潑。他現在是絳縣縣委書記，他也是人大代表。

我們實在慚愧，特別是我很慚愧，各位不至於慚愧。我自己作爲一個黨員，又是一個什麼家，眼淚要朝肚子裡流。總之一句話，我們不僅沒有爲工農兵服務，而是倒轉來是工農兵在文史哲方面爲我們服務了。我們應該向工農兵感謝，拜工農兵爲老師，因爲他們把主席思想學好了，用活了。

　　我今天的話好像是表態，確實是表我的心態，說出了我心裡想說的話。我現在是：要好好向工農兵學習，還不能談怎麼樣為工農兵服務的問題。現在應該好好地向工農兵學習，拜工農兵為老師。我雖然已經七十幾歲了，雄心壯志還有一點。就是說要滾一身泥巴，我願意；要沾一身油污，我願意；甚至於要染一身血跡，假使美帝國主義要來打我們的話，向美帝國主義分子投幾個手榴彈，我也願意。我的意思就是這樣的，現在應該向工農兵好好地學習，假使有可能的話，再好好地為工農兵服務。

（原載 1966 年 4 月 28 日《光明日報》）

瞿白音的《創新獨白》是電影界黑幫的反革命綱領

丁 學 雷

　　十幾年來，一根反黨反社會主義的黑線從上而下地統治著整個電影界。在每一次大規模的階級鬥爭風浪中，電影界總有一批反黨的"英雄好漢"挺身而出，爲一切反動勢力打先鋒。一九五六年，冒出了一個鍾惦棐，大敲了一陣電影"鑼鼓"，粉墨登場，揭開了資產階級右派猖狂進攻的序幕。一九六二年，電影界又跳出了一個瞿白音，張牙舞爪，念念有詞，刮起了一股"創新"的妖風，爲資本主義復辟開闢道路。

　　《關於電影創新問題的獨白》（發表於《電影藝術》一九六二年第三期，以下簡稱《創新獨白》），是一個瘋狂反對毛澤東思想的文藝綱領，是一個瘋狂反對無產階級專政的政治綱領。瞿白音不但是一個反動的修正主義文人，而且是一個徹頭徹尾的個人野心家。他竊踞了上海市電影局副局長的領導崗位，秉承著電影界黑幫頭目的旨意，竭力推行他們的反革命行動綱領。所謂《創新獨白》，其實根本不是什麼"獨白"，而是電影界一小撮黑幫的"合唱"。他們在電影界實行反革命的專政，貫徹資產階級的即修正主義的文藝路線，爲"和平演變"的反動政策效勞。

　　徹底揭露並批判瞿白音的《創新獨白》，徹底揭露並批判電影界修正主義黑幫，不僅是關係到社會主義電影事業前途的大事，也是關係到我們整個國家命運和前途的大事。

一個反革命的政治綱領

瞿白音的《創新獨白》是電影界黑幫反革命陰謀的一次集中大暴露。

在《創新獨白》中，瞿白音擺出一副"打手"的凶相，流露出對黨對社會主義的刻骨仇恨。他借"創新"為名，瘋狂攻擊毛澤東思想，瘋狂攻擊社會主義制度，瘋狂攻擊黨的領導。

以"去陳言"為名，瘋狂攻擊毛澤東思想

瞿白音和國內外的一切階級敵人一樣，首先把攻擊的矛頭指向無產階級和勞動人民的命根子 ── 毛澤東思想。他誣衊毛澤東思想是"陳言"，公開叫喊要"去陳言"。

瞿白音說："電影雖是最年輕的藝術，但也已經有了陳言充斥的情況。"他捏造了"主題之神"、"結構之神"、"衝突之神"的所謂"罪惡"，然後咬牙切齒地說："諸神各顯神威，滿天撒下應該怎樣、不應該怎樣的各種符籙和咒語。在諸神合力交攻之下，藝術家只得束手束腳，抱頭覓路。而陳言，是唯一的遁逃藪。"所謂"陳言"，他在文章裡說得十分明白，就是"經典著作中講過千百次的話"，就是"檔指示"，就是"眾所周知的思想"，一言以蔽之，瞿白音所攻擊的"陳言"，就是馬克思列寧主義、毛澤東思想！

瞿白音對毛澤東思想恨之入骨，他以"破陳言"為名，惡毒地誣衊毛澤東思想"缺乏新意"，"被歷史的塵土淹沒了"。這完全是即將"被歷史的塵土淹沒"的資產階級代表人物的狂言亂語。他的階級本能驅使他站出來潑口大罵，攻擊毛澤東思想是"符籙"，是"咒語"，"有了神靈的呵護"。好熟悉的語言！胡風反革命分子辱罵毛澤東思想是"五把刀子"，瞿白音來一個"創新"，攻擊毛澤東思想是"符籙"、"咒語"！胡風反革命分子

污蔑毛澤東思想是原始民族頂禮膜拜的"圖騰"，瞿白音又來一個"創新"，毒罵毛澤東思想有什麼"神靈的呵護"。你們是一個巢穴裡的貨色，你們的反革命語言如出一轍，你們對毛澤東思想的瘋狂攻擊也毫無二致。

瞿白音不但自己瘋狂地攻擊毛澤東思想，並且煽動文藝界的牛鬼蛇神一同來反對毛澤東思想。在《創新獨白》中，他號召電影界的資產階級分子鼓起"勇氣"，"堅持真理，衝鋒陷陣"，和"陳言"作鬥爭。在一九六二年上海市第二次文代大會的講臺上，他更唾沫四濺，要人們"激發我們自己對於對陳言的痛切之感。……痛感以後，我們就可以有決心，有雄心來去陳言"。他不但在理論上"破陳言"，即攻擊毛澤東思想，而且在行動上以自己的"創新"之作《紅日》來"破陳言"，他在編寫電影劇本的時候，別人給他提了意見，要他在作品裡表現毛澤東思想，他破口大罵："放屁！"並且聲勢洶洶地說："我不接受你們的意見，因為這樣寫不成戲。"這就徹底暴露了他的反革命嘴臉。

毛澤東思想是當代馬克思列寧主義的頂峰，是最高最活的馬克思列寧主義。毛澤東思想是中國人民革命和社會主義建設的最高指標，是反對帝國主義的強大的精神原子彈，是反對現代修正主義的最有力的思想武器。對於一切階級敵人來說，毛澤東思想的確是鋒利無比的刀子，對於革命人民來說，卻是絕不可少的靈魂和方向盤。它永遠不會"過時"，它是一輪永遠不落的紅太陽，以其真理的萬丈光芒永遠照耀著世界！

一切階級敵人極端仇恨毛澤東思想，是十分自然的。然而，狂犬吠日，又何損於太陽的光輝！牛鬼蛇神縱能囂張一時，而在太陽的萬丈光芒照射之下，必將"被歷史的塵土淹沒"。瞿白音之流豈能例外！

猖狂反對無產階級專政，妄想實現資產階級"一元化領導"

在《創新獨白》中，瞿白音向讀者提了一個煽動性的題目：

"現在世界範圍內正在掀起一個電影藝術創新的熱潮,爲什麼我們就不需要創新?不能創新?現在細細一想,似乎有點明白了。"瞿白音究竟明白了什麼?通觀全篇,答案是不難找到的,這就是:"習慣勢力是不能低估的。"他還假借別人之口,憤憤地說:"什麼'創新'!太陽底下沒有新事物!"這是瞿白音的黑話。把它翻譯出來,無非是說:在社會主義制度的"習慣勢力"之下,在無產階級專政的"太陽底下",不可能有"新事物",也談不上什麼"創新"。

在瞿白音的筆下,我們社會的政治氣候被描繪成乍暖還寒,陰森逼人,"已經過了清明,還這麼冷"。他以其"獨特的藝術構思"塑造了一個"穿著厚呢大衣"的"朋友"的形象。這位"朋友","對新事物特別謹慎小心",在座談會上"說話時不斷眨眼睛、咽唾沫",像個小媳婦似的,不敢暢所欲言,一副可憐相。

瞿白音把我們的社會主義制度描繪得如此"不自由",把無產階級專政形容得如此"陰森恐怖",仍嫌不滿足,他在上海市第二次文代大會上,還公然發出了反共的叫囂:"近年來,真話是極可貴的。一位著名的演員,是黨員,曾經在酒後說過一句話,他說他很想見毛主席,請求發一塊牌牌,上面寫一個'免'字,就是免除'鬥',讓他想說什麼就說什麼。可見有許多人想說真話。"看,瞿白音對無產階級專政的攻擊,到了何等猖狂的地步!瞿白音妄圖假借什麼"名演員"、"黨員"之口,向黨討一塊"免鬥"牌,這是在玩弄陰謀:只許他們向黨、向社會主義制度猖狂進攻,不許革命人民進行還擊。我們要正告瞿白音:你別癡心夢想,革命人民發給了你"免鬥"牌,就是放棄了自己專政的印把子,解除了自己的武裝。有了你們的"自由",就沒有了我們的自由,我們和你們的鬥爭,是你死我活的搏鬥!對於像你們這樣的反革命的修正主義分子,就是不能講民主,只能用專政。我們和你們的矛盾，是革命與反革命的矛盾。對於革命的敵人，毛主席早就說過，就是要"實行專政，實行獨裁，壓迫這些人，只許他們規規矩矩，不許他們亂說亂動"。

瞿白音攻擊社會主義制度、攻擊無產階級專政的根本目的，是要推翻黨的領導，是要奪權，是要讓反黨反社會主義的黑線專我們的政。在《創新獨白》中，他肆意醜化我們黨的領導："領導者對人也並非都含笑拍肩，論陰陽如反掌。"在上海電影創作座談會上，他又用最骯髒、最卑鄙的語言來咒罵黨的領導，說什麼"從思想上的主觀、片面到作風上的簡單、粗暴；從以個人好惡強加於人，到出言不遜，惡語傷人，不學無術而又指手劃腳。真是洋廣雜貨，一應俱全，花色繁多，不及備載。"這是多麼刻骨的階級仇恨。

在瞿自音看來，黨的領導的"罪惡"簡直太多了，他捏造了許多"罪狀"之後，終於露出了他的狼子野心。他聲勢洶洶地宣稱"要改進領導"，他威脅我們黨，不這樣，就會"受到懲罰"。如何"改進領導"呢？他在《創新獨白》裡指桑罵槐地勸黨的領導："幹不需要想像的工作是否會適合些呢？"這是明目張膽地要黨下臺！黨下臺的話，誰上臺呢？瞿白音又發佈命令："賦予導演以應有的權力"，實現"導演在攝製組的一元化領導"。在這裡，瞿白音講的讓導演來"領導"，實際上就是讓資產階級分子掌握電影事業的大權！至於黨下臺以後又幹些什麼呢？他在電影創作座談會上公然提出：黨的領導可以做一個"園丁"，和"炊事員"一起，"侍候"好"放花人" —— 也就是他們那一幫資產階級的即修正主義的文藝家，去大放反黨反社會主義的毒草。請看，這就是瞿白音的"變天"計畫！他的"變天"計畫，比之一切右派分子的"輪流做莊"的反革命主張還要徹底。他們想要永遠坐在"領導"崗位上，要共產黨聽從他們的指揮，永遠做這些資產階級老爺們的奴僕。這是他們的反革命的如意算盤。

瞿白音的胃口也未免太大了！他如同一切敵對階級分子一樣，總是過高地估計了自己的力量，過低地估計了無產階級和勞動人民的力量。瞿白音們聽著：撼山易，撼毛澤東思想、撼無產階級專政、撼共產黨的領導難！你們這幾隻"螞蟻"，幾頭"蚍蜉"，不自量力，妄想改變無產階級和一切勞動人民的江山，結果只能被歷史的車輪碾得粉碎！

一個修正主義的文藝綱領

文藝爲工農兵服務的方向，文藝工作者與工農兵相結合的道路，是毛澤東思想的一個光輝的、重要的組成部分，是馬克思列寧主義文藝理論的新發展和最高峰，也是資產階級文藝和修正主義文藝最害怕最仇視的東西。因此，文藝界的一切反黨反社會主義分子總是把攻擊的矛頭對準毛澤東文藝思想。瞿白音在《創新獨白》中提出的一整套資產階級文藝綱領，其目的就在於篡改文藝的工農兵方向和工農兵道路：他以破"三神"爲名，妄圖把社會主義電影事業改造成爲資本主義電影事業：他以樹立"新的形象"爲名，反對塑造工農兵英雄形象，蓄意爲牛鬼蛇神立傳樹碑；他以提倡藝術家的"博觀"、"基本功"、"風格"、"想像"爲由，妄圖誘使文藝工作者拒絕自我改造、脫離工農兵，走上資產階級的即修正主義的道路。

以"破三神"爲名，反對爲工農兵服務的文藝方向

瞿白音在《創新獨白》中，把革命文藝作品具有鮮明的主題、完整的結構、反映重大的矛盾衝突，咒罵爲"主題之神""結構之神…'衝突之神"，攻擊它們是束縛藝術家手腳的"框框條條"，給它們加上一個妨害創"一代之新"的罪名。

瞿白音首先叫嚷要破"主題之神"。他攻擊我們要求作品"主題突出"，就會"把形象剝得精光"；攻擊我們要求主題清

楚、明確，就會"排斥一切義深意遠的作品"。真是奇怪的邏輯！
難道主題不突出，形象就能夠豐滿嗎？主題不清楚、不明確，作
品就能"義深意遠"嗎？不，醉翁之意不在酒。瞿白音自己也說：
"不表達任何思想的文藝作品是沒有的"，可見，他深惡痛絕的
不是所有的主題思想，他反對的只是所謂"陳言"，也就是反對
文藝作品表現革命鬥爭的主題，宣傳無產階級的思想。瞿白音要
求作品表現另一種所謂"新的思想"，那就是"去除思想上的陳
言，對生活表示獨特的見解"的思想，是"見人之所未見，言人
之所未言"的思想。這種反毛澤東思想的所謂"獨特的見解"，
這種革命人民"所未見"、"所未言"的"新的思想"，除了是
資產階級、修正主義的那一套破爛而外，還能夠是些什麼貨色呢？

　　瞿白音繼續叫嚷要破"結構之神"。他反對社會主義的電影
"故事必須有頭有尾交代清楚"，反對作品"交代時代，說明形
勢"，他以最惡毒的語言攻擊說："結構之神的這種法術，有意
想不到的效果 —— 盲者可以聽懂，聾者可以看懂，但不盲不聾者
卻對之興趣索然。"瞿白音在這裡不僅竭力醜化我們的革命文藝
作品，辱罵工農群眾爲"盲者"、"聾者"，並且直接攻擊毛主
席關於文藝的大眾化和創造爲群眾所喜聞樂見的文藝的指示。瞿
白音難道不需要任何藝術"結構"了嗎？不，他大力鼓吹的是另
外一種"新的藝術構思"，他宣揚什麼作家要運用"想像""對
生活作藝術加工"，創造"引人入勝的情境"。這又是一種什麼
"藝術構思"呢？拆穿了說，就是把反黨反社會主義的思想，把
資產階級的世界觀，通過各種各樣的藝術形式表現出來，讓一切
剝削階級的意識形態大肆氾濫，對工農兵群眾進行"挖心戰"，
這便是瞿白音大破"結構之神"的謎底。

　　瞿白音還有一個法寶就是所謂破"衝突之神"，反對作品
"反映主要矛盾"。在我們看來，文藝首先應該反映的主要矛盾，
是無產階級與資產階級兩個階級、社會主義與資本主義兩條道路

的鬥爭。只有這樣，才能更好地發揮文藝的興無滅資的戰鬥作用。其實，瞿白音攻擊"衝突之神"，只不過是反對文藝反映兩個階級、兩條道路的矛盾衝突。他要反映的是另一種衝突，那就是暴露社會主義社會的所謂"陰影"即"陰暗面"，描寫身邊瑣事所引起的煩惱，刻劃英雄人物的所謂"內心矛盾"，表現風花雪月、情場風波等等……，從而使文藝淪爲宣傳資本主義思想的工具。

瞿白音的所謂"破三神"，是他射向毛澤東文藝路線的三支毒箭，也是電影界黑幫"離經叛道"的修正主義文藝主張的具體化。剝去畫皮，他的"司馬昭之心"就大白於天下了。

爲牛鬼蛇神立傳，反對塑造無產階級英雄人物

《解放軍報》社論《高舉毛澤東思想偉大紅旗積極參加社會主義文化大革命》中說："歌頌哪一個階級，塑造哪一個階級的英雄人物，哪一個階級的人物在文藝作品中居於統治地位，是文藝戰線上無產階級同資產階級之間階級鬥爭的焦點，是區分不同階級文藝的界線。"在這個問題上，瞿白音又和我們大唱對臺戲。

瞿白音在《創新獨白》中提出了他自己的塑造人物的原則："英雄人物並非都隨時隨地挺胸凸肚、怒目圓睜；奸惡之徒也並非都鼠目獐頭、齜牙咧嘴"。在上海市第二次文代大會上，他又進一步攻擊革命文藝作品的所謂"條條框框"："定出人物，正面人物是黨支部書記或貧農，反面人物是富農、富裕中農；定出故事，故事是正面人物擁護公社和反面物破壞公社。"在這裡，瞿白音的意思很明白："英雄人物"要加以醜化；"奸惡之徒"要加以美化。正面人物不要都是擁護公社的黨支部書記或貧農；反面人物也不要都是破壞公社的富農、富裕中農。這是什麼話？這明明是要我們在文藝作品中顛倒敵我，混淆正反面人物，醜化工農兵，美化牛鬼蛇神！在大會上，他還爲影片《不夜城》"鳴不平"，叫嚷要讓資本家、資產階級知識份子作爲正面形象登上社會主義銀幕，爲剝削階級爭地位，續家譜。

　　瞿白音的這種反動理論已經由他在創作實踐中身體力行了。影片《紅日》中，人民解放軍的連長石東根被寫成跟土匪一樣，"鼠目獐頭，呲牙咧嘴"；而雙手沾滿人民鮮血的國民黨劊子手張靈甫，卻被刻劃得儀態大方、堅貞不屈，充分表現了如瞿白音所誇獎的是"真正的軍人"的風度。瞿白音不是一味鼓吹要塑造所謂"新的形象"嗎？原來這就是他所需要的"新的形象"！

　　毛主席說："你是資產階級文藝家，你就不歌頌無產階級而歌頌資產階級；你是無產階級文藝家，你就不歌頌資產階級而歌頌無產階級和勞動人民：二者必居其一。"瞿白音醉心於為資產階級反動人物、牛鬼蛇神、地富反壞歌功頌德，立傳樹碑，徹底暴露了他是一個資產階級的反動文藝家。

堅持資產階級世界觀，對抗與工農兵相結合的文藝道路

　　瞿白音的《創新獨白》企圖進一步誘使文藝工作者淪為修正主義的工具，脫離工農兵，抗拒思想改造，走上資產階級的道路。

　　毛主席一貫教導我們：文藝工作者"一定要把立足點移過來，一定要在深入工農兵群眾、深入實際鬥爭的過程中，在學習馬克思主義和學習社會的過程中，逐漸地移過來，移到工農兵這方面來，移到無產階級這方面來。"因此，活學活用毛主席著作，和工農兵相結合，改造世界觀，這是革命文藝工作者唯一最寬廣、最正確的道路。

　　在《創新獨自》中，瞿白音提出了和毛主席所指出的道路針鋒相對的一整套反動主張，他為文藝工作者開出了一系列"創新"的藥方：什麼"博觀"呀，"開闊藝術眼界"呀，練"基本功"呀，買"技巧"呀，樹立自己"獨創"的風格呀，……等等。據說，只要照此辦理，就能創作出什麼"一代之新"的"傑作"來。

　　瞿白音根本反對作家、藝術家深入生活，和工農兵相結合，

根本反對作家、藝術家改造自己的世界觀,他在《創新獨白》裡勸誘文藝工作者要"謝絕了一切社會活動,閉門苦思,有時候連報紙都懶得看","一定要搞一個新東西出來"。怎麼搞法呢?他的主張是要作家、藝術家在作品裡"認識自己,發現自己,呈現自己"。一九六二年八月他又化名"顏可風"寫了一篇文章,竟鼓動劇作家們在創作時要"無中生有"!

這是一條地地道道的資產階級的反動文藝道路。什麼"閉門苦思",什麼"無中生有",完全是徹頭徹尾的反動的主觀唯心主義!什麼"發現自己",什麼"呈現自己",這和反革命分子胡風的"主觀戰鬥精神"的"自我擴張"有什麼兩樣!瞿白音就是要文藝工作者堅持資產階級的世界觀,頑強地表現自己,按照資產階級的面貌來改造黨,改造世界。

他還惡毒地挑唆文藝工作者和黨的關係,他說:"藝術的成就,是很難由別人的安排來獲得的。"這是陰險的煽動!他要文藝工作者對抗黨的指示,不聽從黨的"安排",不去活學活用毛主席著作,不要與工農兵結合,不要以馬列主義的世界觀為指導,一心"閉門苦思",走自己的路。他提倡的這條道路,就是反毛澤東思想的道路,反黨的道路,資產階級的和修正主義的道路。而瞿白音自己,就是走在這條道路上的"帶頭羊"!

一個反黨反社會主義黑線的吹鼓手

瞿白音大肆叫嚷"破陳言"、"破三神"之後,又大肆鼓吹"立三新"——"新的思想"、"新的形象"、"新的藝術構思"。其實,他的所謂"三新",一點也不是什麼"創新"的貨色,全是從資產階級、現代修正主義和三十年代文藝的垃圾堆裡揀出來的破爛。瞿白音是文藝界反黨反社會主義黑線的吹鼓手!

瞿白音拜倒在資產階級文藝的腳下。他說什麼"現在世界範

圍內正在掀起一個電影藝術創新的熱潮”，責問我們為什麼“裹
足不前”，“為什麼我們就不需要創新”？瞿白音所謂“世界範
圍內”的“創新熱潮”是些什麼玩意兒呢？無非就是美國的“垮
掉的一代”、英國的“憤怒的青年”、法國的“新浪潮”，等等。
瞿白音要我們社會主義的電影以帝國主義、資本主義的電影作為
學習的榜樣，追求的目標。他對資本主義國家某些抹殺階級鬥爭、
美化資本主義制度、表現小人物的卑微感情的影片，崇拜得五體
投地，到處推薦，做義務宣傳員。他把這些反映了資產階級最頹
廢、沒落、腐朽的思想的影片，吹捧為“發射了新的光芒”，“贏
得世界人心”的作品。他甚至公開吹捧美國影片，稱之為創“一
代之新”的作品。在上海市第二次文代大會上，他當著上千個聽
眾的面，公然宣稱資本主義影片的“題材和主題正是我們影片所
缺乏的”，這些主題“對於廣大人民來說”，“仍然迫切需要”。
這充分證實了瞿白音是一個帝國主義、資本主義文化的忠實奴才。

　　瞿白音拜倒在現代修正主義文藝的腳下。他要我們的社會主
義的電影走上修正主義的道路。我們知道，蘇聯修正主義電影是
為赫魯雪夫修正主義政治服務，促使蘇聯向資本主義“和平演
變”的一個反革命工具。以丘赫萊依為代表的“蘇聯新浪潮”
派，攻擊馬克思列寧主義和毛澤東思想是“教條主義”、“老一
套”，要用所謂“新概念”進行“革新”。他們打起了“創新”
的黑旗，拍出了大批的像《一個人的命運》、《靜靜的頓河》、《第
四十一》、《士兵的頌歌》、《晴朗的天空》、《雁南飛》等影片，鼓
吹修正主義政治路線，誣衊無產階級專政，惡毒地攻擊史達林，
為反革命分子及叛徒張目，宣揚和平主義、人道主義和個人主義。
這些影片是殺人不見血的劊子手，是革命人民的不拿槍的敵人。
我們無產階級的電影與它是勢不兩立的。可是，瞿白音卻以“電
影是可比的藝術”為名，要我們和修正主義影片去“比”，要我
們的電影積極加入到修正主義的“創新熱潮”中去，和這樣的反

革命影片 "競賽"。瞿白音不僅在口頭上吹捧修正主義影片,而且積極唆使別人大量 "觀摩";他還鼓勵一個導演把修正主義的 "好" 片子的鏡頭紀錄下來,作爲學習資料。這就證明,提倡所謂 "創新" 的瞿白音,和提倡所謂 "革新" 的蘇聯電影界的修正主義者完全是一丘之貉!

瞿白音拜倒在三十年代文藝的腳下。他要社會主義的電影以三十年代電影作爲學習的典範。在《創新獨白》中,他不知羞恥地把三十年代吹噓爲電影 "蓬勃創新的時代";"具有新的思想,新的形象和新的藝術構思的作品,像澎湃春潮,湧到銀幕上"。並且嚇唬我們:如果不繼承這個所謂 "傳統","一腳踢翻前人一切成就",就會 "事倍功半"。

大家知道,三十年代的左翼文藝運動(包括電影運動)政治上是王明的機會主義路線,組織上是關門主義和宗派主義,文藝思想實際上是十九世紀俄國資產階級文藝評論家的思想。三十年代影片所反映的是資產階級的人性論、人道主義、個人主義的思想,所表現的是美化了的剝削階級分子和醜化了的工農的形象,所臆造的是荒誕不經的戀愛加 "革命" 的離奇情節。這不正是資產階級藝術家早已寫爛了的老套嗎?這算是什麼 "創一代之新"呢?瞿白音居然把這樣的電影打扮成 "新的思想"、"新的形象" 和 "新的藝術構思" 的代表,並以此作爲社會主義電影 "創新" 的典範,這不是要六十年代的社會主義電影走上三十年代資本主義電影的老路上去嗎?

由此可見,瞿白音吹捧資產階級電影、現代修正主義電影和三十年代電影的目的,是要我們和它們 "合二而一"。在上海市第二次文代大會上,他毫不掩飾地說:"黑貓花貓,能捉到老鼠的就是好貓。我看對於電影創作也可以這樣說,寫什麼,怎樣寫,都歡迎,只要能打動人,給人以有益的思想影響,而不是教訓人,就是好片子。" 他所講的 "給人以有益的思想影響",說穿了,

就是給人以資產階級的思想影響。為了散佈這種影響，他就鼓吹
“打動人”，從感情上俘虜觀眾；而反對“教訓人”，反對以無
產階級思想教育人民。

　　事實果然如此。在這個黑線吹鼓手的慫恿之下，一大批反黨
反社會主義的毒草在上海電影界出籠了：《北國江南》、《紅日》、《舞
臺姐妹》、《阿詩瑪》、《球迷》等等。這還不算，他們在電影的劇
碼規劃裡，還列上了《揚州八怪》、《戲劇春秋》……；從什麼唐
明皇、李秀成，直到美帝國主義分子司徒雷登、三十年代電影演
員阮玲玉，等等，他們統統準備搬上銀幕。我們可以設想一下：
假如讓這些帝王將相、反動鷹犬、洋人死人如此大量佔領我們的
電影陣地，每時每刻地散佈資本主義思想毒素的話，我們的青年
不就會變成資產階級的接班人，我們的國家不就要改變顏色了
嗎？

　　瞿白音對這批反黨反社會主義的“炮彈”感到還不滿足，他
又精心策劃，使他們的反革命綱領具有法律的效力。一九六一年
下半年，他在上海市電影局主持制訂了《關於藝術片審查工作的
意見和劇本樣片審查試行條例》。為了調動資產階級知識份子反黨
反社會主義的所謂“積極性”，他在條例中規定要“最大限度地
發揮創作人員的主動性、積極性和首創精神”；為了取消階級鬥
爭，任憑牛鬼蛇神放毒，從政治上解除我們的武裝，他在條例中
規定：“難於區別其為政治的還是思想的、藝術的問題時，一律
暫作藝術問題處理”；為了取消黨的領導，把印把子交給資產階
級“專家”，他在條例中規定：“導演闡述不作審查”，“排演
不作審查”，階段樣片“不請外界人看”，局廠領導“看樣片時，
應通知導演”。和這條反革命的政治路線、文藝路線相配合，瞿
白音進一步制訂他的組織路線。他為了擴大自己的勢力，擅自實
行“導演分檔”，把很多右派分子、歷史反革命分子、壞分子身
分的導演，都列入了“五年內完成獨立拍片兩部”的高檔。這樣，

他就把這些人搜羅到自己的麾下，作為他進行反革命復辟活動的爪牙。瞿白音懂得，光是有一批"忠心"的藝術創作人員還不能完成其反革命的大業，還必須掌握一批"忠心"的管理人員，改變經營管理制度。一九六二年下半年，瞿白音在上海電影系統連續召開了四次所謂"老藝人座談會"。這是一系列地地道道的黑會，參加會議的所謂"老藝人"，有過去的資本家、銀行經理、戲院老闆、包工頭，以及解放前一貫拍黃色影片的導演等等，真是五花八門，無奇不有。這些所謂"老藝人"，在瞿白音的一再鼓勵下，果然"解除顧慮，暢所欲言"，發出一片"今不如昔"的叫囂。他們肆無忌憚地攻擊社會主義制度阻礙了電影事業的發展，攻擊黨的政治思想工作和人事制度。他們妄想把"人權"、"財權"奪到手，根據"票房價值"和"物質刺激"的原則辦事，恢復一整套的資本主義經營管理制度。瞿白音等人一邊緊鑼密鼓地大開黑會，一邊興高采烈地將座談會記錄印發上報當時的文化部。文化部夏衍、陳荒煤等人大為賞識，備加讚揚，認為"這件工作做得很有意義"，並且立即以文化部的名義，將會議記錄批轉通報全國各電影廠，以資推廣。

瞿白音在這些牛鬼蛇神的策劃下，在"祖師爺"的讚揚下，得意忘形，認為時機已經成熟，就拋出了成立"皮包公司"的主張。這個所謂"皮包公司"，實際上就是電影界黑幫日夜夢想的資本主義企業。瞿白音規定這個公司打著"公私合營"的招牌，拍攝影片"要另有一套辦法，絕不能像國內這樣的工、農、青、婦法"；編劇、導演、演員"完全採取特約制"。這個惡毒的建議，就是要使社會主義的電影事業從根本上變質。瞿白音還提出"皮包公司"要為"海外或其他資本主義地區"服務，也就是更直接地為帝國主義、現代修正主義效勞。其實，這種黑公司，也不是瞿白音的"創新"之作，不過是三十年代資本主義電影企業的復活，現在，蘇聯現代修正主義"電影大師"在莫斯科已經創建了這樣的"皮包公司"──"實驗創作電影製片廠"。瞿白音計畫中的"皮包公司"，不過是莫斯科"實驗創作電影製片廠"的翻版而已！

　　由此可見，瞿白音推行資產階級、修正主義和三十年代的那一套反動貨色，費盡心機，不遺餘力。他不僅有一整套的反革命綱領，而且已經行動起來了！他完全不是"紙上談兵"，而是已經專了我們的政！大敵當前，一切革命的人民行動起來，打倒這批反革命的修正主義分子！

不是"獨白"，而是"合唱"

　　瞿白音的《創新獨白》，名為"獨白"，實際上是一個"合唱"。這不是瞿白音一個人的"新穎構思"，而是電影界一個黑幫的集體創作。他們集體討論於前，又認真修改於後。當瞿白音遭到革命人民的反擊時，這個黑幫又為他出謀策劃，頑抗到底。瞿白音是這個黑幫常駐上海的一員猛將，一名打手，他的反革命活動是在這個黑幫領導下的有組織、有計劃的行動。

　　一九六一年，正當我國革命人民遭到暫時困難之際，這個黑幫配合國際帝國主義和現代修正主義掀起的反華反共高潮，配合國內右傾機會主義分子發動的猖狂進攻，為一切牛鬼蛇神助威，為資本主義復辟鳴鑼開道。一九六一年十月間，夏衍寫了一篇文章，鼓吹"作品一定要有新意，新意，就是別人不曾寫過的東西，新的主題、新的性格、新的結構、新的造型，乃至新的意境等等。藝術作品叫做創作，創，就是創造、創新的意思。'拾人牙慧'，走別人走過的老路，講別人講過多少遍的陳言，是不能稱為創作的。"夏衍的文章，為瞿白音的反共言論定了基調。在"祖師爺"的啟發下，瞿白音大肆活躍，開始拋出他那一套反黨反社會主義的政治主張和文藝主張。

瞿白音的反黨才幹，獲得了夏衍等人的賞識。一九六二年初，他們把瞿白音召到北京，打著所謂紀念《在延安文藝座談會上的講話》發表二十周年的幌子，密議拋出反共文章。這就是後來發表的《創新獨白》。為了這篇文章，他們一幫人真是"嘔心瀝血"，動足腦筋。在陳荒煤、袁文殊的主持下，接連開了好幾次會議，進行反覆討論，參加會的還有《中國電影發展史》的主編程季華以及《電影藝術》雜誌的主編等若干人。這真是一場十分賣力的合唱，每個人都發出了自己的聲音。陳荒煤唱得最起勁，他說：現在"陳言太多"，因此我們"要創新，要敢於對生活有自己獨特的見解"。他還推薦了許多腐朽的資產階級電影和修正主義

電影作為"創新"的"樣板"。這幫人的"新穎而獨特"的見解，經過瞿白音的集中概括，終於形成了一篇《創新獨白》。文章寫好後，夏衍又親筆加以修改，磨去了一些他認為過於"直露"的棱角，加上了一些革命詞句的外衣。文章改好後，夏衍寫信給瞿白音，說："文章很好，頗有新意。"不久，就在《電影藝術》上發表了。

文章一發表，瞿白音就興致勃勃地以中國影協上海分會的名義，連續召開了幾次"創新"座談會，擴大其反動影響。會上，瞿白音自我宣揚地說："這篇文章不能算我一個人寫的，我們在北京已開了好幾個座談會。……我總覺得自己在過去，眼光實在太窄了。"當時，這個修正主義分子已經到了得意忘形的地步！

文章發表不久，上海的有關領導同志就向瞿白音指出這篇文章的反動實質，可是，反共成性的瞿白音哪裡肯聽。特別還有一幫"後臺老闆"為他撐腰，叫他穩住陣腳。陳荒煤振振有詞地說："不能一反修正主義，創新就不要了。"他還當面對瞿白音拍了胸脯，替他壯膽，說："創新還要創，我自己要寫文章。"

袁文殊呢？態度也非常鮮明。他兩次寫信給瞿白音，打氣獻

策:《創新獨白》"沒有原則性的錯誤",只是"說得不充分","因此也就有給人鑽空子或誤解的機會"。名為共產黨員的袁文殊,在一個反黨反社會主義分子面前,把批評瞿白音的上海黨組織稱之為鑽空子的"人"。人們不禁要問:你們的立場究竟站到哪裡去了?

電影界的另一個"老頭子"陽翰笙,也"一直很關心這件事情"。那時,他覺得非出來說話不可了,他責問上海的同志:"上海是否準備發表批判瞿的文章?"還威嚇說:"上海方面是不是慎重些!"氣焰十分囂張。

還有一個中國影協的機關刊物《電影藝術》雜誌,不僅發表了《創新獨白》,而且一再為這一反革命的政治綱領和文藝綱領辯護開脫,向黨鬥爭到底,甚至寫了專門的"編後記",肯定瞿白音等人的基本觀點是正確的。《電影藝術》這些"功績",人們是忘記不了的。最近它忽然在假裝"剖析"夏衍《電影論文集》的同時,進行起"自我批評"來,說是"本刊編者本身存在著資產階級思想,認識不到夏衍同志的錯誤,因此也跟在他後面鼓吹了這一條資產階級文藝路線。"不,你們太"謙虛"了,你們向黨向社會主義放了那麼多毒箭,欠了革命人民那麼一大筆債,輕描淡寫談幾句什麼"資產階級思想",能夠解決問題嗎?欠債是要還的,革命人民是不會讓你們蒙混過關的!

以上揭露的這些事實充分說明了:瞿白音的《創新獨白》,不是一個偶然的、孤立的東西,它是文藝界一條反黨反社會主義黑線的產物,它是電影界以夏衍、陽翰笙、陳荒煤、袁文殊為首的反革命黑幫的"集體創作"。

這個黑幫,曾經想在無產階級文化大革命的高潮中躲過去,滑過去,他們想用假檢討的辦法欺蒙革命的人民。但是,他們的如意算盤打錯了。凡是反黨反社會主義的牛鬼蛇神,在這場革命的疾風暴雨中,一個也逃不脫。瞿白音被揪出來了,電影界的黑幫被揪出來了,文藝界的一條反黨反社會主義黑線的根子也被揪出來了。這是一個偉大的勝利!革命的人民,一定高舉毛澤東思想的偉大紅旗,堅決要把無產階級的文化大革命進行到底!誓把這條黑線,誓把這批黑幫,從他們的"地方",一直到他們的"中央",統統都挖出來,從政治上、組織上、思想上、理論上、行動上給予徹底的摧毀,對他們毫不留情地實行專政,讓他們永世不得翻身!只有這樣,只有徹底地消滅資產階級的"創新"即復辟活動,無產階級才能夠標新立異,即標社會主義之新,立無產階級之異!

放眼世界看未來,堅定不移向前進!世界的未來是屬於我們的!

（原載 1966 年 6 月 16 日《解放日報》）

無產階級文化大革命的指南針
—— 重新發表《在延安文藝座談會上的講話》按語

《紅旗》雜誌編輯部

　　爲著紀念中國共產黨四十五周年的生日，爲著推動我國無產階級文化大革命的發展，紅旗雜誌重新發表毛澤東同志《在延安文藝座談會上的講話》。

　　毛澤東同志的《在延安文藝座談會上的講話》，是在二十四年前發表的。毛澤東同志的這部著作，天才地創造性地發展了馬克思列寧主義世界觀和文藝理論，是一部劃時代的重要文獻。它不但對我國"五四"以來的革命文藝運動的基本經驗作了科學的總結，也對國際無產階級革命文藝運動的基本經驗作了科學的總結。它最完整地、最全面地、最系統地總結了文化戰線上的兩條路線的鬥爭。這是無產階級革命歷史上第一次提出的最完整、最徹底、最正確的馬克思列寧主義文藝路線。

　　二十四年的鬥爭實踐證明，擁護還是反對毛澤東同志的文藝路線，是馬克思列寧主義和修正主義的分界線，是革命和反革命的分界線。

　　毛澤東同志的這篇講話，針對以周揚同志爲代表的三十年代資產階級文藝路線作了系統的批判。以周揚爲代表的三十年代資產階級的文藝路線，在政治上，是王明的右傾投降主義和"左"傾機會主義的產物；在思想上，是資產階級小資產階級世界觀的表現；在組織上，是爲了個人或小集團利益的宗派主義。

　　二十四年來，周揚等人始終拒絕執行毛澤東同志的文藝路線，頑固地堅持資產階級、修正主義的文藝黑線。

　　解放以來，竊踞文藝界領導的周揚等黨內資產階級代表人物，頑固地貫徹執行他們那條反黨反社會主義反毛澤東思想的資產階級文藝路線。在這條黑線的控制和影響下，謬論百出，毒草氾濫，把文藝界搞得烏煙瘴氣。他們把文藝變成進攻無產階級專政的工具，變成復辟資本主義的手段。

　　毛澤東同志在一九六三年十二月指出，各種藝術形式 ── 戲劇、曲藝、音樂、美術、舞蹈、電影、詩和文學等等，問題不少，人數很多，社會主義改造在許多部門中，至今收效甚微。許多部門至今還是"死人"統治著。毛澤東同志還說，許多共產黨人熱心提倡封建主義和資本主義的藝術，卻不熱心提倡社會主義的藝術，豈非咄咄怪事。

　　毛澤東同志在一九六四年六月指出，文藝界十五年來，基本上（不是一切人）不執行黨的政策，做官當老爺，不去接近工農兵，不去反映社會主義的革命和建設。最近幾年，竟然跌到了修正主義的邊緣。如不認真改造，勢必在將來的某一天，要變成像匈牙利裴多菲俱樂部那樣的團體。

　　毛澤東同志這些話，正是針對周揚這些人說的。

　　最近幾個月，以毛澤東同志為首的黨中央發動和領導的無產階級文化大革命，揭開了建國十六年來文藝界黑線統治的蓋子，把一批又一批的牛鬼蛇神暴露在光天化日之下，對他們展開了聲勢浩大的批判和鬥爭。這場無產階級文化大革命，是捍衛毛澤東思想的大是大非的鬥爭，是無產階級和資產階級的極其激烈、極其尖銳、極其深刻的階級鬥爭，是關係到我們黨和國家命運和前途的頭等大事。

　　現在重新學習毛澤東同志的這篇講話，是十分重要的，是具有極其重大的現實意義和深遠意義的。

　　《講話》是指南針。它指導我們在複雜尖銳的階級鬥爭中，辨明方向，鑒別香花和毒草，鑒別革命和反革命、真革命和假革命。

　　《講話》是照妖鏡。它是徹底摧毀一切牛鬼蛇神的最銳利的武器。一切反黨反社會主義反毛澤東思想的言行，在它的面前，都將原形畢露，無處藏身。

　　《講話》是進軍號。它號召廣大工農兵群眾充當主力軍，號召文藝工作者到工農兵中去，到火熱的鬥爭中去，積極參加這場無產階級文化大革命，徹底批判封建主義、資本主義、修正主義的反動文化，創造嶄新的無產階級的、社會主義的文化。

　　在這場觸及人們靈魂深處的無產階級文化大革命中，我們掌握了這個最銳利的武器，就能戰勝一切舊思想、舊文化、舊風俗、舊習慣，樹立徹底革命的無產階級世界觀。

　　在國內國際階級鬥爭的新條件下，在當代無產階級和各國被壓迫人民、各個被壓迫民族反對帝國主義和現代修正主義鬥爭的新條件下，毛澤東同志把馬克思列寧主義提高到一個嶄新的階段。毛澤東思想是當代馬克思列寧主義的頂峰。毛澤東同志的《在延安文藝座談會上的講話》、《新民主主義論》、《關於正確處理人民內部矛盾的問題》、《在中國共產黨全國宣傳工作會議上的講話》這四篇光輝著作，是無產階級文化大革命的綱領性檔。

　　現在我們將《在延安文藝座談會上的講話》這部偉大著作重新發表，供廣大讀者學習。

（原載《紅旗》1966 年第 9 期）

評反革命兩面派周揚

姚 文 元

　　無產階級文化大革命的洪流，像大海的怒濤一樣，猛烈地衝刷著那些陰暗的毒蛇的巢穴。

　　轟！被反革命修正主義分子長期盤踞的舊中央宣傳部這個閻王殿倒垮了。

　　在最近舉行的文藝界無產階級文化大革命的大會上，江青同志指出："舊北京市委、舊中宣部、舊文化部互相勾結，對黨，對人民犯下的滔天罪行，必須徹底揭發，徹底清算。對於我們黨內以反對毛主席為首的黨中央的無產階級革命路線為目標的資產階級反動路線，也必須徹底揭發，徹底批判。"

　　對舊中宣部周揚等人的揭發和清算，關係到用毛澤東思想總結幾十年來的革命歷史，關係到社會主義革命時期社會主義和資本主義兩條道路鬥爭的歷史，關係到黨內以毛主席為代表的無產階級革命路線和資產階級反動路線兩條路線鬥爭的歷史，關係到更深入地挖掘政治上資產階級反黨反社會主義的黑線，必須搞深搞透。

　　周揚是一個典型的反革命兩面派。他一貫用兩面派手段隱藏自己的反革命政治面目，篡改歷史，蒙混過關，打著紅旗反紅旗，進行了各種罪惡活動。他是我們現在和今後識別反革命兩面派的一個很好的反面教員。他最後的一個公開報告，即一九六五年十一月二十九日，在全國青年業餘文學創作積極分子大會上題名為

《高舉毛澤東思想紅旗，做又會勞動又會創作的文藝戰士》的報告，就是打著紅旗反紅旗的典型。

這個報告，忠實地執行了反革命修正主義集團頭目的旨意，極力抵制毛澤東同志關於批判資產階級代表人物的指示。這個報告，在馬克思主義詞句的偽裝下，對十六年來文化戰線上的階級鬥爭，進行了肆意的歪曲和捏造。這個報告，把周揚這個修正主義分子，偽裝成毛澤東文藝路線的執行者，完全顛倒了歷史。特別使人憤慨的是，周揚在這個報告裡，十分卑鄙地篡改了毛澤東同志對於無產階級文化革命的極為重要的指示。

一九六四年六月，毛澤東同志對周揚和他控制下的全國文聯和各個協會，提出了一針見血的批評，指出：這些協會和他們所掌握的刊物的大多數（據說有少數幾個好的），十五年來，基本上（不是一切人）不執行黨的政策，做官當老爺，不去接近工農兵，不去反映社會主義的革命和建設。最近幾年，竟然跌到了修正主義的邊緣。如不認真改造，勢必在將來的某一天，要變成像匈牙利裴多菲俱樂部那樣的團體。這是對以周揚為首的文藝界反黨反社會主義黑線的一個嚴厲的批判和打擊。這個指示徹底揭露了全國解放以來，舊中央宣傳部領導人，包括周揚在內，執行的是一條反黨反社會主義反毛澤東思想的修正主義文藝路線；徹底揭露了文化戰線上大多數的機關、團體和刊物，一直被修正主義集團所控制，成為資產階級向無產階級進行全面進攻的工具，必須進行奪權鬥爭，徹底揭露了周揚這夥文藝界的修正主義分子，正在為資本主義復辟準備輿論，一旦時機成熟，他們就要在赫魯雪夫那樣的野心家的導演下，演出裴多菲俱樂部式的反革命政變。

毛澤東同志的這個指示，在一九六四年七月十一月當作正式檔發給了各級黨組織，推動了全國的文化革命。但是，一貫抗拒毛澤東同志指示的周揚，竟敢在報告中把毛澤東同志的話明目張膽地篡改成："他指出，一些重要文化部門的領導、一些文藝刊物,基本上不執行黨的政策,不去接近工農兵,不去反映社會主義的革命和建設。"把毛澤東同志指出的十五年來"這個長時間的期限刪掉了,把毛澤東同志指出的 "大多數" 文化部門和刊物,減少成 "一些" 文化部門和刊物,千方百計掩蓋這條反黨反社會主義黑線的罪惡。毛澤東同志揭露他們這一夥人 "做官當老爺",就是當了資產階級貴族老爺來專無產階級和勞動人民的政,也被周揚刪掉了。最不能容忍的是,他把毛澤東同志最重要的話,即指出周揚控制下的這些協會 "最近幾年,竟然跌到了修正主義的邊緣。如不認真改造,勢必在將來的某一天,要變成像匈牙利裴多菲俱樂部那樣的團體" 這個精確的科學論斷和嚴厲的政治警告,一刀砍掉,統統刪去。在 "高舉毛澤東思想紅旗" 的偽裝下,玩弄了一個篡改、歪曲、抗拒毛澤東思想的偷天換日的大陰謀。

毛主席的這個指示,絕不是周揚的黑手所能塗抹得了的。下面,我們將以毛主席的這個指示爲指標,通過對十六年來階級鬥爭歷史的分析,用大量確鑿的事實,來揭露周揚反革命兩面派的真實面貌。

一部反革命兩面派的歷史

周揚在對青年業餘作者的報告中,偽裝出 "一貫正確" 的姿態,跳出來 "總結" 解放以來 "五次大辯論、大批判"。他竟把自己打扮成是 "全面地正確地執行毛澤東文藝路線" 的代表者。

這是假的。這是撒謊。這是顛倒黑白。這是在光天化日之下偽造歷史。

真相如何呢?

請看周揚在歷次思想戰線上的大鬥爭前後的真實面貌:第一次大鬥爭,是一九五一年對電影《武訓傳》的批判。這次鬥爭發生在中華人民共和國建國初期。當時土地改革和鎮壓反革命運動正在全面展開，資產階級同封建殘餘勢力相勾結，向年輕的無產階級專政發動了一場猛烈的進攻。他們拋出了《武訓傳》。這是一部狂熱地歌頌地主階級及其走狗，狂熱地宣揚最無恥的奴才主義、投降主義，狂熱地誣衊農民革命鬥爭的極端醜惡的反革命電影。遠在解放以前，國民黨反動派的偽"中國電影製片廠"就動手拍制這部影片，他們沒有來得及拍完，人民解放軍的炮聲響了。解放以後，周揚修正主義集團的另一個頭目夏衍繼承了國民黨反動派未完成的事業，在他的直接領導下拍完了這部反革命電影。電影一放映，立刻就受到一批黨內外資產階級代表人物的吹捧，號召學習武訓和"武訓精神"，也就是要無產階級像武訓那樣向地主階級和資產階級屈膝投降。毛澤東同志親自發動了對《武訓傳》的批判。他在為五月二十日的《人民日報》寫的一篇題為《應當重視電影〈武訓傳〉的討論》的社論中，尖銳地指出了文藝界的一些"號稱學得了馬克思主義的共產黨員"向資產階級反動思想投降的錯誤，嚴肅地責問："資產階級的反動思想侵入了戰鬥的共產黨，這難道不是事實嗎？一些共產黨員自稱已經學得的馬克思主義，究竟跑到什麼地方去了呢？"

　　毛主席所說的"一些共產黨員"，為首的就包括周揚。周揚當時擔任中央宣傳部副部長，文化部黨組書記。他自稱"我自己很早就看了電影《武訓傳》"，這部電影是經過他批准後在全國範圍放映的。這部反動電影一出來，立刻被毛澤東同志發現了。當時，中央有的同志通知周揚，《武訓傳》是一部宣傳資產階級改良主義的反動電影，必須批判，還沒有說到毛澤東同志的意見，就被周揚頂了回來。周揚趾高氣揚地擺出一副十足的貴族老爺架子，十分輕蔑地說："你這個人，有點改良主義有什麼了不起嘛。"

　　五月二十日《人民日報》社論發表以後，在毛澤東同志的嚴厲責問下，周揚被迫出來做了幾句假檢討。實際上他一直陽奉陰違,尋找機會反撲。一九五一年六月四日,《武訓傳》批判剛開始,周揚立刻就寫了一封黑信給他的一員大將于伶,指示于伶"在思想鬥爭問題上","具體處理要慎重,仔細,不可急躁魯莽"。並焦急地說:"我們最需要知道的是真實情況"。于伶當時竊踞了上海文化局副局長,他包庇和勾結著一批形形色色的牛鬼蛇神。所謂"慎重,仔細",就是要于伶注意"仔細"保護資產階級力量,保護那些披著文藝外衣的反革命分子,所謂"不可急躁魯莽",就是指示文化界的反革命修正主義分子儘量削弱毛主席批評中尖銳的政治內容,採取拖延的策略,以便把一場嚴重的階級鬥爭,最後化為一個"認識"問題。周揚在信中加了圈的所謂"真實情況",就是要收集保護資產階級右翼的種種材料,進行反黨活動。這是周揚一夥在《武訓傳》批判過程中的一次反黨大陰謀。

在毛澤東同志發起下,突破了周揚的重重抵抗,組織了一個武訓歷史調查團。這個團克服了周揚派來的他的秘書鍾惦棐的怠工破壞,依靠廣大群眾開展了工作。這個團的調查結果,就是七月二十三日至二十八日在《人民日報》連續發表的《武訓歷史調查記》一文。這篇經過毛澤東同志修改的文章,以鐵的事實揭開了武訓這個大地主、大債主、大流氓的反動面目,為這場大辯論作了最好的總結。這時周揚見鐵證如山,再抵抗下去不行了,立刻變換了策略,趕緊換一副面孔,出來寫文章,撈資本。他在八月發表的文章中,先說了兩句什麼自己"並沒有能夠充分地認識和及早地指出它的嚴重的政治上的反動性",然後搖身一變,出來做"系統的"總結,好像這場偉大鬥爭的領導者,不是別人,而是他周揚!

當然,周揚對毛澤東同志的批評是絕不甘心的。批判的高潮剛過去,周揚就迫不及待地站到第二次全國文學藝術工作者代表大會的講壇上,發動反攻,為《武訓傳》批判"糾偏"。他在題名爲《爲創造更多的優秀的文學藝術作品而奮鬥》的報告中，聲色俱厲地說："自電影《武訓傳》批判以後"，"我們的批評工作中發生了一些偏向"，"應當加以糾正"。接著就猛烈地攻擊什麼"從教條公式出發"的"一些粗暴的、武斷的批評"，"一部分讀者的偏激意見"（即廣大工農兵的革命批評），再加上黨的領導不"支持"所謂"創作事業"，"使不少作家在精神上感到了壓抑和苦惱。這種情緒是需要設法轉變的。"

　　請看，周揚在這裡"糾偏"糾得多麼徹底！他實際上把由毛澤東同志發動的對反動電影《武訓傳》的批判徹底否定了，把工農兵的批評一把扼殺了，也把毛澤東同志對周揚等"號稱學得了馬克思主義的共產黨員"的批判推翻了！無產階級剛剛開始批判資產階級，周揚就大喊大叫"苦惱"了，"壓抑"了，這個資產階級代表人物反映他那個階級的呼聲是多麼敏銳啊！

　　請看，《武訓傳》批判前後，周揚扮演的是一個什麼角色！開頭，他以文藝界"老頭子"的身份，領著他那一夥放毒，大反毛澤東思想，大反以毛主席爲首的黨中央領導，抗拒毛澤東同志的指示。戰鬥一打響，他連忙來個假檢討，蒙混過去，欺騙黨、欺騙人民。然後，他裝出"正確"的姿態來"總結"鬥爭；把功勞算在自己賬上。接著，他就逐步把運動拉向右轉，向革命人民發動反攻倒算。同志們，請注意，周揚是玩弄反革命兩面派的老手，抓住這一點，我們就可以看清楚周揚在各次鬥爭中的基本面貌。也可以看清楚其他已經揭露和尚未揭露的"兩面人"的特徵。

　　第二次大鬥爭，是一九五四年對俞平伯的《〈紅樓夢〉研究》和胡適反動思想的批判。這次鬥爭發生在我國社會主義改造深入展開的重要時期。隨著黨提出了社會主義工業化和對農業、手工業、資本主義工商業進行社會主義改造的總路線，不甘心死亡的資產階級加緊了對社會主義力量的進攻，並且加緊在黨內尋找他們的代理人。黨的七屆四中全會徹底揭露了和粉碎了高崗、饒漱石反黨聯盟的篡黨陰謀。史達林逝世後,現代修正主義逆流開始氾濫。這種情況直接影響到我國文藝界,使黨內外的一些資產階級分子活躍起來。以周揚為首的文藝界修正主義集團,利用他們壟斷的刊物和報紙,大力吹捧和支持資產階級"權威",對馬克思主義的新生力量則採取了貴族老爺式的壓制和打擊。他們全力支持極端反動的胡適派的唯心論,毒辣地鎮壓一切起來批判資產階級的人,為資產階級抗拒社會主義改造服務。毛澤東同志看到了文藝界黑線專政的嚴重形勢,又發動了對《〈紅樓夢〉研究》和胡適反動思想的批判。

　　一九五四年十月十六日,毛澤東同志在給中共中央政治局的同志和其他有關同志的一封信中,尖銳地深刻地批評了以"大人物"自命而鎮壓對資產階級批判的"某些人",他憤慨地說:事情是兩個"小人物"做起來的,而"大人物"往往不注意,並往往加以阻攔,他們同資產階級作家在唯心論方面講統一戰線,甘心作資產階級的俘虜,這同影片《清官秘史》和《武訓傳》放映時候的情形幾乎是相同的。被人稱為愛國主義影片而實際是賣國主義影片的《清官秘史》[1],在全國放映之後,至今沒有被批判。

---

1 《清官秘史》是一部徹頭徹尾的賣國主義影片。一九五〇年三月開始在北京放映,它一面無恥地宣揚屈膝投靠外國帝國主義的奴才思想,美化光緒皇帝和地主階級中的保皇黨,瘋狂地叫囂要依靠"洋人"打進來"幫助皇上恢復皇位,重振朝綱",一面狂熱地誣衊英勇地反對帝國主義的義和團是"殺人放火""狀如瘋魔"的"拳匪",極盡其醜化之能事。這個影片同美帝國主義一個腔調,完全適合了美帝國主義侵略中國的需要,完全適合了美帝國主義的走狗進行反革命復辟的需要,而同毛澤東同志《丟掉幻想,準備鬥爭》的偉大號召相對抗。可是這部賣國主義電影出來後,由於黨內一小撮資產階級代表人物的鼓吹,不但沒有被批判,反而被捧成是"愛國主義"影片。那些反毛澤東思想的執行資產階級反動路線的人,竭力阻撓對這個影片的批判。他們實際上"愛"的是地主資產階級,他們用以觀察問題的是地主資產階級的唯心主義歷史觀,他們是真正的'保皇黨',這不是很清楚的嗎?鼓吹《清官秘史》的"大人物"當中,就包括有在當前這場無產階級文化大革命中提出資產階級反動路線的人,他們反毛澤東思想的反動資產階級世界觀,他們保護剝削階級、仇恨革命的群眾運動的本質,早在建國初期吹捧《清官秘史》時就表現出來了。

《武訓傳》雖然批判了，卻至今沒有引出教訓，又出現了容忍俞平伯唯心論和阻攔“小人物”的很有生氣的批判文章的奇怪事情，這是值得我們注意的。

毛澤東同志尖銳批評的以“大人物”自命而壓制“小人物”的“某些人”，反對在《人民日報》轉載批判俞平伯的文章的“某些人”，爲首的就包括周揚，也包括丁玲、馮雪峰支配的《文藝報》。

正是周揚，一貫執行一條吹捧資產階級“權威”、壓制馬克思主義新生力量的反動路線。一九四九年六月三十日，他在《文匯報》發表的題爲《論知識份子問題》的講話中，就把資產階級知識份子吹捧爲“革命的領導力量之一”，說什麼離開了他們“革命就搞不成”，胡說什麼進城的工農幹部沒有知識，“這一方面的缺陷，就需要城市的知識份子來填補。”他又一再叫喊要“依靠作家、藝術家自己的團體”，用所謂“社會方式來領導藝術創作”（一九五三年《文藝報》第十九期），不許無產階級插手資產階級“權威”控制的“團體”。周揚就是這樣把資產階級“權威”、叛徒、反革命分子安排、“填補”到文化界的各界裡，去作“領導力量”，壓制一切革命者對他們的批判。

正是周揚，直到一九五四年《〈紅樓夢〉研究》批判展開前夕，還專門在《發揚“五四”文學革命的戰鬥傳統》一文中，五體投地地吹捧資產階級知識份子，什麼“民主傾向”，什麼“有思想、有才能”，什麼有“抱負和理想”，什麼“有良心的、正直的人”，……你們看，這不是簡直把中國資產階級知識份子捧上了天嗎？

正是周揚，還在這篇文章中大捧特捧“西方先進的科學和先進的文化思想”，這裡的“西方”，是指歐美資產階級的文化，就是形形色色反動的資產階級唯心論和形而上學宇宙觀，其中影響最大的就是胡適派的唯心論，即資產階級實用主義。把資產階級反動哲學說得那麼神聖，這不是對俞平伯之流的資產階級"權威"最大的撐腰嗎？這不是十足地"甘心"作資產階級代言人嗎？

正是周揚，在這場大鬥爭中又重演了一次反革命兩面派的角色。戰鬥剛剛開始，周揚就盡力想把這場尖銳的政治思想鬥爭，化為一場所謂"純"學術討論。一九五四年十月二十四日，他在中國作家協會古典文學部召開的座談會上，迫不及待地要人們去研究"包含複雜的內容"的所謂"學術思想上的問題"，開了一大批題目，要人們去搞煩瑣考證。十月二十八日，《人民日報》根據毛澤東同志的指示，發表了質問《文藝報》編者的文章，公開揭露了文藝界某些領導人的資產階級貴族老爺態度。周揚看看形勢不妙，馬上及時製造假檢討。一九五四年十二月八日，他在全國文聯主席團和全國作協主席團擴大會議上，說什麼"放棄了對資產階級唯心論的批判和鬥爭""是我們工作中最大的錯誤。我也就是犯了這種錯誤的。"等等。這個"檢討"，拆穿了說，不過是"錯誤人人有份"而已。他根本不想稍微清算一下自己反動的資產階級政治立場，只是想借此蒙混過關。什麼"我們""進一步展開了對胡適的資產階級唯心主義思想的批判"，貪天之功以為己功，不知人間有羞恥二字。人們都清楚：這個"我們"是不包括你周揚的。你的所謂"全面批判"不過是搖身一變的故技重演，這是為了保持你竊踞的領導地位，以便把鬥爭拉向右轉，開展反攻倒算。到了一九六一年、六二年，你們不是連續發表了成百萬字的曹雪芹死年考據、祖宗考據、大觀園地址考據……等等奇談怪論，登了整版整版的稀奇古怪的地圖，為胡適派唯心論實行了一次大復辟嗎？

第三次大鬥爭，是一九五四年到一九五五年緊接著批判胡適而展開的反對胡風反革命集團的鬥爭。這是一場在以毛澤東同志為首的黨中央親自領導之下的肅清暗藏反革命分子的尖銳鬥爭。

是對反革命勢力的一個嚴重打擊。周揚的思想同胡風思想本質上是一樣的，他同胡風一樣，反覆鼓吹“藝術的最高原則是真實”（一九五二年），反對馬克思主義世界觀，反對毛澤東思想。他同胡風一樣，反對文藝爲工農兵服務的方向，反對作家深入到工農兵鬥爭中去，甚至狂妄地說“不去，也還是可以結合的”，“我們和工農是要分工的”（一九四九年），公然以貴族老爺自居。他同胡風一樣，反對寫重大題材，反對文藝爲無產階級政治服務，大力鼓吹所謂“選擇題材”上要有“完全自由”，要“最大限度地保證這種自由”（一九五三年），他同胡風一樣，主張資產階級人道主義和人性論，反對階級分析，用所謂“新的國民性的成長的過程”（一九四九年）之類人性論的語言，來歪曲勞動人民的階級面貌和階級性格。他同胡風一樣，提倡“創作就是一個作家與生活格鬥的過程”、就是“主觀和客觀完全融合”“物我一體”（一九四一年）之類極端反動的主觀唯心論的創作方法。他同胡風一樣，把西方資產階級文藝奉作至高無上的祖師。胡風的反動文藝思想，周揚都有，只是僞裝得更巧妙些。一九五二年，周揚、林默涵等人召開過一個所謂“批判”胡風的座談會，在會上就吹捧胡風是“政治態度上擁護毛澤東同志”的，“在大的政治方向政治鬥爭上”，是“同黨站在一起的”，甚至把這個反革命頭目捧做“非黨的布爾什維克”。完全暴露了周揚一夥同胡風“政治方向”上是一致的。胡風反革命集團所以要攻擊周揚等人，並不是也不可能是攻擊周揚的這一套。正如《人民日報》編者在《關於胡風反革命集團的第三批材料》的按語中指出的，“反革命分子的攻擊少數人過是他們的藉口”，他們攻擊的目標是我們的黨，是毛澤東思想。可是周揚卻利用反胡風鬥爭投了一個機，他抓住胡風攻擊他周揚這個假像，把自己打扮成好像是毛澤東文藝路線的代表者。從此就神氣起來了。從此就更加露骨地使用打著紅旗反紅旗的手段了。其實，拆穿了，這是一場政治投機，是一個大騙局。

狐狸尾巴是藏不住的。果然，對胡適、胡風批判的革命硝煙還沒有消失，周揚就急忙把對資產階級的批判和鬥爭拉向右轉。一九五五年十一月，周揚寫了一篇《紀念〈草葉集〉和堂·吉訶德》的文章。當時，毛澤東同志堅決批判右傾機會主義的《關於農業合作化問題》的報告已經發表，中國農村正處於偉大的社會主義高潮中間。毛澤東同志號召文藝工作者到農村去，到火熱的群眾鬥爭中去，大寫 "成千上萬" 的英雄人物；周揚卻針鋒相對地狂熱地鼓吹堂·吉訶德的什麼 "高度的道德原則"，即資產階級的道德原則；他特別狂熱地吹捧十九世紀美國資產階級詩人惠特曼，要作家把他當作 "參加鬥爭" 的 "範例"。他還從惠特曼著作中抬出了一種 "新型的人"，當作中國人民的 "光輝榜樣"。請看：

> 惠特曼的奇異貢獻是他在他的詩篇創造了 "人" 的一種光輝形象。讀了他的詩，人們就好像能夠看見一種惠特曼式的人，一種新型的人，身體健康，心胸開闊，有崇高的理想，勞動創造的手，並且永遠樂觀。
>
> 惠特曼式的人，肯定的說，是一種新的人，是一種足資我們學習、模仿的光輝榜樣的人。

在這裡，周揚用 "勞動創造的手" 這樣一個迷惑人的短句，好像惠特曼歌頌的是勞動人民。不，《草葉集》中所歌頌的 "人"，並不是什麼抽象的人，更不是勞動人民，而是美國資產階級的化身。我們查了一下，發現一九四一年十一月周揚在延安《解放日報》上的一篇文章中，早就吹捧過美國資產階級。那時他直截了當地說出了他所欣賞和讚美的惠特曼式的 "人"，是 "充滿信心的美國資產階級的典型，肉體地健壯，胸懷廣闊"。醜死了，醜死了，把資產階級個人主義的狹窄心腸捧做 "胸懷廣闊"，不覺得肉麻嗎？在六億工人農民興起對農業、手工業和資本主義工商業進行社會主義改造高潮的時刻，在社會主義英雄人物成千上萬地湧現的時刻，周揚再一次把反動虛僞的資產階級“民主自由”捧做“崇高理想”，把惠特曼當作“參加鬥爭”的“範例”，把“美國資產階級的典型”叫做“新型的人”，當作“光輝榜樣”，把堂·吉訶德的騎士道德捧作“高度的道德原則”，要人民去“學習、模仿”，這不是公開同毛澤東思想對抗嗎？這不是對於六億工人農民的翻天覆地的社會主義革命一個猛烈的反撲嗎？這不是要城鄉資產階級和黨內的右傾機會主義者“永遠樂觀”，堅決抗拒社會主義改造，堅持走資本主義道路嗎？

　　這還不夠。緊接著對西方資產階級的吹捧，一九五六年三月，周揚就迫不及待地在《建設社會主義文學的任務》的報告中，破天荒地一次封了五位元所謂“當代語言藝術的大師”。他用雙手奉上“大師”的皇冠，表現了自己是資產階級“權威”忠實的代理人。這也是從外國學來的。這是命令無產階級向資產階級“權威”跪倒投降，這是對於毛澤東同志歷次指示的猖狂大反攻。這頂帽子封了許多人的嘴。當一九五八年、五九年，有一些要求革命的“小人物”衝破了周揚的禁令，甘冒挨打的危險，對其中某幾位“大師”進行了一點批評時，周揚馬上出來爲這些“大師”保鏢，多次用最刻毒的語言打擊批評者。一九六二年二月，他在對“老劇作家”的講話中憤恨地反駁道：“有人對有些作家被稱爲語言藝術大師不滿意，說是捧場。……要不要學語言？要不要跟大師學？”這不是要青年死心塌地做資產階級“大師”的奴僕嗎？連對資產階級表示一點“不滿”都不准，真是蠻橫極了。

　　第四次大鬥爭，是一九五七年粉碎資產階級右派猖狂進攻的偉大鬥爭。這次鬥爭，發生在我國經濟戰線上在所有制方面的社會主義改造基本完成之後。蘇共“二十大”以後國際修正主義的大出籠大氾濫，直接促使了國內的修正主義逆流的發展。周揚在這個時期發表了一連串的講話和文章，爲資產階級右派的猖狂進攻提供了精神武器。

一九五六年三月，蘇共"二十大"剛開過，周揚在文藝工作座談會上就赤裸裸地說：

> 一定要向資本主義國家學習。我們不只學習蘇聯，也要學習資本主義國家中那些進步的藝術。……比如《居里夫人》就是很好的片子，思想性或藝術性都是很高的，這是十幾年以前的美國片子，雖然不是正面宣傳共產主義，但是那就是共產主義的世界觀，居里夫人的世界觀和我們共產主義者的世界觀是一致的。所以我們要與資本主義國家的進步文藝發生更密切的關係……我們應該吸收他們的好的東西，在這樣的過程中，我們會影響他們，而他們也會影響我們。

這是一篇搞"和平演變"的計畫書。《居里夫人》是美國羅斯福執政時拍攝的一部反動影片。它通過居里夫人的一生，集中宣揚了資產階級人道主義、和平主義、個人奮鬥、成名成家、階級調和的反動觀點，宣傳了科學家的活動是超階級、超政治的，要為"全人類"服務，實際上是為壟斷資產階級榨取高額利潤服務。美國壟斷資產階級拍出這種"傳記片"，是想用比較隱蔽的形式，為資產階級塗脂抹粉，"影響"和腐蝕美國勞動人民，使他們放棄階級鬥爭的道路而幻想爬到資本主義社會的上層，用心極為惡毒。它比那些色情片、"西部片"有更大的欺騙作用。周揚把它當作寶貝，稱頌它是"進步的藝術"，是要做美帝國主義想做而沒有做到的事，即用西方資產階級反動藝術來"影響我們"，使我們的藝變成掛社會主義羊頭，賣資本主義狗肉的修正主義藝術，為培養新的資產階級分子服務。同志們只要看一看，這些年來，在周揚一夥控制下出了多少壞電影，這些壞電影同西方資產階級藝術有多少"密切的關係"，就會懂得向美國這種"進步電影"學習的結果是什麼了。

　　周揚說，"居里夫人的世界觀和我們共產主義者的世界觀是一致的"。這是一大發明。你們同資產階級的世界觀講"一致"，說明你們這夥"共產主義者"嘴上的"共產主義"是假共產主義，即修正主義。這難道不是暴露了你們的一個大秘密嗎？請看自然科學領域中那些走資本主義道路的當權派，他們不是同周揚一樣，到處同資產階級反動世界觀講"一致"嗎？

　　不久，周揚在一九五六年九月二十六日《人民日報》，又發表了《讓文學藝術在建設社會主義偉大事業中發揮巨大的作用》一文。這是一個反社會主義的資產階級反動綱領，這是一篇反黨反毛澤東思想的宣言書。

　　周揚在文章中大反"庸俗化""簡單化""清規戒律""宣傳作用"，認為黨的"教條主義"、"宗派主義"、"對待文藝工作的簡單化的、粗暴的態度"，"嚴重地束縛了作家、藝術家的創作自由。"自由是有階級內容的。抽象的"創作自由"是資產階級的反黨口號。在階級社會裡，只有階級的自由，沒有超階級的自由。有了無產階級和勞動人民對資產階級進行專政的自由，就沒有資產階級和一切反動派進行反革命活動的自由。有了資產階級反黨反會主義的自由，就沒有無產階級和勞動人民進行社會主義革命和建設的自由。周揚向黨伸手要"創作自由"，是為資產階級爭反黨反社會主義自由，讓牛鬼蛇神解除"束縛"，自由地搞反毛澤東思想反社會主義的反革命活動。周揚所攻擊的所謂"教條主義""清規戒律"，就是毛澤東同志《在延安文藝座談會上的講話》中闡明的關於無產階級文藝的根本原則；他所攻擊的"宣傳作用"，就是反對文藝宣傳無產階級的即共產主義的世界觀，"創作自由"和所謂"反教條主義"這兩個反黨口號，後來成為文藝界資產階級右派猖狂進攻的主要武器。直到一九六二年、六三年，不是還有人用"尊重創作自由"之類的老譜，來為各種毒草催生嗎？

資產階級向無產階級進攻越凶，周揚反革命的真面目就暴露得越清楚。正當資產階級右派向無產階級猖狂進攻達到高潮的時候，一九五七年四月九日，周揚在《文匯報》上發表講話，眉飛色舞地歡呼"劇碼開放是戲曲界的一件大事"，為舞臺上亂舞的群魔助威，極力讚美右派分子劉賓雁等從蘇修那裡搬來的所謂"干預生活"的一批大毒草，認為"尖銳地揭露和批評生活中的消極現象的作品，愈來愈引起了人們的注目"，在四月間，周揚召開了一系列的會議，呼風喚雨，煽風點火，反對所謂"春寒"，要求"春暖"，鼓動右派起來爭取"春天"也就是資本主義復辟的到來。五月十三日，他在一次報告中瘋狂地誣衊共產黨員"像特務一樣""像木頭一樣"，極力稱讚當時成為章羅聯盟喉舌的《文匯報》放火"膽子大"。他說，講要殺幾百萬共產黨的人，"也不見得就是反革命分子"。是毒牙畢露。這完全證實他是一個漏網的大右派。

反右派鬥爭一打響，玩弄反革命兩面派手段的周揚，立刻又見風轉舵，巧妙地搖身一變，把自己的大右派的猙獰面目藏起來。在整風開始的時候，周揚和舊中宣部負責人，十分熱心地積極為丁玲、陳企霞反黨集團翻案，要摘掉他們反黨的帽子，直接把矛頭指向以毛主席為首的黨中央。可是反右派鬥爭一起，周揚卻立刻利用對丁玲、陳企霞、馮雪峰的批判，把自己這個大右派打扮成左派，儼然用"一貫正確"的姿態出來總結文藝界反右派鬥爭。在《文藝戰線上的一場大辯論》一文中，他把"我們這些人"分成"兩種人"，一種人是"同黨不是一條心"，"不肯按照集體主義的精神改造自己"的；另一種人就是他周揚，說是已經"丟掉個人主義的包袱"，"同黨一條心了"。對照一下那些惡毒的右派言論吧，這種兩面派的手段是多麼卑鄙呵！前次，在反胡風反革命集團的鬥爭中，周揚用兩面派的手段投了一次機；這次，在反丁玲、陳企霞、馮雪峰反黨集團的鬥爭中，周揚又用兩面派的手段投了一次機。他用這兩次投機，把自己的罪惡掩藏了過去，包庇了一批右派、叛徒混過關，把他黑線中的一夥人安插到文藝界各種領導崗位上去，擴大他反黨反社會主義的勢力。這還不算，他又乘機翻案，篡改他在三十年代執行王明右傾機會主義、提出“國防文學”這個投降主義口號的一段歷史，反誣魯迅是“宗派主義”。翻手為雲，覆手為雨，他要了多少花招！

有一些人總愛寫什麼三部曲。總起來看，周揚的一套把戲，原來玩的也是三部曲：向黨向毛澤東思想猖狂進攻；然後馬上用假檢討或者偽裝積極一變而站在正確方面；然後大搞反攻倒算，發動新的進攻。周揚的所謂“一貫正確”史，就是一部反革命兩面派史。然而，階級鬥爭的規律是不以人們的意志為轉移的。周揚混過了這四次大鬥爭，在第五次大鬥爭中，三部曲還沒有演完，他的反革命修正主義面目就徹底暴露了，就被無產階級文化大革命的利劍徹底戳穿了。

大風大浪中的大暴露

一九五八年社會主義建設總路線提出以來的歷史，是我國社會主義革命更加深入發展的歷史。在這個期間，以毛澤東同志為首的黨中央馬克列寧主義的領導，同黨內的反革命修正主義集團、資產階級反動路線，進行了兩次大鬥爭，即一九五九年的一次，最近的一次。在鬥爭中，我國社會主義事業取得了空前偉大的勝利。

在這場階級鬥爭的大風大浪中，舊中宣部、舊文化部、舊北京市委的領導人，包括周揚在內，進一步暴露了他們反革命修正主義面目。周揚自以為自己的勢力更大了，政治資本更多了，加上有了舊北京市委的赫魯雪夫式的野心家作後臺，有了提出資產階級反動路線的人物的支持，可以更加放肆了。在這種估計下，他就拋掉了僞裝的一面，赤裸裸地擺出了他反革命的本來面目，更加惡毒、更加瘋狂、更加囂張地向黨、向無產階級專政、向毛澤東思想發動進攻。

　　一九五九年一月，赫魯雪夫修正主義集團召開了蘇共第二十一次代表大會。赫魯雪夫在會上對我國總路線、人民公社、大躍進，進行了惡毒的誣衊和攻擊。在赫魯雪夫現代修正主義集團的支持下，自命爲海瑞的右傾機會主義反黨集團，在廬山會議上，提出了一個徹頭徹尾的修正主義綱領，夢想推翻以毛澤東同志爲首的黨中央領導，把我國拉回資本主義的黑暗道路上去。在這個過程中，周揚猖狂地進行了大量的反革命活動，積極爲右傾機會主義反黨集團的政治需要服務。

　　一九五九年二月，周揚在《牡丹》二月號上發表了一篇題爲《在洛陽宣教幹部座談會上談話》，說什麼經過了一九五八年的批判，"有一種被壓抑的情緒"，現在要顛倒過來，"要使人人敢於講話，敢於發表不同意見"。"人人"是劃分爲階級的，周揚要動員起來的"人人"是什麼階級的人呢？就是一小撮資產階級右派。無產階級和資產階級，社會主義和資本主義，不是你壓倒我，就是我壓倒你。不是無產階級和廣大革命人民被資產階級"壓抑"，就是資產階級被無產階級和廣大革命人民"壓抑"，有階級對立存在，就根本沒有什麼"人人"平等、"人人"不受"壓抑"的社會。無產階級專政對廣大革命人民實行最廣泛的大民主，對一小撮地富反壞右分子就要進行堅決的專政。只有對敵人進行專政，才能保障人民的民主權利。周揚所謂要"人人敢於講話"，就是要把那些被批判的牛鬼蛇神重新扶起來，只准他們"講話"攻擊毛澤東思想，攻擊黨的總路線，不准無產階級"講話"批判他們。"也要讓少數人講話，因爲他代表某種社會力量"。這是混淆黑白。，對所謂"多數"和"少數"，都必須作階級分析。堅定的左派和頑固的右派都是少數。右派是極少數。左派爭取、團結了中間派才成爲多數。你周揚殘酷地壓迫無產階級左派這個“少數”，卻支持極“少數”資產階級右派登臺奪權，這分明是要他們來專革命人民的政。

一九五九年初春，周揚爲了貫徹他鼓動牛鬼蛇神“敢於講話”的反動綱領，向周信芳推薦《海瑞上疏》的題材，並且提供了具體材料。他向周信芳說：現在“大家不敢講話，演一演這類戲是需要的”。“少數人”到了兩個反黨分子私下對話的時候，變成了“大家”。這個“大家”就是他們所代表的極少數地富反壞右。他要通過《海瑞上疏》，爲右傾機會主義者和一切牛鬼蛇神打氣。一九五九年，他到處宣傳“海瑞精神”，還廣泛動員各地來京的藝術團體的幹部和演員，要求他們“選擇海瑞、包公”作爲“今天寫歷史劇”的主角；吳晗不是說寫反黨的“海瑞戲”也要“全國一盤棋”嗎？這“一盤棋”的指揮者就是周揚。

一九五九年二月，周揚在創作工作座談會上瘋狂地攻擊大躍進，奴顏婢膝地把現代修正主義的反動藝術叫做“國際水準”。他咒罵我們的黨說；“有了一千萬噸鋼，就以爲了不起了，連蘇聯不放在眼裡了。”偉大的七億中國人民的“眼裡”有五大洲的革命風雲和全世界的階級兄弟，就敢於蔑視世界上一切反動派，包括美帝國主義和現代修正主義在內，敢於同一切妖魔鬼怪進行針鋒相對的鬥爭，鄙視它們，壓倒它們，戰勝它們。周揚“眼裡”只有幾個修正主義的狐群狗黨，他當然要對著大無畏的中國人民狂吠了。他還攻擊我們的黨“違背國際主義”。這證明了他所謂的“國際主義”，就是把修正主義奉爲“老子黨”，跟在蘇聯現代修正主義屁股後面，亦步亦趨。這是同無產階級國際主義完全對立的資產階級的奴才主義。

一九五九年六、七月間，周揚在中國人民解放軍第二屆文藝會演大會幹部座談會上作了講話。這個報告，同右傾機會主義分子不久之後在廬山會議上提出的反革命路線唱的完全是一個調子。他誣衊我們歌頌大躍進是"搽粉",是"亂用群眾的積極性";他攻擊群眾運動,咒罵唱革命歌曲是"老太婆唱歌沒有人聽";他咒罵勞動人民不配作詩,因爲"做詩本來是要靈感的";咒罵"中學生是些小娃娃,十二三歲"根本沒有資格過問政治,如果要他們學習政治,是"庸俗的瞭解爲政治服務"。一談到大躍進,一談到群眾運動,包括工農兵起來掌握文化的群眾運動,他就冷嘲熱諷,指手劃腳,極盡其挖苦打擊之能事,這是出於他的資產階級憎恨社會主義、憎恨革命群眾的階級本性。這種站在群眾運動對面的人,不管多高的職位,到頭來總要碰得頭破血流的。事實無情地駁斥了周揚,今天,不但從"老太婆"到青少年都齊聲高唱革命歌曲,"十二三歲"的"中學生"和小學生,也正以空前高漲的"積極性"投入無產階級文化大革命,向資產階級發動一場全面的總進攻!周揚在這個報告中還極端狂妄地攻擊說:"十年來",有我們自己的"科學著作"沒有?周揚妄想把解放以後十年中,毛澤東思想在各個方面的偉大發展,一筆抹殺,真是"蚍蜉撼大樹,可笑不自量"。周揚這個傢伙,你低頭聽著:一九四九年到一九五九年,十年以來,黨中央出版了光芒萬丈的《毛澤東選集》,成爲我國和全世界人民進行革命的指南針,這算不算"科學著作"?十年以來,在政治、軍事、哲學、文化、經濟、黨的建設等各個方面,毛澤東同志寫了《論人民民主專政》、《關於正確處理人民內部矛盾的問題》、《在中國共產黨全國宣傳工作會議上的講話》、《關於農業合作化問題》、《論十大關係》……等等偉大的劃時代的馬克思列寧主義著作,進一步天才地、創造性地、全面地繼承、捍衛和發展了馬克思列寧主義,把馬克思列寧主義提高到一個嶄新的階段,這算不算"科學著作"?十年以來,毛澤東同志親自領導了思想戰線上的歷次偉大鬥爭,寫了《應當重視電影〈武訓傳〉的討論》。《文匯報的資產階級方向應當批判》等等著名文章,包括本文第一部分提到的直接批判你周揚的

那些重要指示，這算不算"科學著作"？你的反革命面目難道還
不清楚嗎？

　　其實，拆穿了，你們所謂"科學著作"，就是現代修正主義
那些又臭又長七拼八湊的"條條"、"本本"、"教科書"，就
是那些"嘴尖皮厚腹中空"的牛皮，你們眼睛裡只有洋菩薩的修
正主義好，毛澤東思想這個戰無不勝的無產階級革命的科學，掌
握了毛澤東思想的廣大群眾手中的活哲學、活科學，你們一概瘋
狂地反對。這充分暴露了舊中宣部一夥人反革命修正主義的罪惡
本質。這種罪惡，要全黨共討之，全國共誅之！

　　一九六一年到一九六二年，國內資本主義勢力和封建勢力向
社會主義發動進攻達到了高潮。現代修正主義者聯合美帝國主義
和各國反動派，加緊對我國我黨進行封鎖、包圍、誣衊、滲透、
顛覆、妖魔鬼怪紛紛出籠，修正主義逆流氾濫一時。周揚不但積
極組織文藝界的牛鬼蛇神，為陰謀篡黨、篡軍、篡政的反革命修
正主義集團作輿論準備；也是一個發了狂、紅了眼、自己出來打
頭陣的主將。他連續召開許多專業會議，拋出了一個接一個的修
正主義綱領，他還拔腳在全國亂跑，上海、長春、杭州、大連、
福州、廈門……，到處開會，到處做報告，四面點火，八方煽風，
鼓動和策劃牛鬼蛇神起來奪權，起來翻案，反對毛主席，反對毛
澤東思想。文藝界的一批反革命的修正主義分子，幾乎都是從周
揚一夥那裡拿到通行證，按周揚的信號彈行動的。一切接近滅亡
的反動階級，總是利令智昏地來個自我大暴露，以便革命人民看
出他們的真相，群起而滅之。下面我們只舉出幾個突出的方面：

　　周揚瘋狂地反對和咒罵毛澤東思想。周揚一貫反毛澤東思
想，但過去總要用反革命兩面派的手法披上一件偽裝。一九六一
年以後，他以為形勢對自己有利，資產階級的復辟陰謀就要得逞
了，索性拋掉偽裝，赤膊上陣，跳了出來破口大罵。

　　一九六一年二月，周揚跑到上海，在一次座談會上，他攻擊

有的戲"把'感謝毛主席'這句話直接表現出來,一遍還不夠,感謝了三遍四遍"。感謝毛主席,感謝共產黨,永遠跟毛主席走,跟黨走,這是幾萬萬中國勞動人民從心裡喊出來的,是每一個從剝削階級壓迫下得到解放的勞動人民永遠不能忘記的頭等大事,為什麼你周揚這樣深惡痛絕?這完全表現了周揚反革命的階級本性。

一九六一年三月,周揚跑到福建去大罵毛澤東思想。他說:"毛澤東思想是一條紅線,太多了就不是紅線,而是紅布了。政治是靈魂,靈魂不是肉體……靈魂不占地方,來去無蹤。"把毛澤東思想變成一根"來去無蹤"、"不占地方"的線,這不是明明要把毛澤東思想趕出各個領域,讓修正主義、資本主義思想去掛帥麼?這一段十分刻毒的黑話,他到處講,翻來覆去不知講了多少遍。

一九六一年六月,周揚在文藝工作座談會上恐嚇說:"廣播電視裡不要老宣傳擁護毛主席"。這是舊中宣部的閻王殿裡的黑話。這充分顯示了他的反革命嘴臉。你們反對宣傳"擁護毛主席",你們要宣傳"擁護"什麼人呢?豈不是想把一小撮被全黨全國人民唾棄的反黨分子"擁"上臺,實現反革命復辟麼?你們這種打算,只能落得個可悲的下場。

一九六二年七月,他又跑到東北去反對"天天講毛主席"。我們就是要天天講毛主席,天天讀毛主席的書,天天溫習毛主席的、指示,天天學毛主席思想。"天天講毛主席",一切牛鬼蛇神就沒有空子好鑽了,一出來就被識破了,一活動就被抓住了。

周揚是一個對毛澤東思想刻骨仇恨的反革命的修正主義分子。那些冠冕堂皇的話統統是騙人的。上面這些材料,還不足以說明這個人的真面目是多麼反動麼?

周揚瘋狂地為一切牛鬼蛇神翻案,向革命人民反攻倒算,鼓動和組織過去被打倒的形形色色反革命分子和資產階級"權威"

向黨進攻。

　　一九六一年三月十九日，"三家村"反革命集團的《燕山夜話》開張了。只隔一周，三月二十六日，《文藝報》立刻拋出了一篇題名爲《題材問題》的專論。這篇文章是一個徹頭徹尾的反革命的修正主義文藝綱領。它是在周揚、林默涵授意、指導之下寫的，並經過他們精心修改。這篇文章提出了一個煽動性的口號，叫做"用一切辦法廣開文路"。

　　他們要"廣開"什麼"文路"呢？

　　沒有什麼抽象的"文路"。社會主義和資本主義兩條道路之間，只能是你死我活的鬥爭。"開"社會主義文藝的"文路"。就要堵塞資本主義反動文藝的"文路"；"開"資本主義、封建主義反動文藝的"文路"，就要堵塞社會主義文藝的"文路"。他們說，"廣開文路"是爲了"不使任何有志之士、有用之才受到冷淡或壓抑"，對了，這就暴露了他們原來是要"用一切辦法"爲那些在無產階級專政下受到"冷淡或壓抑"的反革命分子翻案，好讓那些懷有反革命之"志"牛鬼蛇神，利用報刊、文藝的工具，通行無阻、橫衝直撞地進行反革命宣傳。你看：反革命復辟可以走"武路"，也可以走"文路"，我們一定要"用一切辦法"粉碎他們由"文路"實行復辟的夢想，把無產階級文化大革命進行到底！

　　請看周揚是怎樣在各種"座談會"上，接二連三地爲那些被"壓抑"的"有志之士"翻案，狂熱地鼓動他們向黨進攻：

　　他狂熱地歌頌資產階級右派分子。他說；右派中"有些很有頭腦的人"，十分"寶貴"，那些反對馬克思列寧主義、毛澤東思想的青年人"很有學問"，要"注意培養他們"。他利用職權，千方百計把一批窮兇極惡、腐朽不堪的反革命分子和右派扶起來，當作"寶貝"，網羅進他控制下的各種機構中去，高官厚祿，關懷無微不至。連老漢奸、大流氓周作人，也批給他一個月幾百元,幫他吮吸勞動人民的鮮血。相反,周揚、林默涵一夥對努力學習毛澤東思想的青年,對無產階級左派,刻骨仇恨,咒罵他們是"頭腦簡單、情感簡單、趣味簡單"的人,因為他心目中"有頭腦的人",就是反毛澤東思想反社會主義的資產階級右派!

他極力附和胡風的反革命言論,為胡風翻案,完全暴露了他同胡風站在同一個立場。他說:"胡風說,機械論統治了中國文藝界二十年。……如果我們搞得不好,雙百方針不貫徹,都是一些紅衣大主教,修女,修士,思想僵化,言必稱馬列主義,言必稱毛澤東思想,也是夠叫人惱火的就是了。我一直記著胡風的這兩句話。"(一九六一年六月十六日)。這是多麼毒辣的黑話!胡風是一個兇惡的反革命集團的頭目,周揚卻把胡風的話當成祖宗的"家訓"一樣"一直記著",就因為他十分欣賞胡風對馬克思列寧主義刻骨仇恨,對毛澤東思想刻骨仇恨。"言必稱毛澤東思想",是有所指的,毛澤東同志在《改造我們的學習》中批判那些堅持王明路線的人"言必稱希臘",其中包括了周揚,周揚一直懷恨在心,現在就破口罵出來了。你對"言必稱毛澤東思想"感到"惱火",因為你是個資產階級,你是個洋買辦,你要言必稱洋人,言必稱"別、車、杜"(即別林斯基、車爾尼雪夫斯基、杜勃羅留波夫),才覺得舒服。周揚還再一次吹捧胡風的"精神奴役的創傷"論,要作家根據胡風的反革命理論,去大寫勞動人民的"落後、迷信、偏見、猜忌"等等,醜化和侮辱勞動人民。什麼"批判"過胡風,統統是假的,是騙人的。還有什麼"紅衣主教""修女修士""思想僵化",這種胡風式惡毒至極的語言真是叫人怒火直冒,念不下去!周揚用這種黑話來辱罵無產階級左派,辱罵學習毛澤東思想的工農兵,只不過使人們看清了他這個修正主義者的黑心黑肺。其實,把"紅衣主教"這項帽子回敬給周揚,倒是很適合的,當時披著紅袍子,打著黑旗子,抓著文化戰線印把子的,不就是你們嗎!

一九六一年六月，周揚又提出"我們要培養海瑞上本的精神"。這正是《海瑞罷官》演出之後，"三家村"的"兄弟"們"破門而出""失敗了再幹"的進攻的時期。在周揚夥同文化部前黨組書記齊燕銘的指揮下，《謝瑤環》、《李慧娘》等大批毒草正在先後出籠。周揚一再鼓吹"海瑞精神"，是爲了組織一場大進攻，把矛頭指向黨中央，爲右傾機會主義分子翻案。一九六二年，舊中宣部主要領導人又一次提倡要學習魏徵，他們一個"海瑞精神"，一個"魏徵精神"，找到了反革命的共同語言。

周揚還說："首先要改變這種統治和被統治、改造和被改造的關係"，這就直截了當地說出了周揚的目的是要"改變"無產階級專政，讓"被統治"的反革命分子、胡風分子、海瑞、魏徵等等，變成"統治"者，一窩風上臺專政，瘋狂地鎮壓革命人民周揚到處鼓吹資產階級的"自由化"，要把各個協會、各個文藝團體、機關統統變成裴多菲俱樂部。周揚等人一九六一年七月拋出、八月一日又修改印發的《關於當前文學藝術工作的意見》（草案），即所謂"文藝十條"，其中心就是推翻毛澤東文藝路線，推翻以毛主席爲首的黨中央對文藝的領導，實現資產階級自由化。

"文藝十條"中攻擊"在文藝如何爲政治服務的問題上"存在著所謂"狹隘的、片面的、不正確的理解"，這就是周揚黑話原封不動的翻版。周揚所痛恨的"狹隘理解"，就是文藝緊密地爲無產階級的革命鬥爭服務，把文藝當作無產階級革命的思想武器。周揚所謂的"廣闊"，就是"十條"中一再叫囂的"對於題材，不應作任何限制"，就是《文藝報》在《題材問題》專論中所說的"幫助人們認識世界的多樣性，歷史的規律性和生活的複雜性"。

"不應作任何限制"是裴多菲俱樂部的反革命口號。任何事物都要受一定條件的限制，不受"任何限制"的事物是不存在的。問題在於是革命的限制還是反革命的限制，進步的限制還是反動的限制。無產階級文藝要為無產階級政治服務，就一定要接受無產階級政治的限制，政治統帥文藝，自覺地從無產階級的政治利益出發來考慮題材問題，不接受這種限制，就會接受資產階級政治的限制，變成資產階級文藝。"借古諷今" "崇洋非中"的毒草盛行一時，"離經叛道" "寫中間人物"等等反社會主義的壞電影、壞戲、壞小說爭相出籠，就是資產階級反革命政治限制的結果。揭破在"限制"問題上的資產階級唯心論的欺騙，是為了使人們看清周揚所謂"不應作任何限制"，其實是要求文藝不受六條政治標準的限制，不受為工農兵服務的限制，讓帝王將相、才子佳人和各種大毒草統治文藝界，實行反革命的大復辟。

他們所謂"世界的多樣性"，其實只有一樣，就是要美化和歌頌那些腐朽沒落的地主階級分子、資產階級分子及其知識份子多種"多樣"的醜態。在周揚看來，創造階級英雄人物、歌頌無限壯麗的工農兵生活是"狹隘"的、"單調"的，只有大力地去描寫資產階級糜爛不堪的生活方式，才叫"多樣"，才有什麼"美的享受"。他們所謂"生活的複雜性"其實也很簡單，就是修正主義文藝中的紅軍戰士同反革命白匪擁抱之類的階級調和論和階級投降主義，就是修正主義文藝中美化叛徒、奴才、阿飛、地富反壞有的骯髒手法，就是修正主義文藝中欣賞剝削階級陰暗心理和精神分裂的醜惡筆墨！一九五九年，赫魯雪夫無恥地吹捧肖洛霍夫時，就說什麼《一個人的遭遇》的"偉大意義"是"表現了普通人的複雜的和豐富的精神世界"。赫魯雪夫的應聲蟲們要我們去寫什麼"生活的複雜性"，不就是要我們去向肖洛霍夫之流的叛徒文學看齊嗎？

周揚大力推銷現代修正主義的黑貨，提出了"全民文藝"的修正主義口號。一九六一年十月開始的蘇共"二十二大"，公開宣佈了"全民國家"、"全民黨"，赤裸裸暴露了自己用資產階級專政代替無產階級專政的叛徒面目。周揚急忙回應。他借一九

六二年五月是《在延安文藝座談會上的講話》發表二十周年的機
會，又玩弄了一個打著紅旗反紅旗的大陰謀。他把他手下的資產
階級 "權威" 集中到北京，以 "寫文章" "總結經驗" 爲名，發
動了一個反毛澤東文藝路線的高潮。這夥人在周揚、林默涵的領
導下，過著貴族老爺的生活，一天到晚密謀如何打擊左派，如何
反黨反社會主義反毛主席，幹了許多見不得人的骯髒勾當。最後
拋出了《文藝隊伍的團結、鍛煉和提高》(《文藝報》社論)、《戰
鬥的勝利的二十年》(何其芳)、《關於創造人物的幾個問題》(陳
荒煤)、《關於電影創新問題的獨白》(瞿白音)……等一批反毛澤
東思想的大毒草，對毛澤東文藝路線進行了全面的極其惡毒的歪
曲和攻擊。周揚親自抓了一篇《人民日報》社論。三月十五日，
周揚在一次會議上專門對 "社論" 內容作了詳細的規定，定下了
調子。後來又仔細修改。這篇發表時名爲《爲最廣大的人民群眾
服務》的文章，中心就是用赫魯雪夫的 "全民文藝" 來代替無產
階級文藝，用爲 "全體人民" 服務來篡改爲工農兵服務的毛澤東
文藝方向。 "全民文藝" 是周揚一貫的修正主義思想。他多次提
出過 "全民的文學" "全民的文化" 這類修正主義口號。到了蘇
共 "二十二大" 之後，他覺得有了洋主子作靠山，又有反革命修
正主義集團頭子的批准，就乾脆把這個口號變成一篇反黨反社會
主義的綱領，用《人民日報》社論的形式，強加給全黨。

　　文章說： "人民民主統一戰線內的以工農兵爲主體的全體人
民都應當是我們的文藝服務的物件和工作的物件。" 這是對於毛
澤東思想極其惡劣的篡改。毛澤東同志《在延安文藝座談會上的
講話》中十分明確地指出：我們的文藝 "首先是爲工農兵的，爲
工農兵而創作，爲工農兵所利用的"。又指出： "工作物件問題，
就是文藝作品給誰看的問題"， "文藝作品在根據地的接受者，
是工農兵以及革命的幹部"。爲工農兵服務，以工農兵爲物件，
這是二十年來無產階級文藝的根本方向，是階級路線，是決定文

藝階級性質的根本條件。今天社會主義革命時期更是這樣。周揚企圖用所謂的"統一戰線"來偷換文藝的工農兵方向,硬要把資產階級作爲我們文藝的服務物件,這是要篡改無產階級文藝的階級性質,使它變成資產階級手裡的反革命工具。周揚把資產階級等革命的物件當成"工作的物件",是要我們把對資產階級的批判改變成對資產階級的歌頌,用這條"全民文藝"的修正主義的路線反掉毛澤東的文藝路線,爲資產階級復辟"廣開文路"!

　　文章提出了一個口號,叫做"加強作家、藝術家同人民群眾的聯繫"。這是一個原封不動從赫魯雪夫那裡搬來的修正主義口號。赫魯雪夫做過一個報告,題目就叫做《文學藝術要同人民生活保持密切的聯繫》。蘇共"二十二大"通過的搞假共產主義的所謂《蘇聯共產黨綱領》中,就根據赫魯雪夫的報告寫上;"文學藝術發展的主要路線是加強同人民生活的聯繫。"爲什麼蘇修這樣欣賞和熱衷於"聯繫人民生活"的口號呢?因爲這個口號就是拋棄革命;就是抬高反革命。第一,它把作家、藝術家放到一個高高在上的貴族老爺的位置,只是要求他們"聯繫"一下"人民",完全反對同工農兵結合;第二,赫魯雪夫所謂"人民",就是"全民",就是那些資產階級、高薪階層。"密切聯繫人民"就是密切聯繫資產階級、高薪階層,爲資產階級服務;第三,它取消了文藝工作者的思想改造,使資產階級作家可以完整地保存自己的資產階級世界觀,放手寫反社會主義的反動作品;第四,裴多菲俱樂部也可以變成所謂"加強同人民聯繫"的一種形式,使反革命組織、反革命活動合法化。周揚把現代修正主義文藝當作"主要略線"的口號搬過來,是爲了取消毛澤東同志關於文藝工作者"必須長期地無條件地全心全意地到工農兵群眾中去,到火熱的鬥爭中去"的指示,使修正主義路線進一步統治中國的文藝界。

　　夠了。此人是一個報告狂,我們不可能列舉這幾年周揚多如牛毛的大小報告中所有反動內容，從這一部分事實中，已經足以看出周揚的真面目。平時以兩面派面貌出現的周揚，在這場資產階級向無產階級進攻的大風大浪中完全暴露了反革命一面派的本質。然而，"物極必反"，反革命派趾高氣揚的充分暴露，反過來爲革命派的反擊提供了致命的子彈，周揚一夥就這樣自己爲自己準備了垮臺的條件。

摧毀黑線的頑強抵抗，把無產階級文化大革命進行到底

直到一九六二年九月黨的八屆十中全會前夕，周揚還在積極參加反對毛主席和黨中央的陰謀活動。他夥同一小撮反黨野心家，積極支援並鼓勵爲反黨分子高崗翻案的反黨小說《劉志丹》的出版。他親自接見寫這本書的反黨分子，親自審閱了這部小說，稱讚這本書"做了一個模範""樹立了一個榜樣"。他們企圖假借這部小說，洗刷高崗的反黨罪惡，篡改黨史，推翻以毛主席爲首的黨中央對於高崗、饒漱石反黨聯盟的正確結論。

他們的反黨陰謀很快被黨中央和毛主席識破了。在有偉大歷史意義的黨的八屆十中全會上，毛澤東同志再一次強調了關於社會主義社會的矛盾、階級和階級鬥爭的理論，並且直接批評了周揚等人。

毛澤東同志指出；利用小說進行反黨活動，是一大發明。凡是要推翻一個政權，總要先造成輿論，總要先做意識形態方面的工作。革命的階級是這樣，反革命的階級也是這樣。

毛主席和黨中央對周揚等人，又一次進行了嚴肅的批評和耐心的等待。但是周揚卻又一次採用反革命的兩面派手段，抗拒毛澤東同志的指示。十中全會之後，他利用職權，依靠混進黨裡、政府裡、軍隊裡竊踞重要職務的反黨野心家的支持，壓制左派的

反擊,力圖再一次使用兩面派的伎倆,把反黨反社會主義黑線的力量保存下來,繼續同無產階級較量。於是,在廣闊的思想陣地上,接連展開了一場場你死我活的爭奪戰:

一、黨的八屆十中全會剛開過,周揚為了掩蓋自己的反黨惡行,急匆匆在一九六二年十月十九日向參加文藝工作座談會的人作了一次所謂"傳達"。一面把自己打扮成是"不能說精神準備很充分"的左派;一面歪曲十中全會精神,說什麼文藝界"基本情況是好的","反黨、反馬克思主義的東西發表得……不多",力圖把許多大毒草都說成是香花,麻痹革命人民。又說什麼"也不要走向另一極端"。就是說不要批判資產階級,不要剷除毒草。無產階級剛要開始反攻,他就決心抵抗到底了。

二、緊接著,一九六二年十一月,在周揚的批准、指示和親自策劃下,在山東召開了所謂"孔子討論會"。這是周揚夥同一大批牛鬼蛇神對十中全會革命精神的一次反攻。這是一個資產階級右派囂張得發了狂的黑會,演出了解放以來所未曾出現過的向封建祖宗鞠躬致敬的醜劇。

三、一九六三年元旦,柯慶施同志根據黨的八屆十中全會的精神和毛澤東同志的指示,向上海文藝工作者提出了"寫十三"的倡議,希望文藝創作大力反映十三年來社會主義革命和建設的現實,歌頌工農兵中的英雄人物。這個革命的倡議馬上受到了以周揚為首的文藝界修正主義集團的抵制和攻擊。一九六三年四月,在中宣部召開的文藝工作會議上,周揚組織林默涵、邵荃麟等一夥人,從小組會到大會,圍攻"寫十三年"的口號。在這次會上,和接著在四月二十七日的全國文聯委員擴大會上,周揚還親自出馬,大講"不論寫什麼題材都能反映時代精神","不要以為只有描寫現在,才是主導的"。到了一九六五年底,當他向青年業餘作者作報告的時候:他卻板起面孔批評什麼"三年前"提出"寫十三年"的時候,"有的同志就曾經表示不能接受"。

好像他當時還是個積極分子。這真是虛偽透頂了！怎麼能夠這樣子厚顏無恥，用撒謊來吹噓自己呢？

四、一九六三年上半年，毛澤東同志對"鬼戲"、"帝王將相、才子佳人"等提出了尖銳的批評，嚴厲指出周揚、齊燕銘、夏衍、林默涵領導的文化部是"帝王將相、才子佳人部"，周揚在一九六三年八月和十月的兩次關於戲曲工作的講話中，卻說什麼"主張演鬼戲不一定是資產階級思想"，竭力對抗毛主席的批評。周揚還根據他投靠的反黨野心家的謬論，公開提出所謂"分工論"，說什麼"特別是京劇，適合於表現帝王將相"，製造反對革命現代戲的理論根據。他還吹噓什麼戲曲改革已經取得"巨大的成績"，妄想把帝王將相、才子佳人統治舞臺的罪惡掩蓋起來。

五、一九六三年九月，周揚專門召開了一次包括科學院哲學社會科學部各所和各報刊負責人的會議，帶頭圍攻《評李秀成自述》這篇革命文章。他在會議上喊叫"李秀成是一個民族英雄，把他說成叛徒是完全錯誤的。"指揮鄧拓、翦伯贊之流出來"反駁"。這個陰謀被毛主席及時發覺和制止了。

六、一九六三年十月，周揚在哲學社會科學部擴大會議上做了報告。這個報告的第三部分是講國內任務的，根本不談當時思想戰線上嚴重的戰鬥任務，相反，卻大談"整理和研究歷史遺產"。他拿出了舊中宣部一夥人的黑話，拼命攻擊所謂"用簡單化的辦法亂貼標籤"。"標籤"就是指階級分析。他在會上排斥左派，捧出了一大批修正主義者、資產階級"權威"來控制這次會議，在歷史組做"反修報告"的就有鄧拓。要鄧拓來充當"反對修正主義"的領導，這不是開玩笑嗎？不，這是做政治交易。周揚要投靠反革命的野心家，就一定要支持他們手下的"三家村"。

七、一九六三年十二月，針對反黨黑線對文藝界的反動統治，毛澤東同志再一次尖銳地指出：各種藝術形式 —— 戲劇、曲藝、音樂、美術、舞蹈、電影、詩和文學等等，問題不少，人數很多，社會主義改造在許多部門中，至今收效甚微。許多部門至今還是"死人"統治著。毛澤東同志還說：許多共產黨人熱心提倡封建主義和資本主義的藝術，卻不熱心提倡社會主義的藝術，豈非咄咄怪事。這個指示，同上面周揚吹捧戲曲"巨大成績"的謊話，針鋒相對，當頭一棒，完全揭穿了周揚的反動立場。周揚卻繼續狡辯，妄想蒙混過關。一九六四年一月，周揚就在一次會議上公開反對毛主席的指示，他說："文化部的錯誤不一定是路線錯誤。""大多數人是認識問題，包括文藝部門的領導成員和我自己在內。"他以為這樣一"包括"，他們就可以重演檢討幾句、變為正確的那套反革命兩面派把戲了。

八、由於周揚等人一再抗拒中央指示，一九六四年六月，毛澤東同志又一次向文藝界的修正主義領導人提出了極其尖銳的批評，向周揚等人提出了嚴厲的警告。這就是本文開始時提到的被周揚篡改的那次指示。周揚見勢不妙，再抗拒下去自己有滅頂的危險，於是在文化部搞了一次所謂"整風"。這是一次欺騙群眾、壓制左派、包庇壞人、掩護自己的假"整風"。一九六四年十一月，周揚在一次"報告"中就利用"批評"夏衍等的機會，吹噓他從延安文藝座談會以來，就是"在主席教導下工作的"。"我的錯誤和你們的路線錯誤不同"，是"沒有經驗"。對他周揚是不准批判了，對別人的批判也要"有領導"，即"一律要經過"他們反革命修正主義"領導"的"批准"。這是《阿Q正傳》中假洋鬼子的手段：不准革命。

九、在毛主席的親自關懷下，一九六四年七月，舉行了全國京劇現代戲觀摩演出大會。一貫反對京劇革命現代戲的周揚和他的後臺老闆，突然假裝熱心起來。周揚又扮演了作"總結發言"的角色。這篇修改了多少遍的講話，雖然想儘量裝得革命些，卻仍然露了馬腳，他把夏衍向香港報紙記者發表歪曲京劇革命的談話，說成是“對京劇演現代戲估計不足”，他還公開宣稱：“不是說《謝瑤環》整個的都反動”，儘量開脫田漢的反革命罪行。

　　十、一九六五年初，在毛主席的號召之下，對於楊獻珍、周谷城的反動觀點和一批壞電影的批判正在展開。周揚深知這些批判深入開展下去會危及自己的反革命統治，千方百計加以撲滅，他用的還是反革命兩面派的辦法：一面假裝贊成批判；一面窺測時機，一有機會，就一下子把運動拉向右轉。二月下旬，正當一個批判高潮起來，周揚、林默涵立刻以“總結”爲名，在北京召集幾個主要報刊的負責人談話，氣勢洶洶地指責這個時期發表的批判各種毒草的文章“打空炮”、“缺乏分析”、“教條主義”、“亂猜”、“誇大”、“光扣帽子”，進行了瘋狂的反撲。他們還攻擊和嘲笑工農兵群眾的評論文章“簡單化”，“不能代替專家評論”，想把工農兵的批評打下去。他們公開說：“批判夏衍、田漢等人，過去與現在要分開，政治與學術要分開。”又說什麼“有些人家已經不談了，……就算了”。一個“分開”，一個“算了”，這是對毛澤東同志發動的文化革命的反噬，是要強使對資產階級的批判就此剎車。此計果然奏效，大批批判資產階級的文章就此被死死扣押在他們的閻王殿裡。

　　十一、一九六五年九月，周揚等人以爲他們已經把革命群眾壓了下去，穩住了陣腳，可以演三部曲的第三部曲了，馬上迫不及待地向黨進行反攻倒算。他們在北京召開了一個全國文化局（廳）長會議，周揚和他的後臺老闆，一齊登臺，瘋狂誣衊毛澤東同志。他們還把夏衍、陽翰笙等人請上主席臺去，趾高氣揚地坐在那裡繼續專無產階級的政，周揚在作報告時一再安慰他們：“不要老是想到我挨了批評，批評得多一點，少一點……批評得過重或是不夠，總是有的”。向他們暗示批評得太“多”太“重”是可以翻案的，只要我周揚不倒，你們總是不會垮的，以後可以東山再起。並再一次把自己說成只是"覺察很遲，糾正很慢"，是"認識問題"。以爲這樣就可以把他們這一夥人全部保護過關，繼續對無產階級專政了。

十二、最後，就是一九六五年十一月二十九日，周揚在全國青年業餘文學創作積極分子大會上做的這一個報告。這是對《海瑞罷官》的批判開展十九天之後，無產階級左派同資產階級右派進行你死我活鬥爭的嚴重時刻。舊北京市委、舊中宣部、舊文化部的一小撮反革命修正主義分子，爲了堅決抗拒毛澤東同志關於批判資產階級代表人物的指示，進行了一系列反黨反社會主義的陰謀活動，瘋狂地打擊左派，包庇右派，妄想撲滅迫在眉睫的無產階級文化大革命的烈火。在這個重要的時刻，周揚決心寸步不讓，抗拒毛澤東同志徹底革命的指示。在他的報告中，隻字不提眼前這場風雷激蕩的鬥爭，就當作世界上根本沒有批判《海瑞罷官》這回事。一九六六年一月，周揚的報告正式發表了。這時，距離他作報告的日子已經一個多月過去了；在這段時間裡，革命人民批判《海瑞罷官》的鬥爭已經進一步展開，一小撮反革命的修正主義者則在作最後的頑抗。周揚在他公開發表的報告裡，公然繼續篡改毛澤東同志的指示，表示他決心抗拒到底。

同志們請看：他們是多麼頑固地抵抗黨中央和毛澤東同志的指示啊！他們對無產階級左派是抱著多麼刻骨的仇恨啊！革命的火焰要燒到他們的頭上了，他們就死也不肯後退了！他們就要動員黑線、黑店的所有力量反撲過來了！當我們回顧解放以來文藝鬥爭的歷史時，可以清楚地看到兩條路線的尖銳鬥爭：一條毛澤東文藝路線，是紅線，是毛澤東同志親自領導了歷次重大的鬥爭，把文化革命一步步推向前進，作了長時間的準備，直到發動了轟轟烈烈的、向資產階級全面進攻的、億萬人民參加的無產階級文化大革命，一直挖進周揚一夥的老巢。一條反黨反社會主義的資產階級文藝路線，是黑線。它的總頭目，就是周揚。周揚背後是最近被粉碎的那個陰謀篡黨、篡軍、篡政的反革命集團：胡風、馮雪峰、丁玲、艾青、秦兆陽、林默涵、田漢、夏衍、陽翰笙、齊燕銘、陳荒煤、邵荃麟等等，都是這條黑線之內的人物。他們內部不同集團之間儘管會發生各種爭吵和排斥，但在有一點上是一致的：就是他們反對馬克思列寧主義，毛澤東思想，反對工農兵群眾、反黨反社會主義的資產階級反動政治立場。"批判"胡風的周揚又採用了胡風的惡毒語言，是他們本來就立場一致的緣故。周揚一夥用一打一拉、封官許願、招降納叛、相互吹捧等等卑劣手段，把一批叛徒，反革命分子，右派分子，極端個人主義者，都收羅進來，安插到各種崗位上去，當作反黨反社會主義的工具。他們還竭力用種種方法，使青年中毒，變成資產階級的接班人，罪惡地把一批青年作者拖入反黨反社會主義的黑店。這條黑線控制了文化界，控制了各個協會，又伸展到各地，用所謂"會員"制度和重重疊疊的"協會"組織，養了一批資產階級作家，排斥打擊工農兵，搞了大大小小一批"裴多菲俱樂部"。這條黑線是為資本主義復辟服務的。今天，我們一定要砸爛他們一切"裴多菲俱樂部"，搗毀他們修正主義的閻王殿！我們一定要把所有文藝單位的領導權從資產階級手中奪過來，徹底奪過來！要把那些腐朽的資本主義關係和封建關係，堅決地加以摧毀！

　　周揚不是曾經自封為什麼"馬克思主義理論家"嗎？由於周揚竊踞了黨在文化方面的領導崗位，並利用黨閥兼學閥的地位，把自己裝成黨在文藝方面的代表，不斷吹噓自己，嚇唬別人，造成了這種假像。事物是作為過程而展開的，透過現象認識事物的本質，常常需要一個觀察的過程，需要一段讓隱藏著的本質充分暴露出來的時間。這並不奇怪。這種情況，過去有，今後還可能發生。然而，當那些反毛澤東思想的"大人物"的真面目暴露之後，回過頭一看他們的歷史，便會從龐大的假像中發現渺小的本質。周揚公開的文章和內部講話，只要仔細一查，充滿反動的謬論，錯誤百出，一戳就破。至於周揚自己的所謂 "文藝理論"，不過是雞零狗碎地從洋書中抄一些句子罷了。有什麼了不起呢？

周揚不是吹噓他是從 "解放區" 來的嗎？其實，在延安的時候，他同王實味、丁玲、蕭軍、艾青等託派分子、叛徒、反黨分子是一路貨色。周揚是一個混進革命隊伍的資產階級分子。三十年代，周揚是王明路線的執行者，是以魯迅為代表的無產階級文藝路線的反對者。四十年代初在延安，他仍舊頑強地宣告 "在美學上，我是車爾尼雪夫斯基的忠實信奉者"《解放日報》一九四一年七月十七日）。他到了革命根據地，卻極端厭惡革命根據地。一九四一年七月十七日至十九日，他在《解放日報》上發表過反黨雜文《文學與生活漫談》，誣衊和攻擊 "延安也自有它一個圈子，它的一套。都穿同樣的制服，拿相差不多的津貼，……你在路上走，會從前後左右到處聽得見掛在人們嘴上的老一套的革命術語。多麼的千篇一律，絲毫沒有變化啊！" 他用資產階級 "反對派" 的反革命語言，攻擊延安 "太窄狹"，"太呆板"，"容不下自己"，狂妄之極地要求 "延安也絕不能滿足於自己已有的一套，而必須力求改進，使自己成為更廣闊，更包羅萬有"（《解放日報》一九四一年七月十九日）。這是在毛主席所在的地方，在全中國人民心中的革命聖地延安寫出來的話啊！這樣惡毒，同王實味的腔調有什麼兩樣！一到無產階級掌權的地方，周揚的資產階級本性就爆發成仇恨的反黨叫囂了！"包羅萬有"，就是要把牛鬼蛇神也 "包羅" 進來！果然，在周揚這三篇反黨雜文帶頭之下，冒出了 "包羅" 王實味的《野百合花》、丁玲的《三八節有感》、艾青的《瞭解作家，尊重作家》在內的一批反革命的奇文。周揚這種反動立場和思想，受到了毛澤東同志《在延安文藝座談會上的講話》的尖銳批評。但是，他始終抗拒毛澤東同志的批評，死也不肯同工農兵結合。這種資產階級反動本質屢教不改，到了社會主義革命時期就進一步發展為全面的修正主義路線。

　　周揚是一個反革命兩面派。他之所以能長期蒙蔽一些人，同他這種兩面派的手段有很大關係。要學會識別兩面派型的人物。兩面派是混入無產階級內部的階級敵人向我們進行鬥爭的一種策略，在強大的無產階級專政條件下，他們只有用打著紅旗反紅旗的辦法，才能夠混下去。陰一面，陽一面，當面一套，背後一套，用的是馬克思主義詞句，販的是修正主義黑貨，在不利時退卻，在有利時進攻，用假檢討來躲藏，用真進攻來反撲，招降納叛，結黨營私，以推翻無產階級專政、實行資本主義復辟為自己的最終目的，這就是他們的一整套策略。識別這種兩面派，要看他在重大關鍵時刻的政治立場，特別是資產階級向無產階級猖狂進攻時的政治立場，不能相信那些順風轉向的表面文章。揭露這種兩面派，要靠群眾運動。這次無產階級文化大革命的烈火，不就燒掉了周揚的偽裝，暴露出他醜惡的靈魂了嗎？

　　揭發出周揚這條黑線，文藝界就萬事大吉了嗎？也不是。揭發出來，並不等於挖掉，更不等於肅清影響；挖掉了這條黑線，還會有今後的黑線，還得再鬥爭。階級鬥爭，政治鬥爭，總是要以這種或那種形式反映到文藝上來的。戰鬥的路還很長。真正的無產階級革命派，要隨著形勢的發展不斷向自己提出新的更高的鬥爭任務，絕不能因為一個戰役的勝利就麻痺起來，陶醉起來。

　　正如毛澤東同志所說：無產階級文化大革命是觸及人們靈魂的大革命。它觸動到人們根本的政治立場，觸動到人們世界觀的最深處，觸動到每個人走過的道路和將要走的道路，觸動到整個中國革命的歷史。這是人類從未經歷過的最偉大的革命變革，它將鍛煉出整整一代堅強的共產主義者。當前是一片大好形勢，但鬥爭的道路是曲折的。會有反覆，會有起伏，會出現種種假像，會遇到反動勢力的反撲和軟化，要準備再打若干個回合；但勝利必將屬於掌握了毛澤東思想的、善於學習的，團結群眾的、革命到底的無產階級革命左派。“實踐、認識、再實踐、再認識”，只要按照毛主席的這個教導認真去做，善於總結經驗，使我們的認識跟著客觀過程的發展而不斷發展，我們就能練出一身敢於革命、善於革命的真本事。被這場文化大革命的滾滾洪流衝洗掉的，是一小撮舊世界的殘渣餘孽，是剝削階級遺留下的各種腐朽制度和精神枷鎖。中國人民將空前鞏固地團結在偉大領袖毛澤東同志的領導之下，高高舉起毛澤東思想的偉大紅旗，邁著革命的大步，朝氣勃勃地去創造一個紅通通的共產主義的新世界。

（原載《紅旗》1967 年第 1 期）

革命文藝的優秀樣板

《人民日報》社論

　　為了紀念毛主席《在延安文藝座談會上的講話》發表二十五周年，首都舞臺上正在上演八個革命樣板戲：京劇《智取威虎山》、《海港》、《紅燈記》、《沙家濱》、《奇襲白虎團》，芭蕾舞劇《紅色娘子軍》、《白毛女》，交響音樂《沙家濱》。

　　這八個革命樣板戲，突出地宣傳了光焰無際的毛澤東思想，突出地歌頌了歷史主人翁工農兵。它貫串著毛主席的為工農兵服務、為無產階級政治服務的革命文藝路線，體現了“百花齊放”“推陳出新”“古為今用”“洋為中用”的正確方針，做到了“革命的政治內容和盡可能完美的藝術形式的統一”，成為“團結人民、教育人民、打擊敵人、消滅敵人的有力的武器。”

　　這八個革命樣板戲受到廣大工農兵群眾高度的讚揚，熱烈的歡呼讚揚它為無產階級革命文藝的發展樹立了光輝的典範。歡呼它是無產階級文化大革命的輝煌成果，是毛澤東思想的偉大勝利！

　　各個階級都力圖立本階級的戲劇樣板，為本階級的政治服務。因此，在戲劇舞臺上，大破封建主義、資本主義、修正主義的戲劇樣板，大立無產階級的革命戲劇樣板，是一場尖銳的階級鬥爭，是一場保衛無產階級專政，粉碎資本主義復辟的鬥爭。

　　早在抗日戰爭時期，我們偉大的領袖毛主席就大力提倡戲劇革命。他指出：“歷史是人民創造的，但在舊戲舞臺上（在一切離開人民的舊文學舊藝術上）人民卻成了渣滓，由老爺太太少爺小姐們統治著舞臺"。他還強調指出，這種歷史的顛倒，現在要再顛倒過來。

但是，十七年來，黨內頭號走資本主義道路當權派夥同舊北京市委反革命修正主義集團的頭子彭真，舊中宣部、舊文化部反命修正主義分子陸定一、周揚等，竊取了文藝界的領導權，公然對抗毛主席的革命文藝路線，在文藝界實行了資產階級專政。

毛主席教導我們，在無產階級專政的條件下，應當高度警惕資本主義復辟的危險，千萬不要忘記階級鬥爭。他還指出；"社會經濟基礎已經改變了，爲這個基礎服務的上層建築之一的藝術部門，至今還是大問題。這需要從調查研究著手，認真地抓起來。"這是最高統帥向文藝界發出的戰鬥動員令。

高舉毛澤東思想偉大紅旗的江青同志，奮勇當先，參加了戲劇革命的鬥爭實踐，帶領了一批文藝界的革命闖將，一批不出名的"小人物"，衝破黨內一小撮走資本主義道路當權派的層層阻力，攻克了戲劇藝術中稱爲最頑固的京劇"堡壘"、不可逾越的芭蕾"高峰"和神聖的交響"純音樂"，在歷史上第一次爲京劇、芭蕾舞劇和交響音樂，樹起了八個閃耀著毛澤東思想燦爛光輝的革命樣板戲，爲無產階級新文藝的發展，吹響了嘹亮的進軍號！

敵人絕不會自動退出政治舞臺。一切腐朽的、糜爛的、沒落的文藝也不甘心退出文藝舞臺。戲劇革命每前進一步，都要經過嚴酷的戰鬥。一小撮反革命修正主義分子，一開始就對江青同志領導的革命樣板戲組織了反革命的圍攻，妄想把戲劇革命扼殺在搖籃裡。他們還採取種種極其卑劣、毒辣的手段，從革命樣板戲的創作、排練到演出，進行百般刁難、壓制排擠，甚至以"左"的面貌打進去，企圖砍掉樣板戲的革命靈魂，把戲劇革命引入歧途。

　　歷史的潮流總是阻擋不住的。

　　戲劇革命的洪流終於衝決了反革命修正主義的堤防。八個革命樣板戲終於殺了出來，像春雷一般震撼著整個藝術舞臺。

　　這聲聲春雷，宣告了反革命修正主義文藝黑線的破產，報導了無產階級革命文藝百花盛開的春天就要到來。工農兵昂首屹立在舞臺上的新時代到來了！被封建主義、資本主義、修正主義顛倒的歷史，在我們手裡顛倒過來了！

　　革命的文藝工作者！我們要高舉毛主席革命文藝路線的偉大紅旗，勇敢地去攀登前人沒有攀登過的高峰，創造更多更好的無產階級的新文藝！

（原載 1967 年 5 月 31 日《人民日報》）

讓文藝舞臺永遠成爲宣傳毛澤東思想的陣地

于 會 泳

　　當前，無產階級文化大革命進入了奪取全面勝利的嶄新階段。兩年來，文化大革命的紅色巨流滾滾向前，一瀉千里，衝刷了殘留在我們土地上的污泥濁水，使形形色色的階級敵人現形於光天化日之下，取得了輝煌的勝利。

　　江青同志親自發動和領導的京劇革命是這場史無前例的無產階級文化大革命的偉大開端，它吹響了文化大革命的進軍號，它在無產階級文藝史上寫下了劃時代的光輝篇章。這是毛澤東思想的偉大勝利，這是毛主席《在延安文藝座談會上的講話》的偉大勝利。每當我們回憶起江青同志領導我們披荆斬棘奮勇前進的崢嶸歲月，總是抑制不住內心的激動。江青同志在京劇革命中的豐功偉績，隨著歷史的發展，我們越來越有深刻的認識。是她，以最堅定的立場，最敏銳的政治嗅覺，選擇了向帝國主義、封建主義、修正主義發動總攻擊的突破點 — "京劇" 這個頑固的堡壘；是她，以最頑強的戰鬥精神，率領了廣大革命群眾衝鋒陷陣，把顛倒的歷史顛倒了過來，讓毛澤東思想佔領了文藝舞臺，從而揭開了無產階級文化大革命戰鬥的序幕；是她，以最熾烈的革命激情，矗立了震撼世界的八個革命現代樣板戲。，這八顆閃爍著毛澤東思想光輝的明珠，具有巨大的能量，它敲響了封建主義、資本主義、修正主義和一切反動意識形態的喪鐘，在文化大革命中，使我們億萬革命群衆樹立了必勝的信心，又爲我們各條戰線完成鬥批改的偉大歷史任務，樹立了最好的榜樣。

毛主席教導我們：“無產階級文化大革命，實質上是在社會主義條件下，無產階級反對資產階級和一切剝削階級的政治大革命，是中國共產黨及其領導下的廣大革命人民群衆和國民黨反動派長期鬥爭的繼續，是無產階級和資產階級階級鬥爭的繼續。”回顧江青同志親自領導的京劇革命的歷程，我們更加深刻體會到偉大領袖毛主席這一英明論斷。搞戲，就是搞階級鬥爭，就是無產階級向資產階級發動進攻。正如江青同志常常告誡我們的那樣，這是一場嚴重的階級鬥爭，又是一場非常細緻，相當困難的工作，文藝戰線是階級鬥爭的一個重要戰場，是無產階級與資產階級爭奪的前哨陣地，資產階級要復辟，總要先做輿論上的準備，向我們爭奪意識形態領域中的領導權。解放以來，周揚等一小撮反革命修正主義分子在其總後台中國赫魯雪夫的支援下，推行了一條反黨、反社會主義、反毛澤東思想的文藝黑線，這條黑線專了我們的政，他們把文藝作爲陰謀復辟資本主義的輿論陣地。那一個階級的代表人物佔領文藝舞臺，是關係到紅色政權變不變色的嚴重問題。爲了使紅色江山千秋萬代永不變色，江青同志毅然決然地率領革命文藝工作者開展京劇革命，從這個最頑固的堡壘打開缺口，在意識形態領域中擊退資產階級的進攻，爲無產階級文化大革命吹響了戰鬥的號角。

毛主席的革命文藝路線與反革命修正主義文藝黑線鬥爭的焦點，就是文藝爲哪一個階級服務，爲哪一個階級的政治服務。也就是無產階級佔領舞臺，還是資產階級佔領舞臺。江青同志反覆強調一定要讓用毛澤東思想武裝起來的無產階級英雄形象佔領京劇舞臺，使京劇舞臺成爲宣傳毛澤東思想的陣地。她說，在共產黨領導下的社會主義祖國舞臺上占主要地位的不是工農兵，不是這些歷史的真正創造者，不是這些國家真正的主人翁，那是不能設想的事。她指出,要在我們戲曲舞臺上塑造出當代的革命英雄形象來,這是首要的任務。

江青同志在京劇革命的偉大實踐中,首先抓住宣傳毛澤東思想這個根本關鍵,著力塑造以毛澤東思想武裝起來的高大的無產階級英雄形象。因爲只有塑造了無產階級英雄形象,才能有力地宣傳毛澤東思想。否則,如果讓那些紅臉黑心,打著"紅旗"反紅旗的兩面派,或者被歪曲了的工農兵人物,以及"中間人物"爲主人公,那麼這個作品勢必成爲宣傳修正主義的貨色,爲中國赫魯雪夫效勞。因此一個戲是否宣傳了毛澤東思想,關鍵就在於是否成功地塑造了主要的無產階級的光輝的英雄形象。當前兩個階級在文藝舞臺上鬥爭的焦點,也表現在這一個問題上。階級敵人知道,讓那些才子佳人死灰復燃,公開爬到舞臺上的可能性是不大了,於是,他們就想方設法,在舞臺上樹立他們的代言人,用種種卑劣的手法;來閹割、歪曲劇中的主要人物,從而達到他們佔領革命文藝陣地的罪惡目的。

例如《智取威虎山》,我們要宣傳毛主席人民戰爭的偉大戰略思想這個主題;因此,就必須要通過塑造用毛澤東思想武裝的,具有革命大智大勇精神的和勞動人民血肉相連的無產階級的英雄形象,以他們作爲主人公。相反如果把楊子榮塑造成一個渾身匪氣的"江湖豪俠"和脫離群眾的冒險主義者,那麼這個戲的主題必然變成宣揚中國赫魯雪夫之流,脫離群眾,盲動、冒險的錯誤的軍事路線。一小撮反革命修正主義分子,他們是很懂得這個道理的,爲了達到自己不可告人的目的,拚命在劇本中增添反面角色,把座山雕等反面人物寫得十分囂張。爲了突出反面人物,他們還特地聘請了老反革命分子賀綠汀爲定河老道的四句反動唱詞譜曲。他們所以這樣做,目的就是爲了篡改這個戲的主題,以它來表現中國赫魯雪夫的冒險主義、投降主義的軍事路線。

再如《海港》,我們是以表現階級鬥爭爲綱,歌頌中國工人階級的國際主義和愛國主義的豪情壯志爲主題，因此，就必須以方海珍、高志揚這樣的無限忠於毛澤東思想，立足碼頭、胸懷祖國、放眼世界的工人階級英雄形象爲主要人物。反之，如果讓余寶昌那樣的內心空虛、精神分裂的"中間人物"爲主人公，那麼，這個戲的主題就會成爲鼓吹培養中國赫魯雪夫的接班人。可是，中國赫魯雪夫居心叵測，在他的直接指使下，妄圖把這個戲的主題變成培養修正主義的接班人的戲，爲了達到這種罪惡的目的，那些反革命修正主義文藝的黑幹將，也是從人物塑造入手，來向我們進攻，他們竭力把落後青年工人余寶昌這個"中間人物"作爲主要人物，要所有的正面人物都圍繞著這個"中間人物"滿台轉。而把支部書記和裝卸組長等主要英雄人物的英勇行動場面，穿插在余寶昌的行動場面之間，作爲輔助情節。

江青同志十分敏銳地識破了階級敵人的各種陰謀詭計，爲了擊退階級敵人的進攻，爲了使毛澤東思想永遠佔領文藝陣地，她十分重視工農兵英雄人物的塑造。特別重視突出主要英雄人物的塑造。我們根據江青同志的指示精神，歸納爲"三個突出"，作爲塑造人物的重要原則。即：在所有人物中突出正面人物來，在正面人物中突出主要英雄人物來，在主要人物中突出最主要的即中心人物來。江青同志的上述指示精神，是創作社會主義文藝的極其重要的經驗，也是以毛澤東思想爲武器，對文學藝術創作規律的科學總結。它可以保證我們社會主義革命文藝永遠立於不敗之地，可以使我們的革命文藝舞臺永遠閃耀著毛澤東思想的光芒。

《智取威虎山》的創作就是根據江青同志的指示，把原來劇本中設計的一大串牛鬼蛇神，什麼定河老道、蝴蝶迷、一撮毛、欒平老婆……等等，全部砍掉，而又調動各種藝術手段加強了楊子榮等正面英雄人物的形象。例如：原來的第三場，是寫一撮毛兇殺欒平老婆的戲，現在砍去了這一場，而換上了表現楊子榮深山問苦的戲，突出地表現了人民解放軍戰士與勞動人民的魚水關係和階級感情以及我軍的深入群眾調查研究的優良作風。在正反面人物同場的戲裡，也有意地壓低了反面人物的囂張氣焰，而著力突出正面英雄人物，並使主要英雄人物始終居於主宰地位，一改過去那種反面人物居於主位的局面，第六場，原來是讓座山雕坐在舞臺正中，居高臨下，氣勢逼人，而楊子榮則彎躬屈膝，側立一旁，兩人交鋒中，楊子榮一直圍繞著座山雕打轉，扛青同志很敏銳地覺察到，她指示我們，共產黨員打入敵人內部以後，不應該靠裝得像敵人一樣去戰勝敵人，而是靠對毛澤東思想的大忠。又說，楊子榮在舞臺上不動則已，一動就應該是一個英雄塑像。根據這些重要指示，把座山雕置於舞臺的側面，讓楊子榮立於正中，始終讓楊子榮牽著座山雕的鼻子滿台走，突出了楊子榮這個人民解放軍的英雄形象，把顛倒了的歷史，再顛倒了過來。

　　《海港》的創作也遵照江青同志的指示，以表現階級鬥爭為綱，歌頌中國工人階級的國際主義和愛國主義的豪情壯志為主題思想，努力塑造並突出以方海珍為中心人物的一系列立足碼頭、胸懷祖國、放眼世界的工人階級的英雄人物形象。在這個戲的人物塑造中，在所有正面人物中突出方海珍、高志揚、馬洪亮的無產階級英雄形象，在這三個人物中又著重突出了方、高，在方、高中又以方為主。為此，我們在戲中把方海珍放在矛盾衝突的中心，給方海珍以許多實際行動和能夠經常按毛主席教導去分析判斷問題；這樣，一個以毛澤東思想武裝的有著高度的國際主義和愛國主義精神以及革命幹勁和科學精神相結合的工人階級英雄形象就樹立了起來。例如：原來的"壯志凌雲"一場，是通過媽媽和舅舅的家庭教育使落後青年轉變的，這樣自然就突出了媽媽和舅舅的家庭教育的作用。為了塑造方海珍，毅然決然地把媽媽這個人物拿掉，而讓方海珍出場，通過講述海港鬥爭史和國際主義、共產主義教育使余寶昌轉變。這樣就突出了方海珍，顯示了工人階級英雄人物國際主義和愛國主義的雄心壯志。

在京劇革命中，江青同志不但參加鬥爭實踐，而且參加了藝術實踐。在藝術實踐中，她不但抓主題思想和英雄人物塑造這些大的原則問題，而且還圍繞努力塑造並突出體現毛澤東思想光輝的英雄人物這一中心課題，狠抓藝術細節問題。一招一式、一字一句、一腔一板、一個領章、一個帽徽、一件服裝、一道燈光，都十分細緻地去推敲，務使更好地突出用毛澤東思想武裝起來的英雄人物。江青同志的這種**"在戰略上要藐視困難、在戰術上要重視困難"**的革命精神，嚴肅認真、一絲不苟的高度政治責任感，不知多少次感動著我們，激勵著我們奮勇前進。

更值得我們學習的是，在藝術實踐中，江青同志的異常敏銳的政治嗅覺和無比堅定的政治立場。她對每一個細節，都是用毛澤東思想去衡量，符合毛澤東思想的，不管別人如何反對，她堅決地堅持下去；不符合毛澤東思想的，即使它在藝術上有什麼可取之處，也是毫不留情地加以否定，加以抵制。在創作過程中，她時時處處考慮是否突出了主要的英雄人物，例如有些場次，有些人物，別人稱爲有"情節"有"戲"，可是江青同志一眼看出，它有損主要英雄人物的形象，就毅然決然地把它砍掉。而她之所以這樣重視塑造並突出英雄人物的光輝形象，目的很明確，就是讓這樣的英雄人物充分體現毛澤東思想的主題，從而使舞臺成爲宣傳毛澤東思想的陣地。

江青同志按照偉大領袖毛主席的**"古爲今用"**、**"洋爲中用"**和**"推陳出新"**的原則，對各種藝術形式的創作都提出過極爲重要的意見，如在京劇音樂創作上，爲了正使音樂創作爲政治服務，曾對我們作過許多具體的指示，根據她的指示，我們曾總結爲"一個主要任務"，"三個對頭"，"三個打破"的工作守則；"一個主要任務"，是指戲曲音樂的主要任務是著重通過揭示人物內心世界的途徑塑造英雄人物的音樂形象，而不是像舊戲所摘的那樣，爲了"造氣氛"、"打補釘"、"點綴色彩"、"悅耳動聽"。要達到這個主要任務,則必須做到"三對頭"——思想感情對頭,性格氣質對頭,時代氣息對頭,而不是像過去有些人所主張的那樣,音樂設計只是爲了"表達唱詞"、"表達情緒"等等。要完成"三對頭",則又必須做到"三個打破",即,打破唱腔流派,打破唱腔行檔,打破舊有格式。**"破,就是批判,就是革命。破,就要講道理,講道理就是立,破字當頭,立也就在其中了。"**毛主席的偉大指示,永遠是革命文藝創作的光輝指標。

參加江青同志親自領導的京劇革命的過程,是一次活學活用毛澤東思想的過程,使我們深深懂得,革命文藝最主要的任務就是宣傳毛澤東思想,塑造一個個活生生的用毛澤東思想武裝起來的無產階級英雄人物,給人民以教育和鼓舞,帶動大家前進。這樣革命文藝才能有生命力,文藝舞臺才能成爲宣傳毛澤東思想的陣地。在江青同志的英勇鬥爭和艱苦卓絕的實踐下,終於使楊子榮、少劍波、方海珍、高志揚等高大的無產階級革命英雄形象,屹立在京劇舞臺上,大放異彩,光焰奪目,牢牢地佔領了革命的文藝舞臺,開闢了無產階級一代文藝的新紀元。

風展紅旗如畫。當前無產階級文化大革命形勢大好,京劇革命的形勢大好,毛主席的革命文藝路線不斷取得偉大勝利,但是,正如毛主席所教導的:**"無產階級和資產階級之間在意識形態方面的誰勝誰負問屬,還沒有真正解決。我們同資產階級和小資產階級的思想還要進行長期的鬥爭。不瞭解這種情況,放棄思想鬥爭,那就是錯誤的。"**那些被趕下政治舞臺和藝術舞臺的牛鬼蛇神,絕不會甘心他們的失敗,也不可能放棄他們妄圖復辟的企圖,階級鬥爭在繼續,京劇革命的鬥爭也在繼續!挖掉了一條黑線後,還會有新的黑線,還得再鬥爭。階級鬥爭的形式今後也將更複雜,更尖銳,京劇革命僅僅是萬里長征走了第一步。但是,因爲我們有光芒四射的毛澤東思想爲指導,有文化革命的偉大旗手江青同志的率領，我們有奪取徹底勝利的充分信心，我們一定要勇敢投入戰鬥，披荊斬棘，闖關奪寨，創造更多更高大的光輝的工農兵英雄形象，大力宣傳毛毛澤東思想，更好地爲中國人民和世界人民服務，把無產階級文化大革命進行到底！

（原載 1968 年 5 月 23 日《文匯報》）

評斯坦尼斯拉夫斯基 "體系"

上海革命大批判寫作小組

　　林副主席在 "九大" 的政治報告中指出： "我們必須繼續高舉革命大批判的旗幟，用毛澤東思想批判資產階級，批判修正主義，批判各種違反毛主席無產階級革命路線的右的或極 '左' 的錯誤思想，批判資產階級個人主義，批判 '多中心即無中心論' 。" 批判被蘇修竭力吹捧爲 "馬克思主義" 的、作爲現代修正主義文藝理論基礎之一的所謂斯坦尼斯拉夫斯基 "體系" ，是無產階級在戲劇戰線上的重要任務之一。

　　斯坦尼斯拉夫斯基何許人也？這是一個資產階級反動藝術 "權威" 。俄國一九〇五年革命把他嚇破了膽，他帶著歌頌沙皇、貴族的戲劇逃往德國，得到德皇威廉二世的喝彩和召見。偉大的十月革命到來後，他自稱 "又陷入了絕境" ， "又必須走出一段路" 。他帶著劇團溜到了美國，和帝國主義分子打得火熱，悲歡沙皇時代的 "太平" 日子一去不回，叫喊革命造成了 "戰爭、饑饉、舉世災禍、相互誤會與仇恨" 。

　　從一九〇五年革命的失敗到十月革命的興起，是俄國政治上的反動時期。沙皇政府爲了撲滅無產階級革命的熊熊烈火，動員了一切反動力量，在政治上文化上對革命人民交替使用鎮壓與欺騙的反革命兩手政策。斯坦尼斯拉夫斯基煞費苦心而雜湊成的戲劇理論，即所謂斯坦尼斯拉夫斯基 "體系" （以下簡稱斯坦尼 "體系" ），不前不後，偏偏在這一反動歷史時期形成，這就正好表明它是沙皇政府反動的文化麻醉政策的產物。

這個 “體系” 的核心，用他自己的話來說，就是 “自我”。他所鼓吹的什麼戲劇的 “最高任務”、“貫串動作”、“一般人所有的優缺點的種子” 以及 “各種元素” 等等神秘的東西，一古腦兒都 “蘊藏” 在這 “隱秘的‘自我’中”。

長期以來，這個資產階級的戲劇 “體系”，被赫魯雪夫、劉少奇之流當作對抗馬克思列寧主義、復辟資本主義的工具，披上了一層社會主義戲劇理論的外衣。斯坦尼 “體系”，從蘇聯到中國，在戲劇電影界橫行霸道，不可一世，被作為導演和演員人人必讀的教科書，簡直成了一部藝術 “聖經”。誰要去碰一碰這個 “體系”，就好比掘了這班老爺的祖墳。劉少奇在文藝界的代理人周揚就曾說過：斯坦尼的 “體系” “是在世界戲劇史上唯一有體系的，根本不能打倒，也打不倒”。

“打不倒” 嗎？拆穿西洋鏡，不過是一隻紙老虎。

從工農兵出發還是 “從自我出發”？

歌頌工農兵還是歌頌資產階級，這是無產階級文藝觀和資產階級文藝觀的根本區別。

斯坦尼說：“演員不論演什麼角色，他總應該從自我出發”；“要牢牢記住：藝術的道路，就是你自己，而且只是你自己”；“我們一輩子都是在表演自己”。“自我”，“自己”，都是指斯坦尼所代表的那個剝削階級的內心世界，這是徹頭徹尾歌頌資產階級的反馬克思主義觀點。

在階級社會裡，沒有抽象的、超脫於階級之外的個人，也沒有抽象的、超脫於階級之外的文藝。斯坦尼 “一輩子” 究竟是從什麼樣的 “自我” 出發，表演什麼樣的 “自己”？可以查一查他的 “表演” 歷史。

從一八七七年到一九二八年的五十一年間，他扮演過一百零六個角色，全部都是沙皇將領、貴族、資產階級和小市民階層的人物。從一八八一年到一九三八年的五十七年間，他所導演的八十五個戲，也絕大部分都是資產階級的所謂"古典"戲劇。斯坦尼的所謂"從自我出發"，就是從資產階級政治利益和藝術需要出發；所謂表演"自己"，就是資產階級的自我表演，自我歌頌。在這種演出實踐基礎上建立起來的表演理論，必然滲透著資產階級生活、性格、世界觀的特徵，它同無產階級的革命戲劇是格格不入的。

從資產階級知識份子的"自我出發"去演工農兵行不行？不行！無產階級藝術中的工農兵形象，如李玉和、楊子榮等，都是無產階級的英雄人物，是本階級的優秀代表，他們身上所體現出來的優秀品質，"比普通的實際生活更高，更強烈，更有集中性，更典型，更理想，因此就更帶普遍性"。演員探索表演這些藝術形象的過程，也就是理解、學習、歌頌這些英雄形象和改造自己世界觀的過程。即使是工農兵出身的演員，也必須重新接受再教育，絕不能有什麼例外。強調"從自我出發"去表演工農兵形象，只能是用資產階級、小資產階級狂妄的"自我擴張"，去歪曲工農兵的革命鬥爭和他們英雄的精神面貌。這正是那些蓄意破壞革命樣板戲的走資派、反動"藝術權威"曾經用來歪曲、污辱我們的工農兵英雄形象而已遭到破產了的卑劣手法。有沒有從資產階級的"自我出發"表現工農兵的文藝作品呢？有，君不見蘇修叛徒集團統治下所炮製的戲劇電影嗎？那裡的工農兵被醜化得實在不像樣子，有貪生怕死的，有沉醉於生兒育女的，有同白匪軍官勾勾搭搭的，還有更醜更醜的……哪裡有一點點工農兵的氣息？分明都是蘇修叛徒無恥的"自我"暴露！

"從自我出發"，演資產階級以及一切反面人物行不行呢？也不行！在無產階級看來，演座山雕、鳩山之類反面人物，只能站在工農兵立場上，用工農兵的階級仇恨，無情地揭露、批判他們醜惡、空虛、反動的階級本性，藉以襯托無產階級英雄人物的光輝形象。如果從斯坦尼的資產階級的 "自我出發"，就勢必把實際生活中要打倒、要剷除的魔鬼變成藝術中的主角，讓他們飛揚跋扈地在舞臺上專工農兵的政。有沒有這種戲劇呢？有，從十九世紀冒出來的什麼 "體驗派"、"表現派"，發展到當今帝國主義、現代修正主義國家裡的什麼 "先鋒派"、"現代派" 等等，全是這類垃圾貨。說得通俗一點，這實際上是牛鬼演牛鬼，強盜演強盜，流氓演流氓！我國一九六二年前後，在劉少奇反革命修正主義路線支配下，在彭真、陸定一、周揚、夏衍、田漢等反革命分子操縱、支持下出籠的一批毒草電影，包括一批所謂 "寫中間人物" 實際上是寫反動人物的電影，其中有一些就是反革命演反革命，地主資產階級演地主資產階級，給予壞人許多極其反動、極其醜惡、極其下流的特寫鏡頭，讓他們反動的腐爛的 "自我"，神氣活現地在銀幕上稱王稱霸！

　　總之，不論演工農兵的正面形象，還是演反面人物，革命文藝戰士都必須從工農兵的革命利益和革命實踐出發，在與工農兵相結合、接受工農兵再教育的過程中，區別自己頭腦中哪些是資產階級思想感情，哪些是反映工農兵的生活及其思想感情，不斷地克服資產階級的 "私" 字，樹立無產階級的 "公" 字。只有這樣，才能真正表現和創造出 "幫助群眾推動歷史的前進" 的革命的藝術形象。

　　斯坦尼的 "從自我出發" 論，同反革命分子胡風的 "自我擴張" 論，完全是一路貨。以 "我" 為中心，"我" 囊括一切，"我" 為所欲為，這就是資產階級和一切剝削階級的極端利己主義的生活目的。"從自我出發" 去 "想像"，就是升官發財、損人利己的想入非非；"從自我出發" 去鼓吹 "人類愛"，就是讓億萬勞動人民永遠過饑寒交迫的苦難日子；"從自我出發" 去 "擁抱世界", 就是帝國主義法西斯侵略行動的代名詞。斯坦尼提出 "從自我出發" 這個反動文藝口號, 集中地反映了地主資產階級在文藝領域內用腐朽的資產階級個人主義腐蝕群眾, 爲氣息奄奄的資本主義社會打強心針。他在戲劇舞臺上瘋狂地 "從自我出發" 改造世界, 所要追求和維護的, 不就正是那個充滿剝削、掠奪、侵略的黑暗王國嗎?

毛主席在批判以胡適爲代表的歐美派買辦 "文化人" 時, 曾經指出: "資產階級頑固派, 在文化問題上, 和他們在政權問題上一樣", "他們的出發點是資產階級專制主義, 在文化上就是資產階級的文化專制主義", "他們不願工農在政治上抬頭, 也不願工農在文化上抬頭"。十月革命勝利後, 斯坦尼竭力反對演出表現工農兵鬥爭生活的劇本, 惡意誣衊工農兵特別樂意 "看一看別的人" "更爲美好的生活", 即他在舞臺上表演的老爺太太少爺小姐的腐朽的生活。這種頑固堅持 "從自我出發" 的出發點, 正是這種反動的資產階級文化專制主義, 是爲了把已被打倒了的資產階級 "美好的生活" 在舞臺上永恆化、合法化, 不使工農兵在政治上和文化上抬頭, 並通過文藝舞臺進行政治上的反革命復辟。

毛主席指出: "我們的文學藝術都是爲人民大眾的, 首先是爲工農兵的, 爲工農兵而創作, 爲工農兵所利用的。" 文藝工作者必須徹底拋棄從 "自我" 出發的反動文藝觀, 從工農兵的需要出發, 同工農兵結合, 才能使自己的創作真正爲工農兵而創作, 並爲工農兵所利用。根據毛主席的無產階級革命路線而創作出來的一批光輝的革命樣板戲, 有力地表現了、塑造了、歌頌了高大的工農兵的英雄人物, 是對於反動的 "自我表現" 論的一個深刻的批判。聽! 占世界人口四分之一的中國, 到處蕩漾著革命樣板戲的高昂歌聲; 一個個革命英雄形象猶如永不凋落的青松, 紮根在億萬革命群眾的心坎裡, 鼓舞著他們的革命鬥志。

階級論還是 "種子論" ？

資產階級最虛偽的地方莫過於把他們醜惡的世界觀說成是 "全人類" 的東西。斯坦尼的 "從自我出發" 論，就是建築在這種虛偽的理論基礎上的。

為什麼要 "從自我出發" 呢？他說：每個人 "心靈" 中本來就具有 "作為人的優點和缺點的種子" ，所以，演員的 "最高任務" 就是從扮演的人物中 "找到和本人的心靈一脈相通" 的 "種子" ， "培植和發展這些種子" 就行了。

"種子論" ，就是資產階級人性論，是專門同馬克思列寧主義的階級論唱對臺戲的。

馬克思列寧主義認為，階級存在和階級鬥爭是階級社會所有現象的總根源。無產階級的利益同歷史發展方向是一致的，同廣大勞動人民的根本利益是一致的，所以無產階級無所畏懼，公開申明自己的意識形態是有階級性、黨性的。而資產階級的利益同歷史發展方向相抵觸，同革命人民的利益根本不相容，所以他們總是把自己的意識形態的階級實質掩蓋起來，冒充為 "全人類" 、 "全民" 的超階級的東西，以便欺騙群眾，永遠霸佔思想文化陣地。

所謂 "作為人的優點和缺點的種子" ，拆穿西洋鏡，就是一切剝削階級既有道貌岸然、仁義道德的表面 "種子" ，更有唯利是圖、男盜女娼的內在 "種子" 。兩樣貨色齊全，各有各的用處。要演員都去 "培植和發展" 這兩種 "有機配合" 、交替使用的 "種子" ，豈不是要把演員都變為表裡不一的偽君子、兩面派嗎？斯坦尼有句流毒頗廣的名言 ── "愛自己心中的藝術，而不是愛藝術中的自己" ，就是這種偽君子處世哲學的最好的注腳。所謂 "愛自己心中的藝術" ，就是愛自己賴以成名成家的藝術資本，其本質仍然是"愛自己";所謂"不是愛藝術中的自己",不過是蓋上一層薄薄的"爲藝術而藝術"的遮羞布,以便從中撈取更多成名成家的資本。這就是他的兩面派"種子論"在實際生活中的妙用。以斯坦尼爲代表的資產階級人性論者認爲,每個人天生就有所謂"優點和缺點"的兩面派本性,否則·他們就斷定是違反"人性"的。

江青同志率領革命文藝工作者創造的樣板戲,是對超階級的"人性論"的最形象、最有力的批判。在革命京劇樣板戲《紅燈記》的"赴宴鬥鳩山"這場戲中,就通過藝術形象成功地表現了兩個階級的兩種世界觀的鬥爭:日寇鳩山高唱"最高的信仰"就是"爲我"、"爲自己",妄圖用資產階級"做人的訣竅"誘惑李玉和;可是,這種"爲我"的"訣竅"對於一心爲公、一生爲革命的共產黨員李玉和來說,"真好比擀麵杖吹火,一竅不通"。在無產階級英雄人物李玉和的面前,鳩山鼓吹的"最高的信仰"遭到了可恥的失敗,也可以說是斯坦尼鼓吹戲劇舞臺上"最高任務"的慘敗。道理很簡單:在無產階級身上永遠找不到資產階級的"天性"、"種子",在資產階級身上也絕不會找到無產階級的優秀品質。

然而,斯坦尼並不甘休。他還在"種子論"的基礎上進一步強調:"永遠不要忘記,在扮演一個惡棍時,要尋找出他還是善良的,他的愛還是無私的,在他心裡還有一點純潔之處的那些時刻。""扮演好人,要找他壞的地方,扮演壞人,要找他好的地方","餘類推"。

斯坦尼原想以"種子論"來抹煞實際生活中的階級界限和階級鬥爭,然而恰恰在他這種"類推"中暴露了他的"體系"的反動性:

以此"類推",扮演鳩山、座山雕等等反面人物,必須"尋找"他們"善良"、"無私"、"純潔"、"好的地方",硬要在惡鬼臉上塗脂抹粉，這不是爲帝國主義和一切反動派辯護的"體系"嗎？

以此"類推"，扮演李玉和、楊子榮、郭建光等等無產階級英雄人物，必須"找他壞的地方"，以便在我們的革命英雄臉上抹黑，這不是對無產階級發洩刻骨仇恨的"體系"嗎？

以此"類推"，生活中的一切剝削階級上了舞臺就變成"善良"的"好人"，一切勞動人民，上了舞臺就變成"可惡"的"壞人"，這不是爲萬惡的剝削制度唱讚歌的"體系"嗎？

以此"類推"，文藝工作者就不需要接受工農兵的再教育了。要改造麼？不必，不必，我心裡早就有工農兵的"種子"了。再說，如果把資產階級的"種子"改造掉了，那就找不到無產階級"壞的地方"，也找不到資產階級"好的地方"了。看，這不是向知識份子進行政治腐蝕的"體系"嗎？

這種"餘類推"的反革命主張，早已爲現代修字型大小的文藝幹將們運用得滾瓜爛熟。蘇聯有，中國也有。叛徒、內奸、工賊劉少奇，偏被打扮成一個頭上加上"光圈"的"救世主"；窮途末路的國民黨敗將，卻美化成爲"具有儒將風度"的"英雄"。如此等等，難道不正是他們反革命本質的大暴露嗎？無產階級文化大革命一聲春雷，把周揚文藝黑線擊得粉碎，也把斯坦尼"體系"反革命"種子論"擊得粉碎。樣板戲中崇高而光輝的無產階級英雄人物形象，醜惡而渺小的反革命敵人的形象，都是對"種子論"的深刻批判。今後，在塑造工農兵的英雄人物的工作中，文藝工作者必須繼續同自己非無產階級的思想作鬥爭，接受工農兵的再教育，切不可讓什麼剝削階級的"種子"冒出來歪曲英雄人物形象！

有意識宣傳還是"下意識的創作"？

　　二十世紀資產階級在思想文化方面的腐朽沒落，不僅在於公開推銷"人性論"，還特別表現在露骨宣揚反理性的"下意識"。

　　斯坦尼寫道："如何自然地激起有機天性及其下意識的創作"，就是他"整個'體系'的真髓"。

　　何謂"下意識"？就是說人的活動是屬於動物生理上的本能表現。這種荒謬的論調是斯坦尼自己發明的嗎？不是，而是從最下流、最反動的弗洛依德心理學派抄來的，是資產階級戲劇藝術走上了窮途末路的反映。當代資產階級的思想實在太貧乏了，在理論上再也拿不出新鮮貨色來，只好把他們自己當作野獸，只好把他們極端利己主義的"我"字胡說成"人人皆有"的動物"本能"表現，爲他們剝削、掠奪、侵略的反動階級本性辯護。謂予不信，略舉幾例。

　　請看斯坦尼的奇談怪論：

　　"瞧，你的頭昏了。這很好"，"由於你所扮演的人物的生活和你本人的生活在某些瞬間突然完全溶合在一起，你就會覺得自己的腦筋迷迷糊糊的"。這是自欺欺人。舞臺上演戲如果發生了什麼"頭昏"、"迷迷糊糊"的現象，豈不是把臺詞和什麼"規定情景"都"迷糊"掉了嗎？事實上，這種說法的實質是在強調感情、本能的藉口下，要演員在所謂"假面"掩蓋下，在舞臺上放縱表演自己內心的腐朽思想和肆無忌憚地表現糜爛的資產階級生活方式，並且是愈大膽愈好，愈下流愈妙。用斯坦尼自己的話說，叫做"在假面掩蓋之下把他深藏的、隱秘的天性和性格特徵暴露出來，而這些東西在實生活中他是連提都怕提起的"。這種理論，製造了不知多少次舞臺前和舞臺後的無恥墮落行爲，對於演員和觀眾都有極大的腐蝕作用。

“理性總是枯燥乏味的”，“在我們這門藝術中，‘認識’就等於感覺”。這是提倡徹底的主觀唯心主義和反理性主義，即以自己的主觀狂想的資產階級感情來代替對客觀事物的分析，以達到歪曲客觀事物的目的。它的矛頭是直接針對著階級分析的。同時，這種否認科學的理性而強調歇斯底里的下意識的表演理論，也正充分滿足了飽食終日的資產階級追求感官刺激，用各種方法否認、掩蓋社會真實和階級鬥爭的寄生蟲生活的需要。請看斯坦尼對他所導演的《生活的戲劇》排演場面的描述：“演員把感情撕裂成粉碎，衝動地咬嚙著地板，而導演卻騎在他身上，捶擊他，以便激發他。”這難道還是戲劇？簡直是一群在舞臺上瘋狂了的野獸。

隨著馬克思主義、列寧主義、毛澤東思想在全世界的傳播，隨著無產階級和人民革命不斷取得勝利，資產階級早已喪失了面對現實的勇氣，從資產階級革命初期提倡“理性”，走向反對理性、仇恨理性，資產階級的文化藝術也就隨之而從所謂現實主義走上了神秘主義、印象主義直到各種各樣“現代派”的死胡同，繪畫、音樂、舞蹈、戲劇、電影都莫不如此。斯坦尼既然是資產階級在戲劇藝術領域內的代表人物，當然要頑強地表現資產階級的這一時代特徵。其實，斯坦尼用“從自我出發”——“培植和發展”兩面派“種子”——達到“下意識的創作”這套公式所組成的“體系”，也是一種“理性”。不過他從不說自己的貨色是“枯燥”的，而是自賣自誇地叫喊：“我的體系對各民族的人全都適用”。但是，這種爲“垮掉的一代”所崇尚的“體系”，在無產階級和革命人民看來，豈止是“枯燥”，簡直是枯竭了，它標誌著資產階級文藝在精神上、思想上、藝術上都完完全全的徹底枯竭了。“人的天性是不能改造的”，“不要去強制天性”。這個反動論點不僅絕對地否定了演員的世界觀是可以改造的，並且狂妄地宣稱演員的世界觀根本不需要進行改造。在斯坦尼之流看來："人不爲己，天誅地滅"，利己主義是人天生的性格，從娘胎裡生下來就成爲"下意識"本性，因而只能放縱，不能改造。這是公開抗拒按照無產階級面貌改造世界。

但是，全世界都必然要沿著馬克思主義、列寧主義、毛澤東思想所指出的改造世界的鬥爭規律發生變化。對於一般脫離勞動人民的知識份子，我們通過引導他們同工農兵相結合，由工農兵給他們以再教育，徹底改變他們的舊思想，使他們中間的大多數，逐步拋棄資產階級的性格，增加無產階級的思想感情。"不能改造"、不願接受改造的極少數頑固派是有的，那也沒有什麼關係，他們也要變，就是變成死亡的資本主義制度的殉葬品。

事實證明，斯坦尼的所謂"下意識的創作"，只是一句騙人的鬼話。各個階級在文藝領域內的各種表現，從來都有明確的政治目的，都是有意識的政治宣傳，絕不存在什麼"下意識的創作"。無論革命的文藝，反革命的文藝，都表現著一定階級的世界觀，爲一定階級的政治服務。斯坦尼宣揚什麼"下意識的創作"，是有意識地把創作完全變爲資產階級的階級本能的"自我"表現，瓦解人民群眾的革命鬥志，破壞無產階級革命運動，爲資本主義鳴鑼開道。

加強文化戰線上的無產階級專政

宣傳哪一種文藝理論，執行哪一條文藝路線，實質上是無產階級和資產階級誰改造誰、誰專誰的政的問題。無產階級如果不把戲劇舞臺變成紅色的革熔爐，資產階級就會把它變成黑色的臭染缸，用來傳播資產階級思想毒菌，染汙廣大群眾的思想，使戲劇藝術成爲復辟資本主義的得力工具。蘇聯從無產階級專政"和平演變"爲資產階級專政的歷史過程告訴我們：文化上的資產階級專政，必然會導致政治、經濟上的資本主義全面復辟。因此，無產階級在奪取政權以後，即使已對生產資料所有制進行了社會主義改造，如果不搞文化大革命，那麼，最後失去的就不僅僅是文化上的領導權，而是整個無產階級和勞動人民的生存權！

我們偉大領袖毛主席非常及時而深刻地總結了我國無產階級專政的歷史經驗和蘇聯“和平演變”的教訓，明確提出：“無產階級必須在上層建築其中包括各個文化領域中對資產階級實行全面的專政。”這個偉大的革命綱領，是對馬克思列寧主義無產階級專政學說的重大發展，指引著我們無產階級專政下繼續革命的方向。

在文化領域中實行無產階級專政，歸根到底，就是用馬克思列寧主義、毛澤東思想徹底批判一切剝削階級的思想體系，徹底破除資產階級賴以復辟的文化資本，對知識份子進行世界觀的改造。同時，堅決執行爲工農兵服務的方向，正確對待歷史上的文化遺產，執行毛主席“古爲今用⋯‘洋爲中用”“推陳出新”的方針，創造無產階級自己的新文化。讓我們永遠高舉毛澤東思想偉大紅旗，把戲劇領域以及整個文化領域的革命進行到底，讓毛主席的無產階級文藝路線，讓以樣板戲爲代表的無產階級革命新文藝，在文藝領域永遠佔領陣地！

（原載《紅旗》1969 年第 6、7 期合刊）

努力塑造無產階級英雄人物的光輝形象

── 對塑造楊子榮等英雄形象的一些體會

上海京劇團《智取威虎山》劇組

在毛澤東思想偉大紅旗的指引下，革命現代京劇《智取威虎山》經過再次加工，精益求精，以更加威武雄壯的面貌，展現在觀眾面前。

這個戲從開始編演到現在，已經十一年了。但是，它真正獲得生命，是在江青同志直接領導和參加實踐下進行改編的後七年，即從一九六三年初到現在這段光輝的充滿尖銳階級鬥爭的歲月。

一九六三年一月中旬，江青同志對文藝界進行調查研究，在上海發現這個戲的時候，就看出它在內容上有相當大一部分糟粕；同時又看到它在某種意義上提供了京劇表現現代生活的可能，因此便決定把它拿過來進行脫胎換骨的改造。從那時起，這個戲及其代表的劇種，便逐步走上了毛澤東思想指引下的革命道路。也是從那時候起，叛徒、內奸、工賊劉少奇一夥便開始了對這個戲和這場京劇革命的瘋狂攻擊和百般破壞。

這場鬥爭表現在許多方面：有堅持毛主席無產階級文藝路線和反對毛主席無產階級文藝路線的鬥爭，有以毛主席為首的無產階級司令部同以劉少奇為首的資產階級司令部爭奪文藝隊伍的鬥爭，有藝術思想方面堅持"古爲今用，洋爲中用"、"推陳出新"的方針、堅持革命的現實主義和革命的浪漫主義相結合的方法同守舊崇洋等各種錯誤傾向的鬥爭。從創作上來說，其中最突出的、也是鬥爭最激烈的一個焦點，是關於主要英雄人物形象的塑造問題。

主題思想是靠人物形象來體現的。情節結構等等，也是圍繞著人物安排的。而在所有人物中，又以主要人物爲核心。以什麼樣的人物爲主要人物，就標誌著什麼階級佔領舞臺，什麼階級的代表成爲舞臺的主人。

偉大領袖毛主席指出："**你是資產階級文藝家，你就不歌頌無產階級而歌頌資產階級；你是無產階級文藝家，你就不歌頌資產階級而歌頌無產階級和勞動人民：二者必居其一。**"這個深刻的馬克思列寧主義的論斷，從階級本質上、也從藝術本質上指出了無產階級文藝和一切時代資產階級文藝的根本區別。叛徒、內奸、工賊劉少奇及其在文藝界的代理人周揚之流的反革命分子，用盡一切方法，去歌頌、吹捧那些美化資產階級的文藝，反對在舞臺上塑造工農兵的英雄形象，讓牛鬼蛇神在舞臺上專無產階級和勞動人民的政。無產階級文藝要真正在舞臺上樹立、歌頌工農兵的英雄形象，不能不經過極其尖銳和艱苦的鬥爭。

在毛主席無產階級文藝路線指引下，我們粉碎了階級敵人的種種陰謀，批判了他們鼓吹的形形色色的謬論，用革命現實主義和革命浪漫主義相結合的創作方法，塑造了楊子榮等無產階級英雄人物的光輝形象。這些英雄形象不是生活中的某某人，而是革命鬥爭中成千上萬英雄人物的典型概括。他們"**比普通的實際生活更高，更強烈，更有集中性，更典型，更理想，因此就更帶普遍性**"。《智取威虎山》中楊子榮的英雄形象，是人類藝術史上前所未有的光輝典型，是爲徹底消滅一切剝削階級和剝削制度而英勇戰鬥的共產主義戰士，是鞏固無產階級專政的有力武器，是

"幫助群眾推動歷史的前進" 的巨大力量。

下面，我們著重談幾點塑造楊子榮這個英雄形象的體會。

用革命的現實主義和革命的浪漫主義相結合的方法，通過著重揭示人物內心世界的途徑，從各個方面塑造無產階級英雄人物的光輝形象

怎樣把無產階級英雄形象塑造得高大豐滿、光彩奪目，是擺在我們面前的一個首要的政治任務，是無產階級文藝革命中一個新的課題。這是無產階級文藝同一切剝削階級文藝，包括資產階級的 "文藝復興"、"啓蒙運動" 及十九世紀批判現實主義文藝的根本區別所在。

要做到這一點，必須根據毛主席的教導，用革命的現實主義和革命的浪漫主義相結合的方法，把英雄人物放在一定歷史時代、革命的階級鬥爭的典型環境中，從各個方面，完整、深刻地揭示體現在他世界觀、思想、作風、性格氣質等方面的階級素質，表現他高度的政治覺悟，展現他內心世界的共產主義光輝。在《智取威虎山》中，塑造楊子榮這個無產階級的英雄形象，就是依循著這種無產階級的藝術方法的。

楊子榮是一個用毛澤東思想武裝起來的，具有革命無產階級的革命智慧和勇敢的中國人民解放軍偵察英雄。在這裡，我們通過整個情節的各個環節，調動文學、音樂、舞蹈、表演、美術等各種藝術手段，集中力量塑造楊子榮這一英雄形象。我們狠抓了幾個主要側面，即：既寫了他對首長、對同志、對勞動人民深厚的階級愛，又寫了他對美蔣、對土匪、對一切階級敵人強烈的階級恨，既寫了他打倒美蔣反動派走狗座山雕匪幫的堅強的革命意志，又寫了他對革命的宏偉遠大的理想；在理想方面，既寫了他對中國革命的理想，又寫了他對世界革命的理想，在氣質方面，

既寫了他叱吒風雲、氣衝霄漢的勇敢豪放氣概，又寫了他沉著冷靜、精細機智的性格特質。而這所有側面又都緊緊地繫於一個根本點，也就是這一英雄人物的靈魂："胸有朝陽" ── 對毛主席、對毛澤東思想的赤膽忠心、無限忠誠。這樣，矗立在我們面前的楊子榮，就是一個胸懷無限寬廣、具有無產階級徹底革命精神、處處突出無產階級政治、頂天立地的無產階級革命英雄，一個既高大又豐滿的光輝形象。

這和原演出本的人物塑造，走的完全是兩條路。在原演出本中，一小撮資產階級代表人物出於其反動的政治目的，千方百計往楊子榮臉上抹黑。他們打著"寫真實"論的幌子，公然叫囂要突出楊子榮的"潑辣驃悍粗獷"，即所謂"匪氣"，讓他上山時哼著黃色小調，上山后又與座山雕的幹女兒玫瑰花打情罵俏，大講下流故事，……結果把楊子榮弄成一個滿嘴黑話、渾身匪氣的江湖客，一個莽裡莽撞、渾渾噩噩的冒險者。這樣的人物，正是宣揚劉少奇盲動、冒險、軍閥主義的反動軍事路線的活標本！

在批判了這種錯誤傾向後，我們便努力按照無產階級的面貌塑造楊子榮這個英雄人物的典型形象。這可以用以下幾個例子說明；

（1）在原演出本中，不但沒有表現楊子榮與勞動人民的血肉聯繫和階級感情，甚至連他與群眾接觸的細節也絲毫沒有提供。而這一點，對於塑造無產階級戰士的形象，體現毛主席"**建立鞏固的東北根據地**"的偉大指示的精神，是絕不可缺少的。爲此，根據江青同志指示，我們就毅然刪去了原來"深山廟堂"和"雪地偵察"這兩場專爲渲染反面人物的迷信、兇殺戲，而特地設計了"深山問苦"這場體現軍民魚水關係的戲，表現了楊子榮依靠群眾、宣傳群眾、與勞動人民的血肉聯繫，寫出他在群眾幫助下追捕到野狼嗥，並進一步弄清了聯絡圖和百雞宴的情況，於是爲楊子榮的形象揭示了階級愛和階級恨這兩個重要側面。如果沒有這兩個側面，那就看不到這一英雄內心世界的階級特質，而看到的仍是一個脫離群衆的盲動冒險者。

（2）在原演出本中，雖然也寫了楊子榮打進匪巢，但是使他能夠打進匪巢、戰勝敵人的思想基礎卻毫無表現。而這一點對於一個用毛澤東思想武裝的優秀共產黨員、偵察英雄，是極其重要的一環。爲此，根據江青同志的指示，我們在第四場當楊子榮請求任務時，特地爲他設計了一段散起的[西皮原板] — [二六] — [快板]的成套唱腔"共產黨員"，表現了楊子榮自覺地、堅定地貫徹執行毛主席的戰略、戰術思想，高度的無產階級政治覺悟，表現了他"一顆紅心似火焰，化作利劍斬凶頑"的堅強決心和"明知征途有艱險，越是艱險越向前"的鬥爭意志。這一點在第三場和第五場的有關唱段中，也得到一定的揭示。這樣，就使這個人物有了更深刻的思想內容，使人們看到：楊子榮正是千千萬萬在革命戰爭中成長起來的、在毛澤東思想教育下百煉成鋼的工農子弟兵的典型。如果不著重刻劃楊子榮用毛澤東思想武裝起來的高度政治覺悟，觀衆不但不能知道是什麼思想力量使他深入敵人心臟，而且會耽心甚至懷疑他是否能取得勝利。

原演出本中，不用說沒有把楊子榮塑造成用毛澤東思想武裝的戰士，甚至從頭至尾隻字未提毛澤東思想。而毛澤東時代英雄人物的靈魂正是戰無不勝的毛澤東思想。不揭示這一根本的政治覺悟，那就絲毫談不上塑造無產階級英雄形象。爲此，我們對第八場也進行了徹底的改變，並特意設計了一個重點的核心唱段，表現他"胸有朝陽"和對黨對人民的赤膽忠心，表現出毛澤東思想是他智慧和力量的源泉。如果沒有這一點，楊子榮就必然是一個窩窩囊囊、庸俗低劣的江湖客。

（3）在原演出本中，楊子榮這個人物，不用說沒有中國革命理想、更不用說沒有世界革命理想，就連智取威虎山這場戰鬥對於整個解放戰爭的重要意義都心中無數。他心裡想的只是什麼

“茫茫林海形影單”，“白骨累累、血跡斑斑絕人煙”，這就是他的精神世界！而作爲無產階級英雄人物很重要的一個政治素質，就是“胸懷祖國，放眼世界”，爲實現共產主義“這個將來的、無限光明的、無限美妙的最高理想”而戰鬥，堅決完成黨交給的一切任務。如果沒有這個理想，、在舞臺上的英雄人物，胸懷就不會寬廣，形象就不會高大。爲此，我們把第五場作了徹底的改變，並特地爲楊子榮安排了一個[二黃]接[西皮丁]的大套唱段，揭示了他“願紅旗五洲四海齊招展”，“迎來春色換人間”的宏偉遠大理想和革命的豪情壯志。這種革命的理想，在第三場和第四場的有關唱段裡，也得到一定的揭示（如“一心要砸碎千年鐵鎖鏈，爲人民開出萬代幸福泉”等）。我們認爲，有力地刻劃英雄人物內心中這種崇高的共產主義理想，是革命現實主義和革命浪漫主義相結合的重要內容。如果不揭示這一側面，那麼楊子榮就勢必成爲一個“林衝夜奔”式的主人公，一個鼠目寸光的侏儒！

　　對於楊子榮性格氣質方面的既勇敢豪放、又精細機智的特點的揭示，也是不可忽視的。爲了表現他“氣衝霄漢”、壯志撼山嶽”的勇敢豪邁氣概，我們在第五場的開始，用表現風雪交加、駿馬奔馳、氣勢壯闊的音樂形象的新幕前曲，引出一段表現楊子榮飛馬高歌，威武雄壯的緊打慢唱式的新型[二黃導板]，使觀眾在人物未出場之前，就感受到一個不畏艱險、勇往直前的英雄人物，揚鞭縱馬由遠而近，上場後，又爲他設計了英武矯健的馬舞和打虎舞蹈，更加強了其勇敢豪邁氣概的表現。另一方面，爲了表現他精細機智的性格氣質，：我們在第八場的核心唱段中又特別著重地表現他周密細緻的思考、機智銳敏的決斷，因而很快地做到“摸敵情瞭若指掌”的性格特點；此外，又在不同場次中爲他安排了三次與座山雕、兩次與欒平機智的交鋒。以上兩個側面在第十場的“武打”中又得到進一步的加強。顯然，如果不表現他勇敢豪放的側面，他的形象就不會很高大很有光彩，如果不表現他精細機智的側面，他的形象也不會很扎實、很豐滿。

在《智取威虎山》中其他幾個英雄形象，我們也是根據同一個原理去塑造的。拿李勇奇來說，他是一個有革命傳統的、受壓迫受剝削的、同國民黨反動派有著不共戴天的階級仇恨的勞動人民的典型。一旦這種階級仇恨受到中國共產黨和人民解放軍的啓發、提高、指示，就會迸發出無窮無盡的革命力量，對於這樣一個人物，我們不但寫了他對座山雕"抓住你刀劈斧剁把血債償"的烈火般的階級仇恨，而且寫了他對母親、對張大山等階級弟兄的深情厚誼，不但寫了他對於"這些兵急人難治病救命"的沉思，而且寫了他知道"自己的隊伍來到面前"時的感情爆發。他世世代代遭受的是"兵匪一家欺壓百姓"的深重階級壓迫，他渾身的"條條傷痕、處處瘡疤"，記錄著他的血淚家史，在一旦看到自己盼望的救星來了後，多少年埋藏在他心底的憤怒烈焰和對黨、對工農子弟兵階級感情的洪濤，一齊奔瀉而出，同時激勵起他"從此我跟定共產黨把虎狼攆，不管是水裡走、火裡鑽，粉身碎骨也心甘"的鋼鐵意志和殺敵決心，爾後，又通過第九場他提供上山道路的線索、"滑雪"中的帶路以及第十場的"武打"等行動，進一步發展了上述的各個側面，從而使這一英雄人物的形象在黨的教育下，步步提高，最後成爲帶領人民群眾的民兵隊長，同人民解放軍團結在一起，戰鬥在一起，勝利在一起，殺敵立功。

爲了堅持革命的現實主義和革命的浪漫主義相結合，通過著重揭示人物內心世界的途徑，從各個方面完整地塑造無產階級英雄人物高大豐滿的光輝形象，佈局上必須注意廣度和深度的結合。

如果只注意了佈局的廣度性，而忽視了對各個側面內容有力揭示的深度性，就會導致虛有其表而無其實、面面俱到而缺乏藝術感染力和思想說服力的局面。因此，在考慮各個方刻劃英雄人物性格的佈局之後，就要滿腔熱情、千方百計地調動一切藝術手段的積極因素，著重刻劃英雄人物的主要的思想、性格特點，深刻、細緻、有力地揭示各個側面的內容，力求加深刻劃無產階級英雄人物光輝的內心世界的表現深度。這是一項過細的工作，粗枝大葉是不行的。對於改編過程中廣大工農兵觀眾提出的許多細緻的好意見，我們表示深切的感謝。

刻劃反面人物，刻劃其他正面人物，刻劃環境氣氛，都必須堅定不移地為突出主要英雄人物服務

無產階級的英雄人物總是在同反革命勢力的劇烈鬥爭中，在革命的集體中，顯示出自己的英雄性格的，因此，用反面人物的陪襯、其他正面人物的烘托和環境的渲染以突出主要英雄人物，是無產階級文藝創作必須遵循的一條原則。對反面人物、次要人物的處理，往往很大程度上影響著主要的英雄人物的形象。毛主席在《矛盾論》中教導我們說：矛盾的次要的方面在一定條件之下，又轉過來表現其為主要的決定的作用。因此，如果自覺地運用上述的原則，就如同“烘雲托月”，在一定的場合下，可以更加突出主要英雄形象的光輝；反之，如果違背這一原則，譬如肆意去渲染反面人物，落進“寫中間人物”的陷坑，或者賣弄“噱頭”等等，就一定會減損、破壞以至淹沒主要英雄形象的光輝。

在處理這一問題時，我們的經驗是需要注意“三突出”：在所有人物中突出正面人物；在正面人物中突出英雄人物；在英雄人物中突出主要英雄人物。所以，其他一切人物（包括正面和反面的人物）的安排和環境的處理，都要服從於突出主要英雄人物這一前提。現就三個方面分述如下：

（1）用反面人物陪襯主要英雄人物。毛主席說：我們“也寫反面的人物，但是這種描寫只能成為整個光明的陪襯。”陪襯就是服從。誰服從誰，就是在舞臺上誰被誰專政的問題。也就是

哪個階級主宰舞臺的問題。在我們社會主義舞臺上,任何時候都要以無產階級英雄人物爲主宰,而反面人物則只能成爲英雄人物的陪襯。就是說,處理反面人物形象時,必須從塑造主要英雄人物的需要出發。否則,把反面人物寫得與正面人物份量對半,或者寫得非常囂張,居於主位,這樣就必然造成歷史顛倒、牛鬼蛇神專政的局面。《智》劇願演出本的第六場就是這樣。在那裡,座山雕居高臨下,主宰一切,而楊子榮卻處於被動,圍著他打轉,做他的陪襯。這種歷史的顛倒,如今被我們重新顛倒過來了。首先,我們刪去了原來的"開山"、"坐帳"等渲染敵人威風的場面,又把座山雕的座位由舞臺正中移至側邊,自始至終作爲楊子榮的陪襯,而讓楊子榮在雄壯的樂曲聲中昂然出場,始終居於舞臺中心,再用載歌載舞的形式,讓他處處主動,牽著座山雕的鼻子滿台轉,在獻圖時,讓楊子榮居高臨下,而座山雕率眾匪整衣拂袖、俯首接圖。大滅了資產階級的威風,大長了無產階級的志氣。這一改動,引起了強烈的反應。廣大革命群眾爲之歡欣鼓舞,說"好得很"!"真是徹底翻了個身"!"大快人心"!而現代修正主義者則又恨、又怕、又痛;竟歇斯底里地咒罵我們"根本無視生活規律和舞臺法則"。什麼"生活規律"?什麼"舞臺法則"?一句話,他們說的就是復辟資本主義的"生活規律",就是反革命的資產階級專政的"舞臺法則"!對於這些貨色,我們不但"根本無視",而且毫不諱言地要徹底打破。打破了以剝削階級爲舞臺主人的所謂"舞臺法則",正是無產階級文藝革命的一個巨大勝利。

(2)用其他正面人物烘托主要英雄人物。主要英雄人物和其他正面人物的關係,也是辯證統一的關係。他是階級的一員、群眾的一員,又是階級的代表、群眾的代表。群眾是英雄存在的基礎,英雄是群眾的榜樣。偉大的英雄必然產生於英雄的集體。因此,寫主要英雄人物,既不能脫離群眾,又要高於群眾;我們既要塑造高於一般正面人物的英雄形象，又要塑造作為英雄人物存在基礎和體現其影響作用的英雄群像。但是，這兩者不能等量齊觀，而應該是：寫一般正面人物要從塑造主要英雄人物出發，烘托主要英雄人物的形象，而不能讓一般正面人物奪了主要英雄人物的戲，也不能用極力貶低群眾的辦法，把主要英雄人物弄成一個"鶴立雞群"的"超人"。例如：《智取威虎山》第一場從前是結束在少劍波身上的，而楊子榮因為早已下場了，所以給人的印象不深。現在的結束，改為以楊子榮為中心的集體亮相；造成一種綠葉扶紅花的局面。在這裡，追剿追隊英雄群像的有力烘托，使楊子榮這一人物，在戲的一開始就給人以平凡而高大的印象。又如：第三場，通過常獵戶和常寶的烘托，生動有力地體現了楊子榮這一英雄人物在群眾中的影響作用。第四場是用其他人物烘托楊子榮的最典型的例子。在這裡，通過特意增加的支委會和民主會的內容，突出了黨的領導和戰友們給楊子榮的無窮力量；又通過少劍波、申德華的有關唱段和臺詞，直接為楊子榮立傳，寫出他的階級基礎、政治素質以及黨和群眾對他的充分信任。另外，在"乘勝進軍""滑雪"和"開打"中，我們又以生活為依據並吸收了傳統的一些舞蹈程式，創造出一套嶄新的舞蹈，塑造了追剿隊英姿勃發、鬥志昂揚的英雄群像，從而提供了楊子榮"志壯力強"的群眾基礎。這一切都令人信服地表明：楊子榮雖然單身戰鬥在敵人心臟裡，而"千百萬階級弟兄猶如在身旁"，"一顆顆火紅心"溫暖著他的胸膛，給了他無限智慧和勇氣。這就很形象地體現了毛主席的人民戰爭的偉大思想。

　　（3）運用環境的渲染突出主要英雄人物。環境的渲染對於塑造主要英雄人物也是不可缺少的一環。如果環境渲染處理得好，就能為揭示主要英雄人物的內心世界起到積極的作用；反之，則會起到削弱以至破壞的作用。因此，環境的渲染，包括舞臺美工，必須以人物（特別是主要英雄人物）為依據。如果脫離人物空搞一套，只見物不見人，就會上資產階級唯美主義的道路。

《智取威虎山》在這方面也是經過尖銳鬥爭的。例如：在原演出本中，楊子榮上山之前，所有追剿隊指戰員出現的環境裡，都用了一些枝垂幹曲的樹木，這種蕭疏冷落、無精打采的氣氛，與楊子榮和他的戰友們朝氣蓬勃、雄壯英武的氣概很不相稱。而我們現在看到的舞臺環境，則完全變了樣。第一、三、四、五、九場的背景中，都是用的枝幹挺拔的參天大樹。特別是第五場，一株株高入雲端的棟樑松，夾著從樹隙中射入的道道光柱，與"氣衝霄漢"的雄壯歌聲交相輝映，生動有力地體現了楊子榮豪邁剛強、堅貞不屈的英雄性格。第八場的環境處理，更是個典型的例子。在原演出本中，楊子榮蜷伏在一個陰暗狹窄的山洞裡，給人以壓抑、窩囊之感。這對於塑造他們那種胸懷狹窄、靈魂庸俗的"理想人物"，當然是完全相稱的。而對於我們塑造胸懷無限寬廣、取天立地的英雄人物，顯然是格格不入的。為此，根據江青同志指示，我們在批判了這種錯誤傾向後，對這一場的環境氣氛，作了徹底的改變；讓楊子榮像一株嚴寒冰雪中的青松，巍然挺立在氣勢雄偉、遼闊險峻的山巔之上，在遠處群山低舞、天空彩霞絢麗的背景裡引吭高歌。當唱到"抗嚴寒化冰雪我胸有朝陽"時，頓然間霞光四射，彩雲萬朵，一道燦爛的晨光，染紅高聳入雲的峭石之尖，與"東方紅，太陽升"的旋律相映生輝，有力地象徵著楊子榮"胸有朝陽"的崇高精神世界。

愛護革命樣板戲·保衛革命樣板戲

毛主席教導我們："帝國主義者和國內反動派絕不甘心於他們的失敗，他們還要作最後的掙扎。在全國平定以後，他們也還會以各種方式從事破壞和搗亂，他們將每日每時企圖在中國復辟。這是必然的，毫無疑義的，我們務必不要鬆懈自己的警惕性。”在《智取威虎山》的創作過程中，我們深深體會到：革命樣板戲是在、兩個階級、兩條道路、兩條路線的生死搏鬥中誕生、成長的，無產階級英雄形象就是在這場鬥爭中經過艱難曲折的道路塑造成的。從我們開始創作革命樣板戲起至今，階級敵人無時無刻不在進行攻擊和破壞，只是在不同的鬥爭形勢下，具有不同的特點、採取不同的手法而已。當我們剛剛開始塑造英雄形象時，他們就妄圖把革命現代戲扼殺在搖籃裡；當我們的英雄形象在舞臺上樹起來的時候，他們又採取“偷樑換柱”的方法，費盡心機地歪扭曲、醜化無產階級英雄人物；當我們所塑造的英雄形象更加成熟時，他們又採取更陰險的手法，即；以“熱愛樣板戲”的面目出現，居心叵測地暗中進行破壞。他們有的用“捧”、“哄”等打糖衣炮彈的手法，破壞我們的軍心，妄圖使我們所塑造的英雄形象不知不覺地變了型、走了樣；此外還有的人恬不知恥地把革命樣板戲中的英雄人物，硬掛到自己或者親戚朋友的身上，宣稱某某戲中的某某人物就是我或者就是誰，以此標榜自己，撈取政治資本，妄圖敗壞革命樣板戲的聲譽。最近就有一個自稱姓孫的人，瞎說《智取威虎山》中的申德華就是他本人，並山南海北，到處遊說，信口開河，大吹大擂，竭力醜化人民解放軍的英雄形象，把一不怕苦、二不怕死的英雄戰士，歪曲為貪生怕死一心想吃敵人雞骨頭的膽小鬼，把有高度無產階級政治覺悟的人民解放軍指戰員，歪曲成為流氣十足的兵痞，醜化人民解放軍，破壞革命樣板戲，完全是一副政治扒手的嘴臉！我們對此感到無限憤慨！對於這種人，我們勸那些好心的同志切勿上當，並且要口誅筆伐，徹底肅清其流毒，以高度的政治責任感和革命警惕性，愛護樣板戲，保衛樣板戲，鞏固樣板戲。至於現代修正主義者咒罵樣板戲，則正好暴露了他們惶恐不安的虛弱的紙老虎本質，正好說明樣板戲打中了他們的要害，樣板戲是我們反帝反修有力的思想武器。

　　憶往昔，崢嶸歲月；望未來，豪情滿懷。讓我們更高地舉起毛澤東思想偉大紅旗，奮勇前進，加強自己的思想改造，塑造出更多的無產階級英雄人物的光輝形象，使之永遠紮根於社會主義的舞臺和銀幕，爲全中國和全世界人民服務。

（原載《紅旗》1969 年第 11 期）

鼓吹資產階級文藝就是 復辟資本主義

── 駁周揚吹捧資產階級 "文藝復興" "啓蒙運動" "批判現實主義" 的反動理論

上海革命大批判寫作小組

　　三十年前，偉大領袖毛主席在總結五四運動以來思想文化戰線的鬥爭時指出："一切新的東西都是從艱苦鬥爭中鍛煉出來的。新文化也是這樣；二千年中有三個曲折，走了一個 '之' 字，一切好的壞的東西都考驗出來了。"（《新民主主義論》）正是經過那二十年的鬥爭，產生了馬克思主義思想文化運動的劃時代文獻：毛主席《在延安文藝座談會上的講話》。

　　三十年來，無產階級同資產階級兩個階級、兩種文化經歷了更加激烈曲折的鬥爭，而考驗的結果，則是進一步證明：只有毛主席的無產階級革命文藝路線，才是無產階級革命文藝運動唯一正確的路線。

　　叛徒、內奸、工賊劉少奇在文藝界的代理人周揚、夏衍、田漢、陽翰笙等 "四條漢子"，頑固地推行了 '一條與毛主席無產階級革命文藝路線相對抗的反革命修正主義文藝黑線'。這條黑線把鼓吹資產階級、修正主義的文藝理論和作品，作爲復辟資本主義的一種手段。在周揚看來，西方資產階級十四至十六世紀的文藝復興、十八世紀的啓蒙運動和十九世紀的批判現實主義文藝，

"不論在思想上、藝術上都是高峰",站在"高峰"上的有這個
"大師",那個"斯基","說都說不完"。因此,中國無產階
級根本不需要搞什麼文藝革命。只要以西方資產階級的古典文藝
爲"奮鬥目標",來一個"東方的文藝復興"就行。幾十年來,
他發表了無數吹捧資產階級"文藝復興"、"啓蒙運動"、"批
判現實主義"的反動理論,作爲反對毛主席的無產階級革命文藝
路線的毒箭。對於這些反動言論,我們必須徹底批判。

把資產階級文藝當作"奮鬥目標"
還是搞無產階級文藝革命?

　　資產階級的文藝復興、啓蒙運動和批判現實主義是幹什麼
的?它們都是爲發展資本主義、建立和鞏固資產階級專政、企圖
挽救資本主義的滅亡製造輿論的。資產階級在文藝復興時期剛剛
走上政治舞臺,在啓蒙運動時期進行了向封建階級奪取政權和逐
步確立資本主義統治,而到了產生批判現實主義文藝的十九世
紀,資本主義制度已經充分暴露出它固有的矛盾,無產階級開始
以資產階級掘墓人的姿態登上政治舞臺。一部從文藝復興經啓蒙
運動到批判現實主義的歷史,不正是反映了資產階級在世界範圍
內從發生、發展到衰亡的過程嗎?

　　毛主席深刻地指出,"從來的革命,除了奴隸制代替原始公
社制那一次是以剝削制度代替非剝削制度以外,其餘的都是以一
種剝削制度代替另一種種剝削制度爲其結果的";"只有我們,
只有無產階級和共產黨領導的人民大眾的革命,是以消滅任何剝
削制度和任何階級爲目標的革命"(《關於胡風反革命集團的材
料》的按語)。爲了達到這個目標,無產階級在取得政權以後繼續
進行社會主義革命的過程中的十個重要任務,就是必須徹底批判
一切資產階級反動思想體系,徹底批判一切爲剝削階級、剝削制

度服務的思想體系，而絕不能把資產階級文藝當作模範或"目標"。那樣做，就是復辟資本主義制度。

難道在無產階級專政條件下還能把資產階級文藝復興當作"奮鬥目標"嗎？文藝復興運動的代表人物竭力鼓吹"人文主義"即"人道主義"，據說是只有到他們才"發現"和"肯定"了"人"。但是，封建階級也是一種"人"，它卻不講"人道"而講"神道"。那個"神"，正是神化了的封建統治者，資產階級用"人道"反對封建階級的"神道"，這種"人"，不是別人，正是資產階級自己。至於創造了世界歷史的億萬勞動人民，則既沒有被"發現"，更不會被"肯定"。"人文主義"者宣揚現世幸福高於一切，其實是用資產階級公開的縱欲主義，反對封建階級的禁欲義即不公開的縱欲主義、。他們高唱"我的思想只以我自己為唯一的目標"，更是把資產階級利己主義、享樂主義、瘋狂的佔有欲都說成是"自然"賦予的"普遍人性"。把這一套統統"復興"起來，哪裡還有勞動人民的地位！哪裡還有無產階級的紅色政權！

難道在無產階級專政條件下，還能把資產階級的啓蒙運動當作"奮鬥目標"嗎？周揚到處鼓吹"用科學之真理啓群衆之冥蒙"，完全反映了資產階級把自己看成"救世主"，把群衆當作"群盲"的反動觀點。真理是有階級性的。什麼是"科學之真理"？在人類歷史上只有馬克思主義、列寧主義、毛澤東思想才是將使全人類徹底解放的真正的科學真理。馬克思主義從哪裡奉的？是馬克思、恩格斯在總結各國無產階級革命運動實踐經驗基礎上建立起來的。這就是毛主席所說的"從群衆中來"。無產階級先進分子把馬克思主義的真理向勞動人民進行反覆的宣傳和教育，當這個"**代表先進階級的正確思想，一旦被群衆掌握，就會變成改造社會、改造世界的物質力量**"（《人的正確思想是從那裡來的？》）。這就是毛主席說的"到群衆中去"。馬克思主義的發展，正是遵循著"從群眾中來，到群眾中去"的路線，"如此無限迴圈，一次比一次地更正確、更生動、更豐富"（《關於領導方法的若干問題》）。馬克思主義、列寧主義、毛澤東思想，這就是馬克思主義發展的三個階段。但那些資產階級民主主義革命家的所謂"啓蒙"，不僅擺出恩賜者面孔，而且是用"自由、平等、博愛"之類的資產階級謊言欺騙群眾，爲建立或鞏固資產階級專政服務的。所謂"啓蒙"，對無產階級來說，其實是"蒙蔽"！以這種文藝爲"目標"，就是爲劉少奇的資產階級反動路線制造反革命輿論。請看：周揚文藝黑線在劉少奇的授意下，歪曲和僞造黨史，爲這個叛徒樹碑立傳而炮製的反動影片《燎原》裡，不就有個叫雷煥覺的傢伙嗎？"雷煥覺"者，"來喚覺"也。這個工賊是以"救世主"的身份"來喚醒"群眾的"覺悟"的。多年來，叛徒、內奸、工賊劉少奇所推行的資產階級反動路線，就是蒙蔽、鎮壓工農群眾，只准資產階級剝削壓迫勞動人民，不准工農群眾起來革命！

難道在無產階級專政條件下，還能把資產階級的批判現實主義文藝當作"奮鬥目標"嗎？無產階級批判資產階級是爲了徹底消滅資產階級，而資產階級作家對資本主義的"批判"，不但不敢否定其剝削本質，不敢觸及資產階級專政這個根本問題，恰恰相反，他們是爲了鞏固資產階級專政，是夢想給病入膏肓的資本主義制度開藥方的。他們對資本主義社會某些批判從來沒有也不可能超出資本主義制度允許的範圍。以蘇修叛徒集團爲代表的現代修正主義者之所以要如此起勁地吹捧批判現實主義，就因爲他們也是沒落的資產階級代言人，可以借此維護他們的資產階級反動統治。周揚一夥從蘇修叛徒集團那裡把這種資產階級文藝思潮引進社會主義的新中國以後，便派生爲"寫真實"論，"現實主義的深化"論、"現實主義的廣闊道路"論等變種，公開煽動資產階級知識份子要"勇於揭露生活真實"，"揭露社會主義制度的陰暗面"，用以瓦解和破壞無產階級專政。因此，如果我們要從思想文化上進一步鞏固和加強我們的無產階級專政，那就必須用無產階級世界觀批判資產階級的批判現實主義。

其實，即使在當時，資產階級提出"文藝復興"的口號，也只是一種手段而不是目的。資產階級是真的要恢復古希臘羅馬奴隸主文化嗎？不是的。毛主席指出："一定的文化是一定社會的**政治和經濟在觀念形態上的反映**。"（《新民主主義論》）資產階級當時的"理想王國"是資本主義社會，絕不是要向奴隸制社會倒退。它所以要在向封建統治發起進攻中打起"文藝復興'的旗號，除了用以激發自己的戰鬥熱情之外，主要是為了掩蓋資產階級革命的狹隘內容，以欺騙和蒙蔽廣大群眾。由此可見，資產階級處於初興時期提出的"文藝復興"，是為著實現多少帶有前進意義的資產階級的政治要求，即用一種新的剝削制度代替一種舊的剝削制度，實現從封建社會向資本主義社會的演變。而在無產階級專政的條件下，周揚之流要把資產階級"文藝復興"作為"奮鬥目標"，卻完全是代表已被推翻的資產階級，適應他們復辟資本主義的反革命需要，即通過"復興"資產階級舊思想、舊文化來復辟舊政治、舊經濟，復辟舊的剝削制度，使社會主義社會向資本主義社會倒退，使社會主義的新中國重新淪落成為半殖民地半封建的舊中國！

反動階級對於歷史規律的抗拒，只會加速自己的滅亡。恩格斯說過："這是從十五世紀下半葉開始的時代。……當市民和貴族還在互相格鬥時，德國農民戰爭卻預言式地提示了未來的階級鬥爭，因為德國農民戰爭不僅把起義的農民引上了舞臺 —— 這已經不是什麼新的事情了，而且在農民之後，把現代無產階級的先驅也引上了舞臺，他們手裡拿著紅旗，口裡喊著財產公有的要求。"（《馬克思恩格斯選集》第三卷，第四百九十二頁）如果說，還在資產階級文藝復興和啟蒙運動的行進過程中，現代無產階級的先驅就已經毫不妥協地向資產階級提出了"財產公有"的挑戰；那麼，在馬克思主義、列寧主義、毛澤東思想已在全世界廣泛傳播的今天，在帝國主義走向全面崩潰、社會主義走向全世界勝利的今天，周揚之流重抄資產階級老黃曆，妄圖為資本主義招魂，就如同妄圖要地球倒轉那樣可惡而又可笑。

駁文化上的賣國主義

周揚在吹捧資產階級文藝時，特地說明："外國的朋友們很希望看到東方的文藝復興"。叛徒、特務周揚的"外國朋友"是些什麼人呢？只能是一小撮帝國主義者和社會帝國主義者，這些人對社會主義的新中國會有什麼"希望"呢？"帝國主義的預言家們根據蘇聯發生的變化，也把'和平演變'的希望，寄託在中國黨的第三代或者第四代身上。"（《毛主席語錄》第二百四十頁）周揚就是忠實執行帝國主義"預言家們"的反革命"希望"的一個賣國賊。

為了推行這條賣國主義文藝路線，周揚製造了種種反革命輿論：

所謂"完全一致"論。

周揚認為：初興時期的資產階級是、"和全體勞動人民的利益相一致的"，因而文藝復興和啟蒙運動時代的資產階級文藝"對人類作了巨大的貢獻"。而到了十九世紀，資產階級雖已腐朽沒落，但作為"資產階級代表"的批判現實主義作家，卻據說是已經背叛了本階級的"浪子"，"不贊成資本主義"，因而這種文藝又成了"全體文明人類的驕傲"。乾脆一句話：資產階級的全部文藝都和勞動人民的利益"完全一致"！

這是文化上徹頭徹尾的階級投降主義。

誠然，資產階級一直企圖把自己打扮成"全人類"利益的代表者，但是，即使當資產階級開始向封建階級發起進攻的時候，也絲毫沒有停止過對勞動人民殘酷的剝削和壓迫，而且，它的向封建階級發起進攻，正是爲了奪取統治和剝削勞動人民的權力；因此，一旦政權到手，往往立即同封建階級聯合起來向要求繼續革命的勞動人民實行殘酷的鎮壓，在近代世界史上，留給我們的這些血的教訓難道還嫌少嗎？

毛主席有一個十分深刻的概括：**"資產階級領導的東西，不可能屬於人民大眾。"**（《在延安文藝座談會上的講話》）這句一針見血的話，足以打破一切資產階級、修正主義所散佈的什麼"全民文藝"、"全人類文藝"的謊言。這是因爲資產階級所領導的一切，就是用它的剝削本性改造過的一切。被周揚之流引爲"驕傲"的全部資產階級文化，都是他們在殘酷地榨取勞動人民血汗的基礎上造成，並爲資產階級的政治利益服務的。文藝復興和啓蒙運動時代的文藝是這樣，十九世紀的批判現實主義文藝也是這樣。所不同的只是，前一個時期，資產階級還處於自己的所謂"黃金時代"，因而出現了像狄福筆下的魯濱遜這樣的所謂"征服者"即野心勃勃的殖民主義者的形象；而在後一個時期，資產階級已經"日薄西山，氣息奄奄"，於是出現了從巴爾扎克到托爾斯泰，以及一批專寫所謂"多餘的人"的批判現實主義作家。難道他們真的"不贊成資本主義"'嗎？不！他們是竭力企圖挽救本階級腐朽反動統治的崩潰和滅亡的。馬克思主義者絕不能把資產階級統治的維護者，當作勞動人民的代言人來歌頌，而必須對他們的作品進行階級分析，幫助人們正確認識這些作品，從資產階級散佈的種種謊言中解放出來，用暴力革命推翻資本主義制度及其全部上層建築。

所謂"不可超越"論。

周揚吹捧資產階級的文藝復興、啓蒙運動和批判現實主義"不論在思想上、藝術上都是高峰"，下令不准也"不必超過"；

豈但不能"超過"，連"比"也沒有資格，中國無產階級只有先跟在西方資產階級屁股後爬行"幾百年"才能與之相"比"哩！

馬克思主義、列寧主義、毛澤東思想不承認世界上的具體事物存在什麼不可超越的極限。資產階級的代表人物雖然都曾多次從資產階級觀點出發，宣佈他們的唯心主義、形而上學思想體系是什麼"不可超越"的"終極理論"，但馬克思主義的發展和革命的發展卻早已徹底戳穿了他們用來抵制無產階級革命、維護資產階級反動統治的這種謊言。周揚的"不可超越"論，實質上無非是在宣揚資本主義制度的"不可超越"。

在人類歷史上，為工農兵服務的無產階級文化是最偉大的文化，而資產階級的全部文化都只是為剝削階級服務的，哪裡經得起一比呢？比一比典型人物的創造吧！翻開資產階級文藝復興運動、啓蒙運動、批判現實主義的全部作品，描寫的、歌頌的、美化的都是剝削階級及其知識份子的形象，偶爾出現的幾個工農群眾形象，不是被歪曲成為暴徒，就是被醜化成為奴才。形形色色的剝削者、吸血鬼，卻被作為文學藝術作品的主人公，在舞臺、銀幕、小說、詩歌等各個場合飛揚跋扈，耀武揚威。在這裡，歷史的真相、歷史進程的本質完全被顛倒了。周揚對這一點當然是死不承認的。他認為資產階級作家不僅創造了無數"活生生的典型人物"，而且還創造了"未來社會主義"的"新人"典型。他一再鼓吹俄國資產階級作家車爾尼雪夫斯基在一本叫《怎麼辦？》的小說裡，不但描繪了妙不可言的"社會主義社會的圖畫"，而且還創造了一群這種"新人"的典型。這群"新人"的人物之一，名叫薇拉。"新"在哪裡呢？"新"，就"新"在明明是醜惡的"利己主義"，卻偏要虛偽地戴上一頂"合理的"帽子，明明是一個工廠女資本家，卻偏要假心假意地讓工人都來做"老闆"，搞所謂"文明剝削"。據薇拉的第一個丈夫說，這一套他早在"美國見過啦"。其實，周揚鼓吹的這種讓工人都來當老闆的"新人",我們上海工人階級在解放前就領教過了。他們那一套所謂的"文明剝削",其實不過是大老闆從殘茶剩飯中拿出一點點來,收買工賊、欺騙工人的一種手段,同尼克森、勃列日涅夫所鼓吹的"福利國家"一樣,都是爲了鞏固資本主義制度的。但是,只要把資本主義貼上社會主義的標籤加以美化,立刻就成爲周揚心目中"未來社會主義"的"新人"典型,這就是所謂"在思想上、藝術上"都不可超越的"高峰"。

"俱往矣,數風流人物,還看今朝。"歷史早已證明:只有掌握了馬克思主義、列寧主義、毛澤東思想的無產階級,才能創造出真正的無產階級革命英雄的光輝典型。在毛主席無產階級革命路線指引下,江青同志用心血培育出來的革命樣板戲,才真正是一切資產階級文藝所無法比擬的。面對著李玉和、楊子榮、方海珍、郭建光、吳清華、洪常青等無產階級的革命英雄群像,回頭再看看資產階級文學藝術作品中那些剝削階級代表人物的形象,豈不顯得極其藐小!周揚膽顫心驚地說:"事事都要超過就會出問題。好一個"就會出問題"!這不是一語洩漏了資產階級在無產階級文藝革命偉大勝利面前的恐懼心理嗎?

正如偉大領袖毛主席早就指出的:"偉大的勝利的中國人民解放戰爭和人民大革命,已經復興了並正在復興著偉大的中國人民的文化。這種中國人民的文化,就其精神方面來說,已經超過了整個資本主義的世界。比方美國的國務卿艾奇遜之流,他們對于現代中國和現代世界的認識水準,就在中國人民解放軍的一個普通戰士的水準之下。"(《唯心歷史觀的破產》)注意,是"超過了整個資本主義的世界",包括它們的資本主義文化!這就是對於周揚"不可超越"論的最徹底的批駁和最有力的回答!

所謂"全盤西化"論。

周揚鼓吹要"伸手向著西洋遺產",要"把舊時代的意識形態做爲系統的東西保留在今天的文藝中"。一要"舊",二要"系

統",三要"保留",這難道還不算"全盤西化"!他還胡說什
麼由於我國"藝術各部門技術傳統的薄弱","西洋技巧""較
之中國固有的舊的技巧,當然是更進步,更科學得多的",因此,
"多吸收一點總是好的,多一分有一分好處",真是數典忘祖,
無恥之尤。還有一點中國人的氣味麼?一絲一毫也沒有了,有的
是一副向西方資產階級搖尾乞憐的奴才相!

中國人民,是偉大的勤勞而勇敢的人民;中華民族,是偉大
的有高度文化的民族。中國早從"五四"以來,就產生了在以毛
主席為領袖的中國共產黨領導下,以魯迅為代表的新的文化方
向,而宣告了舊的資產階級民主主義文化在中國土地上的終結。

今天,我們在建立的是人類歷史上最偉大最革命的無產階級
文化。我們堅定不移的方針是:"古為今用,洋為中用","推
陳出新"。古的和洋的藝術,就其思想內容來說,是古代和外國
的剝削階級的政治願望和思想感情的表現,是必須徹底批判和與
之決裂的東西;至於其中少數作品的藝術形式的某些方面,也是
需要用毛澤東思想為武器來進行批判和改造,才能推陳出新,使
它為創造無產階級文藝服務。"不破不立。破,就是批判就是革
命。破就要講道理,講道理就是立,破字當頭,立也就在其中了。"
要用,就得批判;不批判就不能為我所用,更談不上推資本主義
之"陳",出社會主義之"新"。江青同志率領革命文藝工作者
創造的革命樣板戲,是實踐毛主席的"古為今用,洋為中用",
"推陳出新"偉大方針的光輝典範,在關於如何對待和處理文化
遺產的實踐問題上,正在產生越來越深刻的影響。

但是在周揚眼裡,卻是只見"洋"不見"中",只見"古"
不見"今",只看到西方的資產階級,看不到東方的無產階級。
如果照周揚那樣讓資產階級文藝牽著自己的鼻子走,只能是對劉
少奇一夥實行賣國主義起到"多一分有一分好處"的反動作用。

毛主席深刻指出:"階級投降主義實際上是民族投降主義的

後備軍"（《上海太原失陷以後抗日戰爭的形勢和任務》）。周揚從鼓吹"完全一致"到、"不可超越"，從"不可超越"到"全盤西化"，就這樣一步步地跟著劉少奇"爬"到了叛黨賣國的道路上去！

從半殖民地半封建土壤中生長起來的中國資產階級，政治上，文化上都極度軟弱、落後，而作為資產階級右翼的買辦資產階級，更是事事仰賴西方資產階級，專幹出賣祖國的罪惡勾當。周揚就是資產階級在文化上實行賣國主義的一個代表，當然不是唯一的代表。在中國現代文化史上，胡適就是周揚的先行者。胡適之流說：月亮也是美國的好。周揚說：西方資產階級文化是最"進步"、最"科學"，"卓越"得我們只能望塵莫及。兩人一先一後，可稱得上難兄難弟。他們之間有沒有不同呢？有，胡適是專營美國貨的文化買辦，周揚則是兼營雜牌貨的文化買辦。如此而已，豈有他哉！

把思想文化戰線上的革命進行到底

"不破不立，不塞不流，不止不行"（《新民主主義論》）。當前，文藝戰線的鬥、批、改群眾運動要深入進行下去，就必須破掉周揚這套吹捧資產階級文藝的反動理論。

必須解決一個如何正確認識西方古典文藝的問題。所謂文藝復興、啓蒙運動、批判現實主義都算是資產階級的古典文藝。用歷史唯物主義觀點看問題，如同帝國主義、社會帝國主義是資本主義發展的最高階段一樣，資產階級的現代派文藝就是資產階級文藝正在走向滅亡的最後階段。但長期以來，國內外修正主義者卻把資產階級古典文藝和資產階級現代派文藝對立起來，仿佛古典文藝不是資產階級文藝，是好得不能再好的"全民文藝"，名聲都是給現代派搞壞的。這是一個欺騙。資產階級古典文藝和現代派文藝，在藝術形式上是有某些區別的，前者對我們來說，可以起一定的借鑒作用，而後者則根本毫無一點可取之處；但是，就其階級本質來看，兩者完全是一致的，後者是前者的惡性發展，是資產階級在二十紀即帝國主義和無產階級革命時代不可逃脫的政治、經濟危機的必然結果。

在無產階級專政的條件下，資產階級在思想文化上向無產階級進攻的方式，一種是明目張膽地照搬現代派文藝，另一種則是利用所謂古典文藝。這不僅因為資產階級在古典文藝中所謂"追求"的目標，正是它今天已經失去而在千方百計"復辟"的天堂，而且還因為社會上許多人，特別是青年人，對這種古典東西所代表的階級本質往往認識不足，極易被俘虜過去。因此，無產階級對於資產階級的古典文藝，必須用馬克思主義進行徹底批判。請看，只要我們稍微觸動一下資產階級古典文藝的"大師"們，蘇修叛徒集團就暴跳如雷，這也從反面證明了這種批判的必要性。把資產階級古典文藝"大師"、"斯基"敬若神明的蘇修文壇，現在不僅已經充塞著爵士樂、扭擺舞以及西方現代派的一切垃圾貨，而且還成為風靡一時的最時髦的東西哩！由此可見，修正主義者不但要發展"現代派"腐朽的東西為他們服務，而且也要借這些"古典"死人的名聲來專無產階級的政，為復辟資本主義服務。他們同時使用這文化上的反革命的兩手。他們中間有時也發生爭吵，甚至吵得昏天黑地，有的主張搞現代派，有的認為現代派要不得，有的叫喊老沙皇野蠻的侵略思想如何"聖潔"，有的則吹捧美帝國主義的墮落文化如何"文明"，這不過是究竟哪一種刀子屠殺人民更好些之爭，本質上是一樣的。這樣的歷史教訓，是很能教育人們的。

長期以來，披著馬克思列寧主義外衣而言必稱"大師"，"斯基"的周揚之流，無論在文學、社會科學、自然科學各個方面都散佈了大量毒素。我們要來一個思想大掃除，大滅西方資產階級威風，大長中國無產階級志氣，推進社會主義的科學文化。這是一個長期的、同時又是必須切實抓緊並且進行到底的革命任務。

　　無產階級文化大革命已經取得了偉大的勝利。在京劇革命、芭蕾舞革命、交響音樂革命中產生的一批革命樣板戲，正在發射出更加燦爛的光輝，顯示出越來越大的影響，鼓舞著我們在各個文藝領域根據毛主席的文藝思想進行革命和創造。周揚這條反革命修正主義文藝路線是垮臺了。但是，思想文化陣地上兩個階級、兩條路線的鬥爭並沒有因此而結束。舊思想、舊文化還會頑強地掙扎。今後出來同無產階級較量的新毒草，可以是"阿飛舞"之類的資產階級現代派，也可以是搬出這種或那種資產階級古典文藝，它們對於無產階級專政都起著破壞作用。因此，我們必須在毛主席無產階級革命文藝路線的指引下繼續戰鬥，必須掀起一個更大規模的革命大批判運動，批判劉少奇的反革命修正主義政治路線和文藝路線，批判周揚、夏衍、田漢、陽翰笙這四條資產階級"漢子"，批判他們所吹捧的"大師"、"斯基"和從孔子到胡適以及形形色色的資產階級反動思想，並在革命大批判中使廣大革命文藝工作者都得到鍛煉和改造。我們希望各條戰線上的同志們，都能重視和參加這場革命的大批判運動，把意識形態領域的階級鬥爭進行到底，為建立和鞏固無產階級在上層建築其中包括各個文化領域在內的全面專政而鬥爭到底。讓我們高舉馬克思主義、列寧主義、毛澤東思想的偉大紅旗，積極戰鬥，迎接無產階級文藝革命新高潮的到來吧！

（原載《紅旗》1970 年第 3 期）

"國防文學" 就是賣國文學

── 揭穿周揚 "國防文學" 的反動本質

清華大學革命大批判寫作小組

《中國共產黨第九屆中央委員會第二次全體會議公報》指出：要繼續 "深入開展革命大批判，肅清劉少奇反革命修正主義路線的餘毒"。繼續批判叛徒、內奸、工賊劉少奇在文藝界的代理人周揚、夏衍、田漢、陽翰笙等 "四條漢子" 及其他反革命分子推行的反革命修正主義文藝黑線，這是重要的戰鬥任務之一。

文藝是階級鬥爭的重要陣地。幾十年以來，偉大領袖毛主席領導中國人民同帝國主義及其走狗之間的鬥爭，黨內以毛主席為代表的無產階級革命路線同右的和 "左" 的機會主義路線的鬥爭，每一次都尖銳地反映到文藝領域。三十年代，中國文化革命主將魯迅同叛徒、特務周揚一夥關於 "民族革命戰爭的大眾文學" 和 "國防文學" 兩個口號的論戰，就是在中華民族生死存亡的緊急關頭，兩個階級、兩條路線鬥爭在文化界的尖銳反映。

周揚吹噓說： "國防文學" 代表了 "無產階級路線"，是 "保衛祖國的文學"， "反映了當時大多數人民的要求"。讓我們以毛澤東思想為武器，剝掉 "國防文學" 的偽裝，看一看它究竟是哪條路線的產物，販賣的是些什麼貨色，呼出的是哪個階級的聲音！

"國防文學"是階級投降主義和
民族投降主義路線的產物

　　三十年代中期，正如毛主席指出的那樣："時局的特點，是新的民族革命高潮的到來，中國處在新的全國大革命的前夜。"一九三五年華北事變以後，日本帝國主義把它的侵略魔爪向著全中國的領土伸去。中國人民在覺醒，在奮起，在反抗。在偉大統帥毛主席和中國共產黨的領導下，全國抗日的階級和階層結成了抗日民族統一戰線，掀起了波瀾壯闊的民族解放運動的浪潮，抗日的烽火燃遍了祖國大地。

　　蔣介石集團變本加厲地推行賣國投降政策，大肆散佈"抗戰必亡"的悲觀主義濫調，吹起了一股民族投降主義的黑風。和這股黑風緊密呼應，黨內出現了以王明、劉少奇為代表的階級投降主義思潮，狂熱鼓吹放棄無產階級領導權，主張在抗日民族統一戰線中只要聯合不要鬥爭，企圖使共產黨變為國民黨的附庸，跟著蔣介石一道去向帝國主義投降。針對這種情況，毛主席在《論反對日本帝國主義的策略》這篇光輝著作中明確指出：要"拿著統一戰線這個武器去組織和團聚千千萬萬民眾和一切可能的革命友軍，向著日本帝國主義及其走狗中國賣國賊這個最中心的目標而攻擊前進"。毛主席還告誡全黨，不要忘記一九二七年右傾機會主義者陳獨秀出賣無產階級領導權而導致革命失敗的歷史教訓。

　　魯迅關於"民族革命戰爭的大眾文學"的口號，就是根據黨的抗日民族統一戰線的政策提出來的。它既堅持了無產階級的黨性原則，又體現了黨的統一戰線策略。它同周揚的"國防文學"的黑旗相對抗，在妖風四起的文壇上樹起了一面無產階級戰鬥的紅旗，代表了當時文學運動的正確方向。周揚的"國防文學"口號,是在全民的共同利益的幌子下,否認無產階級的領導權,抹煞階級界限,主張階級合作。它是蔣介石賣國政策的產物,是王明、劉少奇右傾投降主義路線的產物,是一個徹頭徹尾的資產階級口號。

這裡,有案可查。一九三五年十一月,王明發表了《新形勢與新政策》等文章(後彙集成《抗日救國政策》的冊子),用右傾投降主義觀點歪曲地解釋黨的統一戰線政策。一九三六年,叛徒劉少奇拋出了《民族解放的人民陣線》等文章,對王明的投降主義路線做了淋漓盡致的發揮。同一個時候,周揚接連拋出了一批關於"國防文學"的論文,同王明、劉少奇的文章完全是一個腔調。一九三九年三月,周揚主編的《文藝戰線》雜誌大肆吹捧和推薦蔣介石的《抗戰言論集》(實際上是"賣國言論集"),說它是"不朽的文獻",是"抗戰建國的指南針"。

周揚一夥說過:總結文學運動兩條路線鬥爭的歷史經驗,應當"理清脈絡,挖出根子,找到規律"。好,我們就來理一理"國防文學"的"脈絡",挖一挖它的"根子"吧:蔣介石要把中國出賣給帝國主義,使中國變爲帝國主義的殖民地;王明、劉少奇要把無產階級領導權出賣給蔣介石,使共產黨變爲國民黨的附庸;周揚的"國防文學",就是爲蔣介石賣國政策和王明、劉少奇投降主義路線服務的。這一條投降主義的黑線,不是"脈絡"很分明嗎?

下面,讓我們再來解剖一下周揚一夥"國防文學"的反動作品和反動論點,其反動本質就會看得更清楚了。

"國防文學"是徹頭徹尾的漢奸文學

毛主席指出:"在抗日民族革命戰爭中,階級投降主義實際上是民族投降主義的後備軍,是援助右翼營壘而使戰爭失敗的最惡劣的傾向。”

蔣介石集團是民族投降主義的大本營。周揚一夥的“國防文學運動”既然跟在蔣介石後面亦步亦趨，就必然要墮入賣國主義的泥坑。“四條漢子”們的“國防作品”就是他們附敵賣國罪行的鐵證。

讓我們抽出幾部，略加剖析，看看他們宣揚的是些什麼東西吧！

一曰：“侵略有理”。

帝國主義爲什麼要侵略中國？我們說，這是由帝國主義掠奪的本性決定的。可是，從李鴻章、袁世凱到蔣介石，大大小小的賣國賊都異口同聲地說：不，是中國人的“搗亂”招致了帝國主義的侵略。這是兩種根本對立的歷史觀。

被周揚捧爲“給國防劇作開闢了一個新的園地”的反動劇本《賽金花》，宣揚的就是這種賣國賊的邏輯。該劇作者夏衍在給演出者的一封信裡，大罵高舉反帝旗幟的義和團運動是“拳亂”，是“無組織的烏合之眾”。“不懂策略”，“招致了八國聯軍的攻擊”。劇本裡又借賽金花之口對嗜殺成性的帝國主義侵略者乞求說：“義和拳早已經殺完啦，可是，——北京天天還在殺人”。侵略者聽了這番勸告，居然放下了屠刀。於是賽金花“代表北京千千萬萬的老百姓”向侵略者表示“感謝”，並且說要給侵略者“造一座中國最偉大的牌坊”。作者不僅爲帝國主義侵略提供了“理論根據”，而且還要給侵略者立牌坊，讓後世永遠感戴帝國主義侵略之“恩”。不是漢奸，能寫得出這樣的作品，說得出這樣卑鄙的話嗎！賣國賊蔣介石臭名昭著的《中國之命運》中，關於八國聯軍入侵原因的論述，幾乎同夏衍隻字不差。他們從賣國心理到賣國語言，絲絲入扣，毫無二致，完全是一丘之貉！夏衍還露骨地說：《賽金花》“這作品的主要目的是在諷喻，而諷喻史劇的性質上就需要著能使讀者（觀眾）不費思索地可從歷史

裡面抽出教訓來的 '聯想' 。" 一語道破天機，原來夏衍歌頌八國聯軍是在爲日本帝國主義效勞。 "四條漢子" 到底是什麼人？他們用自己的 "作品" 剝去了自己身上的外衣，他們就是一群跪倒在帝國主義腳下賣身求榮、賣國求賞的無恥奴才！他們就是賽金花之類的漢奸娼妓！

"墨寫的謊說，決掩不住血寫的事實。" 帝國主義的本性就是掠奪，就是侵略，他們用 "和平" 的手段達不到掠奪的目的，就要發動戰爭。被壓迫民族和被壓迫人民爲了生存就要起來革命。這是鐵一般的階級鬥爭規律。一部中國近代史，就是帝國主義侵略中國和中國人民反抗侵略的歷史。自一八四〇年以來，外國侵略者對中國發動了一次又一次侵略戰爭，在中國的土地上橫行霸道，燒殺掠奪，血債如山。帝國主義的侵略迫使每一個中國人做出自己的抉擇：或者奮起反抗，或者屈膝投降，中間道路是沒有的。

一九四九年，偉大領袖毛主席在《唯心歷史觀的破產》這篇光輝論文中指出："這樣，西方資產階級就在東方造成了兩類人，一類是少數人，這就是爲帝國主義服務的洋奴；一類是多數人，這就是反抗帝國主義的工人階級、農民階級、城市小資產階級、民族資產階級和從這些階級出身的知識份子，所有這些，都是帝國主義替自己造成的掘墓人，革命就是從這些人發生的。" 從太平天國運動到中國共產黨領導的新民主主義革命，就是大多數中國人所走的道路；從曾國藩、李鴻章到蔣介石，則是一小撮民族敗類所走的道路。 "四條漢子" 就是蔣介石賣國集團在文藝界的代表人物。他們充當帝國主義侵略的辯護士，爲帝國主義的侵略獸行唱讚美詩，不惜歪曲歷史，顛倒黑白，雙手捧上《賽金花》之類的賣國作品去博得洋主子的歡心。論陰險，論危害，他們是不在公開敵人之下的！

二曰："賣國有功"。

奴才爲了向主子請功,自然也要炫耀一下自己的"業績",所以毫不奇怪,爲漢奸的賣國行爲唱讚歌,就成了"國防文學"即賣國文學的又一個"中心主題"。賣國有功,這是蔣介石的一貫政策。抗戰開始後,日本帝國主義每一次誘降,蔣介石都蠢蠢欲動,從蔣家王朝裡,一批又一批文官武將投入日寇懷抱。"四條漢子"緊搖黑筆桿,和之以筆墨,伴之以樂鼓,於是,賣國戲劇、賣國電影、賣國音樂嗡嗡營營地一齊出籠了。上面說到的夏衍的反動劇本《賽金花》,就是在日本帝國主義節節入侵的一九三六年拋出的。它把一個無恥的漢奸妓女吹捧爲"救苦救難"的"觀世音"。一九三七年抗戰爆發後,叛徒陽翰笙拋出反動劇本《李秀成之死》,把一個無恥的叛徒描寫成"大忠大勇"的"英雄",正好說出了蔣介石想說的心裡話!一九三八年,漢奸汪精衛公開投敵,蔣介石也眼紅心動。在全國一片討汪的憤怒聲浪中,文藝黑帥周揚逆著潮流,破門而出,公然寫文章爲漢奸鳴"不平",大肆吹捧漢奸文人周作人之流,說他們"確曾和惡勢力搏鬥過","表現了中國資產階級民主思想的積極的一面"。這是一篇赤裸裸的漢奸辯護詞。一九四三年,配合日寇"中日提攜"的宣傳和蔣介石"曲線救國"的叫囂,陽翰笙又拋出反動劇本《兩面人》,把一個私通日寇的資本家祝茗齋吹捧爲農民的"衣食父母,平安菩薩",還讓遊擊隊的幹部向他一再表示"感激",並請他對工作"多多指教"和"幫忙"。對漢奸資本家百般美化,對人民子弟兵惡毒污蔑,這就是周揚一夥所標榜的"現實主義創作方法"。"四條漢子"就是這樣同日本帝國主義的誘降政策密切配合,同蔣介石的投降活動緊相呼應,打著"國防文學"的幌子,幹著賣國媚敵的無恥勾當。魯迅曾一針見血地指出:"本國的狗,比洋狗更清楚中國的情形,手段更加巧妙。""四條漢子"就是帝國主義在中國豢養的一幫走狗。"四條漢子"所歌頌的賽金花、李秀成、周作人、祝茗齋……正是他們自己卑鄙嘴臉的絕妙寫照！

　　毛主席指出："在中國，有帝國主義文化，這是反映帝國主義在政治上經濟上統治或半統治中國的東西。這一部分文化，除了帝國主義在中國直接辦理的文化機關之外，還有一些無恥的中國人也在提倡。"汪精衛營壘裡的周作人之流，蔣介石營壘裡的胡適之流，混入革命文化營壘裡的周揚、夏衍、田漢、陽翰笙及其他反革命分子，就是這樣一小撮無恥的中國人。

　　三曰："革命有罪"。

　　三十年代，蔣介石有一個反革命口號，叫做"攘外必先安內"，這就是說欲要賣國，必先反共。"四條漢子"心領神會，把反共作為"國防文學"的又一個"中心主題"。其內容無非是宣傳"革命有罪"、"共產黨必敗"之類的反動論調，同國民黨造謠公司裡出來的東西毫無二致。

　　田漢是首先跳出來這樣幹的一個。其反共作品之多不勝枚舉，其言詞之惡毒達到登峰造極的地步。一九三九年六月，在蔣匪發動反共高潮、製造了平江慘案之後，他為蔣匪軍大唱"勝利進行曲"。夏衍、陽翰笙也不甘落後，編導了一幕又一幕黑戲，拋出了一篇又一篇毒文，為蔣介石的反共高潮擂鼓助威。周揚的手段更為惡毒，抗戰爆發後，他鑽進解放區，扯起"暴露文學"的破旗，呼喚託派分子、反黨分子、叛徒、特務"冒最大危險"，"大膽地寫"，向黨和紅色政權進攻。請看，"四條漢子"的反共氣焰何等囂張！他們對革命何等仇恨！在帝國主義和蔣介石面前，他們露出一副十足的奴顏和媚骨，在共產黨和人民面前，他們現出一副殺氣騰騰的猙獰面目，這就是他們鮮明的反革命階級立場。

　　毛主席曾經警告："誰要反共誰就要準備變成齏粉。"（《新民主主義論》）"四條漢子"們如此瘋狂地誹謗和攻擊偉大的中國共產黨，這就註定了他們必然要被歷史前進的車輪碾得粉身碎骨！

"國防文學"是道道地地的國民黨文學

從這些"作品"中，我們可以看到：鼓吹這種漢奸文學的"國防文學""理論"，貫穿著一條黑線，就是出賣無產階級的領導權，忠實地爲大地主大資產階級的反動統治效勞。

周揚一九三六年發表的幾篇黑文章，就是這種投降主義的代表作。

一、打著"全民族文學"的幌子，爲反動派的政治服務。

一九三五年十二月，中共中央在陝北瓦窰堡舉行的政治局會議通過的《關於目前政治形勢與黨的任務決議》明確指出："黨在發動團結與組織全中國人民的力量以反對全中國人民的公敵時，應該堅絕不動搖地同反日統一戰線內部一切動搖、妥協、投降與叛變的傾向做鬥爭。一切破壞中國人民反日運動者，都是漢奸賣國賊，應該群起而攻之。共產黨應該以自己徹底的正確的反日反漢奸賣國賊的言論與行動去取得自己在反日戰線中的領導權。"但是，王明、劉少奇及周揚一夥卻同黨中央的決議精神大唱反調，竭力鼓吹"階級調和論"，爲他們妄圖取消無產階級在抗日民族統一戰線中的領導權，出賣革命，向國民黨反動派投降做輿論準備。

周揚跟著王明鼓吹："國防文學"具有"全民族的性質"。這是反馬克思主義的資產階級觀點。

毛主席教導我們："在現在世界上，一切文化或文學藝術都是屬於一定的階級，屬於一定的政治路線的。爲藝術的藝術，超階級的藝術，和政治並行或互相獨立的藝術，實際上是不存在的。"周揚鼓吹的"全民族文學"，完全是騙人的鬼話。在階級存在的時代，任何文學都打上鮮明的階級烙印。在三十年代，有為無產階級和人民大眾服務的無產階級文學，有為大地主大資產階級服務的國民黨文學，有為帝國主義服務的漢奸文學，就是不存在什麼"全民族文學"。周揚鼓吹的"全民族文學"，不過是給國民黨反動文學的頭上蓋了一塊遮羞布而已。周揚又說："不問"作家"所屬的階層，他們的思想和流派，都來創造抗敵救國的藝術作品。""不問"是假的。對偉大的無產階級作家魯迅，他們一貫排擠打擊，視若仇敵；而對漢奸、特務、叛徒、託派分子……則是來者不拒，稱兄道弟。周揚一夥還說：國防文學運動"沒有這樣的問題：誰統一了誰。"這更是騙人！事實上，他們的一切活動完全是按照蔣介石的指揮棒，沿著國民黨的政治路線進行的。周揚一夥在"全民族文學"旗號的背後，幹的正是出賣革命的卑鄙勾當。

二、反對無產階級文化思想的領導，向國民黨反動文化投降。

毛主席在《新民主主義論》這部偉大著作中明確指出："抗日統一戰線的文化"，"只能由無產階級的文化思想即共產主義思想去領導，任何別的階級的文化思想都是不能領導了的。"

周揚一夥追隨王明、劉少奇的投降主義路線，在文化界不許宣傳馬克思主義、列寧主義、毛澤東思想，只許宣傳蔣介石的"國家至上"、文藝運動和文藝論爭"民族至上"之類的反動謬論，充分暴露了他們向國民黨獻媚求寵，出賣馬克思列寧主義原則的叛徒面目。"國防文學"就是他們打出的一面反對無產階級文化思想領導、向國民黨反動文化投降的白旗。周揚一夥公然說：無產階級"不應該掛起明顯的徽章，……以至嚇跑別的階層的戰友。"這種謬論同國民黨要共產黨"收起共產主義"的反革命叫囂完全一樣。他們不許掛無產階級的徽章，這說明他們自己的脖子上已經掛上了國民黨反動派的徽章。

實現無產階級思想領導，必須堅持對帝國主義、封建主義等反動思想、反動文化的批判，堅持對資產階級世界觀的批判。放棄了批判權,就是放棄了領導權。周揚說:"不妨把國防文學創作的標準放低一些,……不管它們意識上和技巧上的缺點,應當以那主題的意義而得到較高的評價。"所謂"不管意識上的缺點",就是不管作家用什麼思想去創作,不管歌頌了什麼,反對了什麼。"國防題材就是一切,指導思想是不管的",這就是周揚的修正主義公式。周揚的所謂"放低創作標準",實際上就是不許無產階級和革命人民對反動文化進行批判,聽任國民黨反動思想佔領陣地,對無產階級的文化思想實行反革命圍剿。這就進一步暴露了周揚充當國民黨文化走狗的反動面目。

實現無產階級思想領導,必須堅持用無產階級世界觀改造文藝隊伍。周揚為了替國民黨的反動政策效勞,竟然否定世界觀對創作的決定作用。他說:"假使在我們面前的,是一個有才能的作者又忠於現實的話,那末,不管他所屬的階層,所抱的信仰,以及他對於民族革命之真義的理解的程度,他一定能夠在他的作品裡面反映出這個革命的某些重要的方面來。"這是說謊。作為觀念形態的文藝作品,總是同作家的立場、世界觀相聯繫的。無產階級是人類歷史上最革命、最先進的階級,只有站在無產階級立場上,用無產階級世界觀觀察世界,才能寫出反映歷史發展要求的革命作品;以國民黨為代表的大地主大資產階級是歷史上反動、腐朽、沒落的階級,是與歷史發展方向背道而馳的階級。站在這個階級的立場上觀察事物,只能顛倒是非,混淆黑白,根本不可能"忠於現實"。周揚鼓吹這種謬論,就是為了用國民黨的反動思想改造作家隊伍,使他們成為國民黨的御用工具。這就完全撕掉了周揚這個"馬克思主義文藝理論家"的外衣,活龍活現地露出了內奸的醜惡嘴臉。

三、鼓吹"國防題材廣泛"論,為國民黨反動派唱讚歌。

誰是歷史的創造者?誰是抗日戰爭的主力軍?在這個問題上,毛主席的無產階級革命路線同王明、劉少奇的右傾投降主義路線有著根本的分歧。反映到文化上，就是文藝爲誰服務，由誰佔領文藝舞臺的問題。這是區別革命文藝還是反革命文藝的一個分水嶺。

毛主席教導我們："人民，只有人民，才是創造世界歷史的動力。"抗日戰爭的主力軍是以工農爲主體的人民大眾，是共產黨領導的工農子弟兵，只有他們，才能決定時代的中心內容，代表社會發展的方向。革命的文藝應當歌頌工農兵，鼓舞他們，爲他們服務。可是，周揚公然宣稱："國防文學"要"使讀者在落後的事件和人物上"獲得"明確的時代的概念和展望"，"把握時代的中心內容"。這是在鼓動作家去表現那些腐朽沒落的階級及其垂死掙扎的活動，去歌頌國民黨反動派及其消極抗戰、積極反共的活動，還要把它們描寫成"時代的中心"去加以吹捧。這同王明之流鼓吹的"抗日的政治經濟中心力量在國民黨"的反動論調多麼吻合！在這種反動理論指導下，"四條漢子"把叛徒、特務、國民黨反動派以及一切社會渣滓通通捧上了文藝舞臺。

你看，在反動劇本《蘆溝橋》裡，田漢竟然把國民黨軍隊寫成了"人民之花"。在他們一再公演的《勝利進行曲》中，恬不知恥地抬出人民公敵蔣介石的畫像，跪倒在雙手沾滿人民鮮血的獨夫民賊腳下，五體投地，口稱"萬歲"。相反，工農大眾在他們的筆下卻被醜化爲沒有頭腦、麻木不仁的"群氓"，完全成了國民黨反動派的反襯。這是在光天化日之下顛倒歷史！這是他們反黨、反人民、反革命的滔天罪行！"國防文學"的創作實踐爲周揚"國防文學"的"理論"做了最好的注解。所謂"國防題材廣泛"論，泛起的是反革命的濁流；所謂"國防主題"，就是以替國民黨服務爲主，以歌頌反動派爲題；所謂"國防文學"，就是道道地地的國民黨文學。

四十年代初，偉大領袖毛主席發表的《新民主主義論》和《在延安文藝座談會上的講話》這兩部光輝著作，對三十年代文化戰線上的兩條路線鬥爭做了最完整、最全面、最系統的總結，對以周揚等"四條漢子"為代表的修正主義文藝黑線包括"國防文學"做了系統的、深刻的批判。但是，周揚之流賊心不死，在無產階級專政的歷史時期，他們又拋出了"國防文學"的變種——"全民文藝"的反動綱領，繼續抗拒毛主席的無產階級文藝路線，利用他們篡奪了的文藝界的領導權，把文化部門變成劉少奇復辟資本主義的橋頭堡。他們大肆販賣封、資、修的精神鴉片，腐蝕群眾，向黨進攻。他們同帝、修、反的反華陰謀密切配合，妄圖用"和平演變''的手法，顛覆無產階級專政，使帝國主義和國民黨反動派捲土重來，使中國重新回到半封建、半殖民地的黑暗道路。

偉大領袖毛主席親自發動和領導的無產階級文化大革命的滾滾洪流，粉碎了周揚一夥的文藝黑線，奪回了被他們篡奪了的領導權。但是，要徹底清除文化思想領域中的封、資、修的流毒，還需要經過長期的鬥爭。我們一定要把批判資產階級的戰鬥堅持下去，深入下去，為鞏固無產階級在上層建築其中包括各個文化領域中的全面專政而鬥爭。在毛主席的革命文藝路線指引下，在批判舊世界的偉大戰鬥中，已經出現了一批實踐毛主席為工農兵服務方向的光輝的革命樣板戲，並且正在大力普及樣板戲。只要堅持毛主席的文藝路線，堅持為工農兵服務的方向，堅持革命大批判，我們必將取得無產階級文藝革命的更大勝利！

（原載《紅旗》1970 年第 10 期）

堅持用階級觀點研究《紅樓夢》

孫 文 光

十八世紀中葉，我國作家曹雪芹創作的《紅樓夢》，是中國古典文學史上思想性和藝術性結合得最好的一部小說。魯迅曾經指出："自有《紅樓夢》出來以後，傳統的思想和寫法都打破了。"（《中國小說的歷史的變遷》）但是，這部傑出的作品自問世以來，它的思想意義，並沒有真正被人們所認識。那些所謂新、舊"紅學家"們，從地主資產階級立場出發，大搞唯心主義和形而上學，用穿鑿附會的索隱和煩瑣荒謬的考證，極力歪曲、抹煞《紅樓夢》的歷史內容和社會意義。

一九五四年十月，偉大領袖毛主席在《關於紅樓夢研究問題的信》中，對《紅樓夢》研究和意識形態領域裡的鬥爭作了極其重要的指示。毛主席深刻地、尖銳地批判了劉少奇、陸定一、周揚之流"同資產階級作家在唯心論方面講統一戰線，甘心作資產階級的俘虜"的罪行，號召開展反對胡適派資產階級唯心論的鬥爭。這場鬥爭，撥開了籠罩在《紅樓夢》上的重重迷霧，指明了《紅樓夢》研究工作的方向。但是，劉少奇、周揚一夥卻大要反革命兩面派的伎倆，對這場鬥爭進行干擾和破壞。他們公然繼承胡適派資產階級唯心論的衣缽，瘋狂反對馬克思主義階級論，販賣地主資產階級人性論，胡說《紅樓夢》寫的是什麼超階級的"男女戀愛主題"。有的人在評論文章裡，連篇累牘，變本加厲地宣揚什麼"永恆主題"和"共名"說，幾乎把《紅樓夢》說成了人性論的文藝標本。這種反動的、反馬克思主義觀點，是對曹雪芹及其《紅樓夢》的莫大歪曲。

《紅樓夢》是不是一部寫"男女戀愛主題"的書呢？不是。按照馬克思主義的階級觀點來分析，《紅樓夢》所表現的是以社會階級鬥爭爲內容的政治主題，是一部政治歷史小說。曹雪芹親身經歷過封建貴族家庭由鼎盛而極衰的變遷，看出了整個封建貴族階級"樹倒猢猻散"的覆滅命運，懷著"無才補天"的慚恨，通過賈、王、史、薛四大封建家族衰亡史的描繪，生動地反映了十八世紀中國封建社會階級鬥爭的現實。它寫的並不是一朝一代的歷史實事，卻深刻地表現了封建制度必然崩潰的歷史趨勢。儘管曹雪芹曾幻想"補"封建社會之"天"，也不可能具備自覺的階級觀點，但是，由於他有了初步的民主主義思想，他筆下的《紅樓夢》，終究觸及到當時社會政治的大量黑暗現象，爲我們提供了封建社會末期廣闊的階級鬥爭畫面。所以，我們說這部小說是一部形象化的封建社會的歷史，是封建社會的百科全書。我們應當把它當作歷史去讀，而不能看作是一部愛情小說。

《紅樓夢》開卷第一回，曹雪芹就以深惡痛絕的態度，嚴肅地批判了過去的才子佳人作品："開口'文君'，滿篇'子建'，千部一腔，千人一面，且終不能不涉淫濫。"這種批判，正是把《紅樓夢》的主題思想和那些"淫濫"的才子佳人作品劃清了界限。特別是第四回"葫蘆僧判斷葫蘆案"一節文字，提綱挈領，籠括全書，更加明確地點明了《紅樓夢》的主要內容。這節文字，不僅交代了四大封建家族重要成員的出場，而且通過葫蘆僧對"護官符"的解說，把筆鋒引向當時整個封建社會和封建制度，對它作了深刻的揭露和批判。葫蘆僧向賈雨村遞交的應天府"俗諺口碑"："賈不假，白玉爲堂金作馬。阿房宮，三百里，住不下金陵一個史。東海缺少白玉床，龍王來請金陵王。豐年好大'雪'，珍珠如土金如鐵。"這表面上是介紹四大封建家族的豪

華富貴和聲勢顯赫，但實際上則揭示它們是一個腐朽的、寄生的
封建貴族集團。而這類封建貴族集團，"各省皆然"。就是說，
並非一省一地之事，而是普遍現象。"倘若不知，一時觸犯了這
樣的人家，不但官爵，只怕連性命也難保呢！"這節文字雖然只
寫了當時階級鬥爭的一個側面，寫了薛蟠打死馮淵這一條人命，
但卻爲全書展示四大封建家族勾結起來，製造更多這樣的悲劇，
揭開了序幕。所以，我們應該把它看作是全書的總綱，是閱讀和
理解《紅樓夢》的一把鑰匙。從這裡入手，我們可以清晰地看到
這部描寫四百多個男女人物和錯綜複雜矛盾的小說的中心內容，
看到曹雪芹在表現政治主題方面所傾注的心血。

　　《紅樓夢》產生於清王朝所謂"乾隆盛世"。這時的中國已
經有了一些資本主義生產關係萌芽，但還是封建社會。這一時期，
從表面看來似乎是"河清海晏"，天下太平。但在這"太平"景
象的背後，卻是危機四伏，民不聊生，古老的中國封建社會已經
處於總崩潰的前夜。在曹雪芹逝世後不到八十年，就爆發了鴉片
戰爭，封建制度延續了二千多年的中國開始進入了半封建半殖民
地的社會；到了一八五一年，則爆發了中國歷史上最大的一次農
民起義 — 太平天國運動。所謂"乾隆盛世"，只不過是這個衰
老的封建社會在覆滅之前的迴光返照。《紅樓夢》所反映的正是封
建社會行將總崩潰的"山雨欲來風滿樓"的歷史趨勢。由於曹雪
芹階級和生活的局限，對農村情形不很熟悉，他很少直接描寫農
村生活。但小說中不少地方仍然直接或間接地透露出，農民和地
主的鬥爭，影響著其他各種社會矛盾的發展。第一回寫甄士隱家
遭火燒後，曾計議到田莊上去住，但"偏值近年水旱不收，賊盜
蜂起，官兵剿捕，田莊上又難以安身"，他只得將田地都變賣了，
投靠到岳丈家去。這說明了當時的階級矛盾和階級鬥爭已經發展
到白熱化的程度，反映了地主階級對農民起義的惶惶不可終日的
心情，整個封建統治已經到了岌岌可危的地步。正如第二回中古

董商冷子興在演說榮國府時說的："如今外面的架子雖沒很倒，內囊卻也盡上來了。"這也可以看成是對那個時代的生動概括。

在這樣的歷史背景下，《紅樓夢》選擇以賈、王、史、薛四大封建家族作為描寫物件，是具有深刻的典型意義的。毛主席說："宗法封建性的土豪劣紳，不法地主階級，是幾千年專制政治的基礎。"（《湖南農民運動考察報告》)《紅樓夢》中四大家族，和其他類似的封建貴族集團扭結在一塊，正是十八世紀中國封建專制政治的基礎和支柱。其中，賈府更有其代表性。這個"功名奕世，富貴流傳"的百年望族和皇親國戚，它從政治、經濟和家族血緣關係等各個方面集中體現了四大家族之間的緊密勾結和共同利益。在賈府的圍牆內，最高統治者賈母是侯門史家的代表，管家的王夫人和王熙鳳是九省都檢點王家的代表，薛寶釵和她的母親薛姨媽是皇商薛家的代表。他們"四家皆連絡有親，一損俱損，一榮俱榮"。這個貴族集團上通朝廷，下結州縣，同整個封建王朝的命運生死攸關。小說圍繞著賈府開展的種種矛盾，實際上就是當時封建社會階級鬥爭的一個縮影。

在那"詩禮簪纓"、"溫柔富貴"的賈府，鮮明地體現了當時封建社會的階級對立關係。以賈母、賈政、賈赦、王夫人、賈珍、賈璉、鳳姐等為代表的一小撮地主階級統治者，或道貌岸然，或荒淫無恥，統統都對被壓迫階級進行殘酷的經濟剝削和人身迫害，對本階級的叛逆進行無情摧殘和鎮壓。而眾多出身底層的奴僕，卻畢生過著暗無天日的悲慘生活，每個人都有著一本血淚賬。他們有的是世代為奴的"家生子"，有的是被搶佔來的丫頭；有的是廉價拐買來的，有的是由其他貴族當作牲口轉送的。總之，每個人都完全喪失了人身自由，受盡了封建主子們的折磨和蹂躪。在這裡，一小撮封建貴族統治者窮奢極欲，揮霍無度：一餐飯就要吃去幾十兩銀子，一碗菜要十幾隻雞作原料。用劉姥姥的話說，他們一席"螃蟹宴"就夠"莊家人過一年了"。為了元春當貴妃之後回家省親，他們大興土木，修建大觀園，極盡"太平景象，富貴風流"，連元春也不得不說："太奢華過費了！"，他們甚至花幾萬兩銀子派人"請聘教習，探買女孩子，置辦樂器行頭等事"，自己辦起戲班子，尋歡作樂。這一小撮統治者如此恣意享樂，對受剝削的農民來說正是意味著莫大的災難。第五十三回寫黑山村莊頭烏進孝在災年向賈府繳租，帳單上寫的貨幣和實物已經夠嚇人的了，可是，賈珍還不滿足："這夠做什麼的？""不和你們要，找誰去？"他們敲詐勒索，高利盤剝：王熙鳳為了積攢"體己"，競挪扣奴隸們的"月錢"去放高利貸，一年不到，就賺了成千兩的銀子。到賈府被抄時，單她放債這項私房錢，即不下"五七萬金"。而皇商薛家，領著"內帑錢糧"不算，還大開當鋪進行搜刮。可以想見，不知有多少貧苦人民在他們的巧取豪奪下傾家蕩產。

《紅樓夢》描繪的四大封建家族衰亡的歷史，時間不過幾年。在這短暫的歲月裡，明確交代的死亡人數就有四十七個，而直接受四大家族殘害的和死於不合理封建制度的人命即有三十五條。封建貴族統治者的手上，無一不沾滿了奴隸們和無辜受害者的鮮血。試看，曹雪芹在前八十回裡，就描寫了這樣一些駭人聽聞的人命事件：

"金陵一霸"薛家的花花公子薛蟠，倚財仗勢，搶佔民女，打死馮淵。偌大的人命官司，"他卻視為兒戲，自謂花上幾個錢，沒有不了的"，竟同著母親、妹子揚長而去。馮家告了一年的狀，結果讓賈雨村"徇情枉法。胡亂判斷了此案"。

陰險毒辣的王熙鳳，為了撈取三千兩銀子的外快，她僅憑一紙書信，勾通節度使雲光，一下子斷送了張金哥未婚夫妻二人的性命。作者說，這樣的慘事"不可勝數"，就是說，王熙鳳有數不清的血債。

腐朽透頂的賈赦，故作風雅，看中了石呆子家藏的二十把古扇子，人家不給，就和賈雨村串通一氣，“訛他拖欠官銀”，不但抄去了扇子，還弄得石呆子家破人亡。

衣冠禽獸的賈珍、賈蓉父子和賈璉、王熙鳳夫婦，狼狽爲奸，百般欺騙、折磨尤二姐和尤三姐，致使尤家姐妹不堪凌辱，雙雙含憤自殺。

一向以“菩薩面孔”出現的王夫人，平日裡滿嘴“仁義道德”，但在虐殺人命方面，同其他兇相畢露的封建主子相比更是有過之而無不及。她在一巴掌迫使金釧兒投井而亡之後，緊接著又在抄檢大觀園的事件中大打出手，親自攆走了四兒、司棋、入畫，逼得芳官、蕊官、藕官等出家，並將“四五日水米不曾沾牙”的晴雯趕出大觀園，致使這個不屈的女奴含冤而死。

這一樁樁、一件件的人命案，生動地說明：那“詩禮簪纓”之族，只不過是“殺人如草不聞聲”的地獄；那“鐘鳴鼎食”之家，只不過是“人肉筵宴”的鬼窟；那封建統治者信奉的孔孟之道，只不過是殺人不見血的軟刀子。然而，橫遭慘死的豈止是這有名有姓的幾個，在那用勞動人民血汗建築起來的大觀園裡，實際上無處不印染著奴隸們的斑斑血痕。哪裡有壓迫，哪裡就有反抗。大觀園裡的奴隸們不止有飲泣吞聲的怨憤，而且有著不屈不撓的抗爭。晴雯就是其中突出的一例。這個自幼孤苦伶仃、連姓什麼也不知道的奴隸，渾身進發著反封建壓迫的鋒芒，即使在生命奄奄的時候，也沒有向封建統治者低頭屈服。

高鶚續作的後四十回，基本上完成了《紅樓夢》的悲劇結局，這是他的成績。但書中有不少地方違背了曹雪芹的原意，暴露了他思想落後與反動的二面，藝術水準也不如曹雪芹。正如魯迅所指出：“後四十回雖數量止初本之半，而大故迭起，破敗死亡相繼，與所謂‘食盡鳥飛獨存白地’者頗符，惟結末又稍振。”“續書雖亦悲涼，而賈氏終於‘蘭桂齊芬，家業復起，殊不類茫茫白地，真成乾淨者矣。”（《中國小說史略》）高鶚著力描寫了林黛玉之死，進一步表明：在封建統治階級的 "人肉筵宴" 上，被吃掉的不止是那些出身低微的奴隸，即使先前被賈母稱作 "心肝兒肉，' 的親外孫女也不能倖免。他還寫了直接死於四大家族之手的鴛鴦、司棋、潘又安和張三；寫了死於不合理的封建制度的元春、迎春等人的結局。這些都有助於揭示封建制度橫暴兇殘的吃人本質。

馬克思、恩格斯曾經指出： "在階級鬥爭接近決戰的時期，統治階級內部的、整個舊社會內部的瓦解過程，就達到非常強烈、非常尖銳的程度" 。(《共產黨宣言》) 曹雪芹在《紅樓夢》中，以精細的筆觸，描寫了四大家族內部的兄弟之間、婆媳之間、夫婦之間、妯娌之間、嫡庶之間、叔侄之間的尖銳矛盾，反映了封建統治階級內部的瓦解過程，從另一個側面揭示了封建社會 "忽喇喇似大廈傾，昏慘慘似燈將盡" 的歷史命運。賈府的統治者內部，表面上罩著家庭關係上的溫情脈脈的面紗，骨子裡卻爭風吃醋，勾心鬥角，爾虞我詐： "一個個不像烏眼雞似的？恨不得你吃了我，我吃了你！" 這種矛盾的焦點，是在爭奪賈府的財產和權力。賈府內部有兩大派系，一派以王夫人為首，包括鳳姐、薛寶釵等，並有賈母為後臺，為了四大家族的共同利益，極力鞏固自己在賈府的統治地位；另一派是以邢夫人為首，包括尤氏以及趙姨娘等，代表異姓弱族的利益，則企圖奪取王夫人、鳳姐手中的權力。《紅樓夢》多次描繪了這種爭權奪利的衝突。當然，不論哪一派取得勝利，都無法挽回賈府一步一步走向衰亡的頹勢，這種衝突倒是加速了這個封建大家族的崩潰進程。賈府最精明的小姐探春就曾驚呼： "可知這樣大族人家，若從外頭殺來，一時是殺不死的。這可是古人說的，'百足之蟲，死而不僵'，必須先從家裡自殺自滅起來，才能一敗塗地呢！" 探春這番話，道出了封建貴族階級加速敗亡的一個重要因素。

封建統治階級內部的爭權奪利， "這不過是大狗小狗飽狗餓狗之間的一點特別有趣的爭鬥"。在壓迫眾多出身微賤的奴僕和迫害本階級的叛逆上，無論飽食終日的賈母，還是道貌岸然的賈政；無論"寬厚仁慈"的王夫人，還是"明是一盆火，暗是一把刀"的鳳姐，都無一例外地結成了反動的"神聖同盟"，頑固地站在同一條戰線上。他們在道德方面的表現，更是腐朽墮落，糜爛不堪，充分地顯示出封建地主階級面臨末日的瘋狂。焦大曾經直言不諱地破口大罵："那裡承望到如今生下這些畜生來！每日偷狗戲雞，爬灰的爬灰，養小叔子的養小叔子，我什麼不知道？"《紅樓夢》從多方面爲我們反映了封建社會的腐朽黑暗，反映了大觀園內外的尖銳的階級鬥爭。任何企圖把它歪曲成爲單純的愛情小說的奇談怪論，都是改變不了這部小說的客觀實際的。

對於賈寶玉和林黛玉的悲劇問題，我們也應該用階級觀點來分析。曹雪芹以較多的筆墨描寫了寶、黛這一對封建禮教叛逆者的愛情，目的是在於通過他們同封建統治者的尖銳衝突，揭示賈母、王夫人、鳳姐爲安排"金玉良緣"所玩弄的政治圖謀。恩格斯深刻指出，在封建社會裡。"對於王公本身，結婚是一種政治的行爲，是一種借新的聯姻來擴大自己勢力的機會；起決定作用的是家世的利益，而絕不是個人的意願"。(《家庭、私有制和國家的起源》)寶、黛的愛情，正是在這個根本問題上同封建統治者發生了尖銳的衝突。賈寶玉和林黛玉雖是嫡親姑表兄妹，但由於林黛玉並不屬於四大家族，而且家庭早已破落，賈府的統治者爲了家世的利益，就必然地要選中四大家族理想的繼承人薛寶釵，用"金玉良緣"去代替"木石前盟"。百萬皇商的薛姨媽，也正想通過與賈府的聯姻，進一步攀附賈、王兩大家族，爲自己去尋找政治靠山。而尤爲重要的因素，還在於寶、黛這對叛逆者的愛情，包含著反對封建禮教的政治內容，這在封建統治者看來更是絕不能容忍的事情。當賈寶玉還在"內幃廝混"的時候，賈府的統治者就憂慮這"古今不肖無雙"的子弟，"于國於家無望"，巴望他能夠改"邪"歸"正",繼承祖業。但是賈寶玉在林黛玉的支持下,反對儒家思想,反對封建禮教,反對仕途經濟,反對男尊女卑,在反抗封建正統思想的道路上越走越遠。這當然要引起封建統治者更大的恐懼和不安,促使他們不擇手段地把薛寶釵這個自覺而堅決維護封建秩序的淑女抬出來,通過配偶關係,箝制賈寶玉叛逆性格的發展,藉以延續"一代不如一代"的貴族階級的壽命。非常清楚,曹雪芹筆下的寶、黛愛情悲劇,本身就是一場階級鬥爭,是從屬全書政治主題的有機組成部分。

賈寶玉和林黛玉都是封建貴族家庭叛逆者的典型,絕不是什麼超時代、超階級的"共名"。馬克思在《關於費爾巴哈的提綱》中曾經一針見血地指出:"人的本質並不是單個人所固有的抽象物。在其現實性上,它是一切社會關係的總和。"賈寶玉在大觀園那個特殊環境裡生活,使他有機會瞭解到被壓迫的奴隸們的不幸,看到封建貴族的罪惡和無可挽回的頹勢。如同魯迅所指出的:"悲涼之霧,遍被華林,然呼吸而領會之者,獨寶玉而已。"(《中國小說史略》)正是由於賈寶玉有了這種難能可貴的感受、,他才可能在腐朽的封建勢力面前不肯就範,並且成了封建貴族的叛逆者。然而,賈寶玉又畢竟是一個"富貴閒人",他濃厚的虛無思想,對君權、親權的保留態度,以及封建地主階級特有的其他惡劣的品性、習氣,都表明他性格的消極一面,這是應當批判的。有的人對此卻以欣賞的態度,津津樂道地宣揚:"在這一人物的典型性格裡,不僅含有那一時代所提供出來的東西,而且含有全人類的、能夠打動各個時代人們心靈的東西。"這種論調,簡直到了荒唐可笑的地步。賈寶玉被賈府的統治者視為大逆不道,尤為賈政所不容,幾欲置之於死地。他連自己的親屬也不能打動,又怎能談得上打動"全人類"、打動"各個時代人們"的心靈呢?林黛玉雖不屬於四大家族,但她的性格裡並不是沒有"階級的塵屑"。她不滿意封建的禮教和婚姻制度,不滿意封建家庭的包辦。對"一年三百六十日,風刀霜劍嚴相逼"的環境感到痛苦和憤恨,但又幻想能有一個家長出面爲她主持"終身大事"。她多愁善感,孤高、自許,這些特點固然與當時的歷史條件和她的生活境遇有關,但根本的原因還是由她的階級地位所決定的。魯迅說過:"窮人決無開交易所折本的懊惱,煤油大王那會知道北京檢煤渣老婆子身受的酸辛,饑區的災民,大約總不去種蘭花,像闊人的老太爺一樣,賈府上的焦大,也不愛林妹妹的。"(《"硬譯"與"文學的階級性"》)魯迅這段話,堅持了馬克思主義的階級論,說得是何等精闢!然而有的評論者不僅把林黛玉說成是"爲各個時代的人們所共感、所激動"的超階級的藝術形象,而且說什麼"這個少女的敏感、'小性兒'、'尖酸刻薄'等等,不是把我們和她拉遠,而是反而靠近了",甚至還呼喊:"讓我們爲林黛玉鳴起心裡的音樂!"如此聲嘶力竭地向封建時代的貴族少女頂禮膜拜,人們不禁要問:這究竟要把我們社會主義時代的青年和讀者引向何方?

　　《紅樓夢》從問世到現在,已經有兩個多世紀了。在研究《紅樓夢》問題上的鬥爭,也幾乎同時進行了兩百多年。從舊紅學派、新紅學派到"男女戀愛主題"的反動濫調,都無一例外地貫串著地主資產階級人性論,掩蓋了《紅樓夢》的真面目。今天,我們必須遵照毛主席關於批判繼承的指示,堅持馬克思主義的階級論,批判地主資產階級人性論,正確評價《紅樓夢》,讓廣大青年和讀者從這部形象化的封建社會百科全書中得到有益的歷史知識,從而有助於參加當前的現實鬥爭。

(原載《紅旗》1973 年第 11 期)

評晉劇《三上桃峰》

初　瀾

　　當前，文藝戰線的形勢同各條戰線一樣，一派大好，欣欣向榮。在毛主席無產階級革命文藝路線的指引下，在革命樣板戲帶動下，群眾性的革命文藝創作運動蓬勃興起，好的和比較好的作品越來越多，受到了廣大工農兵群眾的熱情鼓勵和歡迎。最近，在北京舉行的華北地區文藝調演，反映了社會主義文藝事業迅猛發展的趨勢，體現了毛主席的革命路線在文藝戰線取得的新勝利。但是，文藝戰線從來不是風平浪靜的。文藝，作為階級鬥爭的工具，總是敏銳地反映著社會上的政治鬥爭。在大好形勢下，冒出個把毒草，這也是不足為怪的。

　　由山西省文化局創作組集體創作的晉劇《三上桃峰》，就是一株否定無產階級文化大革命，為叛徒劉少奇反革命的修正主義路線翻案的大毒草！

　　《三上桃峰》的故事情節並不複雜，說的是某公社杏嶺大隊，以欺騙手段把一匹病馬當作好馬賣給了桃峰大隊。杏嶺大隊黨支部書記發現此事，親自三上桃峰，退款道歉。

　　該劇的炮製者和鼓吹者聲稱："一滴水可以見太陽嘛！""《三上桃峰》就是要通過小題材表現大主題"。好吧！讓我們來看看《三上桃峰》的"大主題"究竟是什麼？

一

《三上桃峰》的出籠，是階級鬥爭、路線鬥爭在文藝上的反映。

在我黨的歷史上，毛主席的革命路線同劉少奇反革命的修正主義路線進行了長期的激烈鬥爭。黨的八屆十中全會上，毛主席發出了"千萬不要忘記階級鬥爭"的偉大號召，提出了"要進行社會主義教育"的戰鬥任務。一九六三年五月，毛主席親自主持制定了《中共中央關於目前農村工作中若干問題的決定（草案）》（即十條），在廣大農村開展了轟轟烈烈的社會主義教育運動。其後不久，劉少奇拋出了一條形"左"實右的資產階級反動路線，鎮壓人民群眾，保護牛鬼蛇神。劉少奇指派他的老婆王光美竄到河北省撫寧縣的桃園大隊，以"四清"為名，行復辟之實，炮製了一個旨在對抗毛主席革命路線的"桃園經驗"。王光美狂妄地說："全國都在學大寨，桃園要在政治上超過大寨，叫全國也要學習桃園。"妄圖用桃園對抗大寨，用劉少奇反革命的修正主義路線取代毛主席的正確路線。一九六五年一月，毛主席親自主持制定了《農村社會主義教育運動中目前提出的一些問題》（即二十三條），批判了劉少奇的反動路線以及"桃園經驗"，將社會主義教育運動引向深入。

但是，劉少奇一夥賊心不死，負隅頑抗。王光美不得不從桃園撤退以後，還留下一個"鞏固組"，送去一匹大紅馬，死守桃園這塊陣地。他們不僅在桃園附近立起了一塊高達丈餘的石碑，上刻"永不忘記"四個大字，為她樹碑立傳，王光美還親自跑到舊文聯禮堂作報告，策動文藝界運用文藝形式來為她樹碑立傳，歌功頌德。

就在這樣的歷史政治背景下，一九六五年夏天開始，在被舊中宣部這個閻王殿控制的輿論陣地上，圍繞著通訊《一匹馬》和故事《三下桑園贖馬記》，掀起了一股宣傳熱潮。主持宣傳的人特意提醒說：這個"故事發生在經過社會主義教育運動的地方 —— 河北唐山地區撫寧縣，更加引起人們深思。" "深思"什麼？就是要人們看清楚這個故事是爲王光美塗脂抹粉的，是爲劉少奇的資產階級反動路線和他導演的"桃園經驗"翻案的。

在這場階級鬥爭中，以周揚爲首的"四條漢子"及其同夥，傾巢而出，喧囂一時。在當時被反革命的修正主義文藝黑線統治的文藝界，以《一匹馬》的故事爲題材的報告文學、連環畫、紀錄影片和各種樣式的戲劇、曲藝，紛紛出籠。舊中宣部的一個副部長，指令在北京的某一話劇院趕排同一題材的《春風楊柳》，叫嚷"要搞出樣板，起示範作用"。舊文化部的一個副部長，計畫親自帶領一個文化工作隊去撫寧縣，把王光美蹲點的這個地方搞成群眾文化活動的"樣板"。

緊步周揚之流的後塵，一九六六年一月，山西省的《火花》戲劇專刊，以卷首的顯赫位置，發表了根據上述通訊改編的大型晉劇《三下桃園》。請同志們注意：通訊中的真實地名是"桑園"，劇本卻偏偏改爲"桃園"。一字之易，點在題上，更爲醒目。劇中大唱什麼"社社隊隊全一樣，唯有桃園不大同"，用反動的"桃園精神"，對抗毛主席發出的"農業學大寨"的偉大號召！他們唯恐觀眾看不清楚這個戲的政治意圖，還煞費苦心地設計了一個原通訊中沒有的人物 —— 一個姓王的女縣長，讓她從幕後走到前臺，頤指氣使，招搖過市，用她之口點破這個劇本的主題在於歌頌桃園"社教運動的勝利果"。這是在文藝舞臺上爲劉少奇、王光美樹起的又一塊"碑"。

無產階級文化大革命中，《三下桃園》受到了革命群眾的批判，這塊"碑"被推倒了，打碎了。事隔八年，在某些人的指使和鼓勵下，《三下桃園》改名爲《三上桃峰》，又被重新搬上舞臺，把這塊被推倒了、打碎了的"碑"又樹了起來。這是多麼觸目驚心的階級鬥爭啊！從《三下桃園》到《三上桃峰》，中心事件沒有變，故事情節沒有變，基本的人物關係也沒有變。惹人注意的三處改動是：一、"桃園"變爲"桃峰"；二、時代背景從"四清"運動後的一九六五年推到了一九五九年；三、那個姓王的女縣長不見了。然而，越描越黑，欲蓋彌彰。這些改動，除去說明炮製者完全知道一匹馬的故事的政治背景，完全知道《三下桃園》的政治要害，作賊心虛，害怕馬腳太露以外，絲毫不能說明別的。

人們不禁要問《三上桃峰》的炮製者和支持者：既然明明知道無產階級文化大革命中批判了《三下桃園》，明明知道這個毒草劇本的要害所在，爲什麼現在又爲它改頭換面，喬裝打扮，迫不及待地搬上舞臺？

《三上桃峰》的炮製者曾經說過："要不是無產階級文化大革命，這個戲早就紅了！"一語洩露了天機：他們這個戲跟劉少奇是同命相連的。"一損俱損，一榮俱榮"。劉少奇垮臺了，他們如喪考妣，於心不甘。經過幾年的炮製，他們認爲時機成熟了，就明目張膽地把《三上桃峰》抛了出來，大喊大叫什麼"《三上桃峰》是山西的代表性劇碼！""《三上桃峰》是經過七年錘煉的。別的戲不上，行；《三上桃峰》不上，不行！"當演員表示不願排練這個戲時，他們竟威脅說："是毒草也要演"，不演就"以破壞革命現代戲論處"。看，他們要用這個戲來爲劉少奇反革命的修正主義路線翻案的氣焰何等囂張！可是，當革命群眾揪住了他們的狐狸尾巴之後，他們又裝出一副可憐相，說什麼"沒有看過原來的報導"呀，"不知道這個故事有什麼政治背景"呀，等等。躲躲閃閃，支支吾吾。事實勝於雄辯。白紙黑字，鐵證如山，《三上桃峰》是經過精心炮製，有人批准，有人支持抛出來的。《三上桃峰》爲劉少奇翻案的事實，是任何人也抵賴不掉的！

二

從《三上桃峰》的政治背景看，是爲劉少奇翻案的。從《三上桃峰》所表現的政治內容看，也是爲劉少奇翻案的，是爲劉少奇、林彪他們所推行的反革命的修正主義路線翻案的。

第一，《三上桃峰》的炮製者，竭力鼓吹劉少奇、林彪的"階級鬥爭熄滅論"，反對黨的基本路線。

黨的基本路線告訴我們：社會主義社會是一個相當長的歷史階段。在這個歷史階段中，始終存在著階級、階級矛盾和階級鬥爭，存在著社會主義同資本主義兩條道路的鬥爭，存在著資本主義復辟的危險性，存在著帝國主義、社會帝國主義進行顛覆和侵略的威脅。《三上桃峰》卻千方百計地掩蓋社會主義時期的階級矛盾和階級鬥爭，大搞資產階級和無產階級、資本主義和社會主義的"合二而一"。對農村資本主義勢力的代表人物老六，杏嶺的貧下中農和黨員不反擊，不鬥爭。劇中還將老六美化爲想爲集體"辦好事"的人。對農村資本主義勢力在黨內的代理人、杏嶺大隊的大隊長李永光，不僅不去表現黨員、群眾對他的鬥爭，反而爲他開脫罪責，把他的錯誤性質說成是什麼"本位主義思想"，還爲他評功擺好，故意迴避這場尖銳激烈的路線鬥爭。

在這個戲裡，沒有階級矛盾，沒有階級鬥爭和路線鬥爭，你好我好，大家都好，可真是個人人"忠恕"、個個"禮讓"的"君子國"呵！當年大刮吹捧"桃園經驗"的妖風時，報紙上不是有人通過講述小說《鏡花緣》裡"君子國"的故事，號召人們在創作中表現現實生活中的"君子國"嗎？《三上桃峰》的炮製者果然把一個"君子國"搬上了舞臺。這個"君子國"不是別的，就是劉少奇、王光美在桃園已經建立過的地、富、反、壞、右重新上臺，勞動人民重新受壓迫的資產階級專政的王國！

第二，《三上桃峰》的炮製者，狂熱地宣揚劉少奇、林彪所販賣的"孔孟之道"，把剝削階級的意識形態冒充為共產主義風格和無產階級思想。

風格是觀念形態，是客觀實踐的產物。在階級社會中，風格是有階級性的。《三上桃峰》所宣揚的這種不講階級、不講路線、互相"禮讓"的"風格"，根本不是無產階級的意識形態，而是剝削階級的意識形態。兩千多年前，反動奴隸主階級的代言人孔丘之流鼓噪什麼"忠恕"、"克己"，什麼"禮之用，和為貴"，目的是"復禮"。劉少奇、林彪繼承了孔老二的衣缽，也大講什麼"以德報怨"、"忍辱負重"，什麼"兩鬥皆仇，兩和皆友"，目的是復辟。《三上桃峰》所宣揚的"風格"，就是這種主張倒退、反對革命的孔孟之道，是束縛革命人民鬥爭意志的精神枷鎖。劇中的"風格"體現者、主要人物青蘭，就是奉行孔孟之道的典型人物。她在全劇中的行動，就是往來奔波於杏嶺、桃峰之間，忙於補過失、堵窟窿。這是個只抓小事不抓大事、只顧"馬情"不顧敵情的政治庸人。炮製者把這樣一個依照黑《修養》的規格鑄造出來的人物，冒充為無產階級革命事業接班人，賦予她一個"青出於藍而勝於藍"的名字，就是要人們學習青蘭，做孔孟之道的忠實信徒，以便推行他們"復禮"、復辟的反革命政治路線。

第三，《三上桃峰》的炮製者，採用含沙射影的卑劣手法，使用劉少奇、林彪的反革命語言，誣衊社會主義制度，對毛主席的革命路線進行詆毀和謾罵。

全劇結構的中心是馬。戲的開頭，作為主要人物的青蘭，在初上場的唱段中唱道："持續躍進，萬馬奔騰"；接著，在同一場，她又唱道："他揚鞭催馬猛馳騁，菊花青怎經得猛烈奔騰"，於是，全劇就圍繞著這匹病馬兜起圈子來。劇本告訴人們，這是一匹患有"腦迷症"、"病了好幾個月"的病馬，此馬"千萬不能猛騎快跑"。後來，它被猛騎了一陣，由於"快速奔跑使猛勁",就"渾身淌汗,四肢發抖",臥倒在地,終於死去了。對此,劇本叫嚷"要接受教訓"。好一個"接受教訓"!須知這個劇本是把故事的發生年月別有用心地改在一九五九年春天的。這時,正是我國人民在毛主席的革命路線指引下,高舉總路線、大躍進、人民公社的革命紅旗高歌猛進的年代。在這樣的時代背景下,劇本刻意講述一個"跑死病馬"的"寓言",它的矛頭所向難道還不清楚嗎?這種咬牙切齒的咒罵,和赫魯雪夫對我們的誣衊有何不同?和劉少奇攻擊大躍進是"搞的太猛,出了毛病"的黑話,有何不同?和林彪一夥攻擊大躍進是"憑幻想胡來"的黑話,有何不同?我國社會主義建設的成就是否定不了的,人民群眾的勞動所結出的勝利果實是抹殺不了的,這種咒罵只能暴露出這個戲的炮製者完全站在地、富、反、壞、右的立場上。更有甚者,當劇本寫到病馬累死之後,另一匹馬就立即登場了。這匹大紅馬是由劇中資本主義勢力的代表人物老六牽上臺的。這匹象徵著資本主義"勝利"的馬一上場,就博得了滿台人物的一片喝彩:"好馬!好馬!好馬!"連用三個"好"字。無需再做解釋了,作者的用心已十分明白。他們就是要通過兩匹馬的對比,咒罵黨的正確路線,呼喚資本主義復辟。

晉劇《三上桃峰》大肆兜售劉少奇、林彪反革命的修正主義黑貨,對毛主席革命路線進行肆無忌憚的攻擊。他們叫嚷這出戲要表現的"大主題",就是反黨、反社會主義、反毛主席的革命路線,為劉少奇、林彪和他們反革命的修正主義路線翻案。有人還叫嚷這齣戲"好就好在突破了樣板戲的框框",這就赤裸裸地暴露了他們與毛主席的革命文藝路線為敵、與革命樣板戲為敵的反動面目。《三上桃峰》正是頑固地堅持劉少奇反革命的修正主義文藝黑線,集"無衝突論"、"中間人物論"、反"題材決定"論、"人性論"、"時代精神匯合論"之大成的大毒草。

三

　　利用小說進行反黨活動，是一大發明。階級鬥爭的歷史告訴我們：每當一次偉大的革命運動過去之後，總是伴隨著一場復辟與反覆辟、倒退與反倒退的激烈鬥爭。一切被打倒的剝削階級絕不會甘心於他們的失敗，總要作垂死的掙扎，妄圖復辟他們失去了的"天堂"。他們進行復辟的一個常見方式，就是利用文藝為歷史上被打倒的剝削階級的代表人物進行翻案。六十年代初，有人拋出《海瑞罷官》為彭德懷翻案，如今又冒出個《三上桃峰》為劉少奇翻案，就是這一階級鬥爭規律的生動例證。

　　從《一匹馬》、《三下桑園贖馬記》，到《三下桃園》，再到《三上桃峰》：桑園改桃園，桃園變桃峰；一匹病馬上台又下臺，下臺又上臺。這說明了什麼？說明了在整個社會主義歷史階段，無產階級同資產階級的鬥爭是長期的、曲折的，有時是很激烈的。不管革命的階級怎樣事先警告，把根本的戰略方針公開告訴自己的敵人，敵人是一定要尋找機會表現他們自己，還是要進攻的。階級鬥爭是客觀存在，不依人的意志為轉移，要想避免，也不可能。它說明了文藝戰線上的鬥爭從來就是政治戰線上階級鬥爭、路線鬥爭的反映。某些地區、某些部門修正主義文藝黑線回潮的現象，就是政治上那股妄圖否定無產階級文化大革命的翻案風在文藝上的表現；這也是和國際上階級敵人反華、反共、反革命的反動逆流相呼應的。它還說明了當前深入開展的批林批孔運動，擊中了國內外階級敵人的要害，他們必然要跳出來進行破壞和搗亂。

　　因此，我們對大毒草《三上桃峰》的批判，不是一般的文藝論爭，不是什麼創作問題，而是保衛無產階級文化大革命勝利成果的大是大非問題；是捍衛毛主席革命路線的大是大非問題；是深入開展批林批孔運動、把上層建築領域裡的革命進行到底的大是大非問題。這是一場你死我活的階級鬥爭。這樣的鬥爭，今後還要長期地進行下去。

　　毛主席教導我們："不要以爲有一二次、三四次文化大革命。就可以太平無事了。千萬注意，絕不可喪失警惕。" "三上"被揭露了，會不會搞"四上" "五上"呢？值得我們深思。我們一定要以黨的基本路線爲綱，深入開展批林批孔運動，重視意識形態領域裡的階級鬥爭，密切注視思想文化戰線階級鬥爭的新動向和新特點，反擊一切開倒車、搞復辟的逆流，擊退反革命的修正主義文藝黑線的回潮，進一步發展無產階級文藝革命的大好形勢，奪取新的勝利！

（原載 1974 年 2 月二 28 日《人民日報》）

京劇革命十年

初　瀾

　　在以毛主席爲首的黨中央領導下。在毛主席的無產階級文藝路線指引下，京劇革命已經走過了十年的戰鬥歷程。十年的時間不算長，但在我國的文藝戰線上則發生了巨大的根本性的變化。

　　十年前，劉少奇和周揚一夥推行的修正主義文藝路線專了我們的政。在他們的控制下，整個文藝界充滿了厚古薄今、崇洋非中、厚死薄生的惡濁空氣。盤踞在文藝舞臺上的，不是帝王將相、才子佳人，就是形形色色的牛鬼蛇神，幾乎全是封、資、修的那些貨色。這是多麼反常的現象：政治上被打倒了的地主資產階級在文藝上卻依然耀武揚威，而做了國家主人的工農兵在文藝上卻照舊沒有地位。這種情況，嚴重地破壞社會主義的經濟基礎，危害無產階級和革命人民的根本利益。

　　十年後的今天，已從根本上改變了上述狀況。以京劇革命爲開端、以革命樣板戲爲標誌的無產階級文藝革命，經過十年奮戰，取得了偉大勝利。無產階級培育的革命樣板戲，現在已有十六、七個了。在京劇革命的頭幾年，第一批八個革命樣板戲的誕生，如平地一聲春雷，宣告了毛主席《在延安文藝座談會上的講話》所指出的革命文藝路線已經在實踐中取得了光輝的成果，中國社會主義文藝的新紀元已經到來，千百年來由老爺太太少爺小姐們統治舞臺的局面已經結束，工農兵英雄人物在文藝舞臺上揚眉吐氣、大顯身手的時代已經開始。這是中國文藝史上具有偉大意義的變革。近幾年來，繼八個樣板戲之後，鋼琴伴唱《紅燈記》，鋼琴協奏曲《黃河》，革命現代京劇《龍江頌》，《紅色娘子軍》、《平原作戰》、《杜鵑山》，革命現代舞劇《沂蒙頌》、《草原兒女》和革命交響音樂《智取威虎山》等新的革命樣板作品的先後誕生，鞏固和擴大了這場偉大革命的戰果，進一步推動了全國社會主義文藝創作運動的蓬勃發展。革命文藝作品如百花盛開，春色滿園。文學、戲劇、電影、音樂、美術、攝影、舞蹈、曲藝等各方面，都出現了一大批好的和比較好的作品，並將繼續湧現出更多更好的作品來。十年的發展趨勢表明，我們社會主義文藝事業一年比一年繁榮昌盛。

十年巨變，決非偶然。發生在中國的這場京劇革命，是由社會主義歷史時期存在著階級、階級矛盾和階級鬥爭的現實決定的，是馬克思列寧主義和修正主義鬥爭的必然產物，是黨的基本路線指引下無產階級防止資本主義復辟，鞏固無產階級專政的戰略措施。

國內外階級鬥爭事實告訴我們，無產階級革命進入社會主義階段以後，被打倒了的階級不甘心失敗，總是利用他們在意識形態方面長期形成的影響，腐蝕破壞社會主義經濟基礎，向無產階級發動進攻。文藝領域，更是被他門用作宣傳反動世界觀、復辟資本主義的橋頭堡，蘇修叛徒集團在全面復辟資本主義的過程中，就是把文藝作爲制造反革命輿論的一個重要部門。在我國，地主資產階級代表人物劉少奇、林彪之流拼命地抓意識形態、抓文藝，目的也是如此。這些事實說明，單有經濟戰線的社會主義革命，如果沒有包括文藝在內的政治思想戰線上的徹底的社會主義革命，社會主義制度還是不鞏固的，資產階級復辟的夢想有可能變爲現實。無產階級要將社會主義革命進行到底，粉碎階級敵人的復辟陰謀，就必須同他們針鋒相對，牢固佔領文藝陣地，重視意識形態領域裡的階級鬥爭，實行在上層建築領域其中包括各個文化領域中對資產階級的全面專政。

　　毛主席從來十分重視意識形態領域的社會主義革命，親自發動和領導了文藝戰線上的歷次重大鬥爭。在一九六二年八月北戴河中央工作會議和九月黨的八屆十中全會上，毛主席深刻總結了我國革命和國際共產主義運動的歷史經驗，更加完整地提出了黨在社會主義歷史階段的基本路線，號召我們千萬不要忘記階級和階級鬥爭。一九六三年，雲水怒吼，風雷激蕩。國際上馬克思列寧主義者與現代修正主義者的公開論戰，國內廣泛開展的社會主義教育運動，把無產階級反修防修的鬥爭推進到一個新的階段。隨著國內外階級鬥爭、路線鬥爭的激化，文藝領域裡復辟與反覆辟的鬥爭進一步尖銳起來。就在這樣的歷史背景下，毛主席針對修正主義文藝路線控制下我國戲劇以及其他藝術部門所存在的問題，明確指出：“社會經濟基礎已經改變了，為這個基礎服務的上層建築之一的藝術部門，至今還是大問題；這需要從調查研究著手，認真地抓起來。”這就為無產階級文藝革命提出了任務，指明了方向。在毛主席的號令下，無產階級首先在京劇、芭蕾舞、交響音樂這些領域裡發動了革命。一九六四年七月，江青同志在京劇現代戲觀摩演出人員座談會上發表了《談京劇革命》，這一重要講話充滿著馬克思主義的反潮流精神，是一篇向修正主義文藝路線宣戰的檄文。十年來，它一直鼓舞著革命文藝戰士為鞏固無產階級專政而戰的勝利進軍。

　　舊京劇是地主資產階級在意識形態領域中的頑固堡壘。它的演出劇碼的主要內容，概括起來，就是狂熱地宣揚孔孟之道。什麼“三綱五常”、“三從四德”；什麼“忠孝節義”、“忠恕仁愛”等等反動思想，在舊京劇的舞臺上都化為被歌頌的形象。唯其如此清王朝的反動統治者以及後來的北洋軍閥、國民黨反動派都把舊京劇奉為“國粹”、“國劇”，那些侵略中國的帝國主義強盜也把它捧上了天。這與其說是在尊崇，不如說是在利用。他們利用舊京劇所宣揚的孔孟之道來腐蝕、毒害和奴役中國人民。劉少奇、彭真、周揚一夥站在反動階級的立場上，把京劇界搞成了針插不入、水潑不進的獨立王國，在舞臺上繼續用孔孟之道毒害群眾，同時還利用京劇形式炮製了一支又一支反黨反社會主義的毒箭。這些咄咄怪事，難道還能繼續下去嗎？不能了。如果容忍它，就是容忍挖社會主義的牆腳，就是容忍中國倒退到半殖民地、半封建的黑暗社會，這是中國人民絕不答應的。無產階級文藝革命選擇京劇作為突破口，本身就是一場批判孔孟之道的重大鬥爭，就是要拆掉千百年來反動階級賴以製造人間地獄的精神支柱。攻克舊京劇這個頑固堡壘，就能積累鬥爭經驗，推動各個文藝部門以及整個上層建築領域的革命，使之適應並促進社會主義經濟基礎的鞏固和發展。

十年巨變，來之不易。京劇革命，是十年來上層建築領域各條戰線社會主義革命中打頭陣的一次偉大戰役，所遇到的困難和阻力特別大，所花費的氣力也特別大。這是一場大破剝削階級文藝、大立無產階級文藝的徹底革命，在歷史上是第一次。如何戰勝舊京劇及其在人們頭腦中的影響，如何創造嶄新的革命京劇，如何讓工農兵英雄形象牢固地佔領舞臺，這一系列問題的解決，都沒有先例可循。應該看到，地主資產階級在京劇舞臺上慘澹經營了一、二百年，使舊京劇成為我國戲曲中技藝性最強的劇種，無產階級要在盡可能短的時間內改造它，超過它，壓倒它，這絕不是輕而易舉的。萬事開頭難，這就要有頑強的革命毅力，去做大量的、前人所沒有做過的事情，為後來者開拓革命之路。

無產階級能否牢固地佔領文藝陣地，關鍵在於創作出 "革命的政治內容和盡可能完整的藝術形式的統一" 的樣板作品。有了這樣的樣板，才能有說服力，才能牢固地佔領陣地，才能打掉資產階級 "秋後算帳" 派的棍子。因而，京劇革命中佔領與反佔領的鬥爭，從一開始就是圍繞著革命樣板戲而進行的。面對這場革命，代表資產階級利益的劉少奇、彭真、周揚一夥如大難臨頭，氣急敗壞，他們利用篡奪去的那部分權力，使出渾身解數，明槍暗箭，百般破壞，無所不用其極。不僅在人力、物力上故意設置各種障礙，他們還散佈種種謬論，使用釜底抽薪的卑劣手段，篡改樣板戲的主題，歪曲無產階級英雄形象，企圖把京劇革命引向邪路。在那時，革命每前進一步都要經過鬥爭；每一個革命樣板戲的誕生過程，都有一部驚心動魄的鬥爭史。但是，新生事物是不可戰勝的。無產階級要在文藝領域裡戰勝資產階級，這是不可抗拒的歷史規律。革命征途上的阻力越大，就越能激發出革命者的光和熱；階級鬥爭中的驚濤駭浪，反而更顯示出共產黨人大無畏的革命氣魄。肩負著歷史的使命，馬克思主義者率領一批革命文藝戰士衝鋒陷降，披荆斬棘，在政治上和藝術上同時進行著極為艱苦的鬥爭。每個樣板作品從劇本創作到舞臺演出，從音樂唱腔上的一板一眼到舞蹈動作中的一招一式，無不經過反覆修改、精雕細刻。無產階級所以要堅持高標準、嚴要求，就因為這一批革命樣板作品是為發展社會主義文藝事業奠定基礎的。榜樣的力量是無窮的。革命樣板作品的榜樣力量，將永遠鼓舞著我們沿著毛主席的革命文藝路線勝利前進。

　　創作革命樣板戲的核心問題是滿腔熱情、千方百計地塑造無產階級英雄典型。從歷史上看，塑造哪個階級的英雄典型，由哪個階級的代表人物作為文藝舞臺上的主人，是政治鬥爭在文藝上的集中反映，是文藝為哪個階級的政治路線服務的主要標誌。搞京劇革命，就是要著重塑造好無產階級英雄人物的藝術形象，使工農兵成為舞臺的主人，把千百年來被地主資產階級顛倒了的歷史再顛倒過來，恢復歷史的本來面貌。無產階級明確提出，塑造無產階級英雄典型是社會主義文藝的根本任務，這就從根本上劃清了我們的文藝運動同歷史上一切剝削階級文藝運動的界限。京劇革命的實踐證明，只有塑造好無產階級英雄典型，才能在文藝

領域裡用馬克思主義、列寧主義、毛澤東思想批判孔孟之道，按
照無產階級的面貌改造世界；只有塑造好無產階級英雄典型，才
能在文藝舞臺上表現中國共產黨領導下中國人民的革命鬥爭，歌
頌毛主席的革命路線在各個革命時期、各條戰線上的偉大勝利於
鼓舞人民群眾推動歷史的前進；只有塑造好無產階級英雄典型，
才能實現無產階級在文藝領域裡對資產階級的專政。堅持這一根
本任務，就是堅持文藝爲工農兵服務的方向。這是任何時候都不
可動搖的原則伺題；

　　如何解決好京劇藝術形式的繼承革新問題，是與塑造無產階
級英雄典型緊相關聯的重大課題。京劇藝術過去一直是表現舊時
代舊人物的，刻畫反面人物比較容易，要刻畫新時代新人物就很
不容易。京劇思想內容的革命，必然要求對京劇藝術形式實行根
本性的改造。這個問題解決得好，工農兵英雄人物形象就能牢固
地佔領京劇舞臺；解絕不好，帝王將相、才子佳人就會東山再起。
對舊京劇的藝術形式採用"舊瓶裝新酒"的改良主義的辦法，顯
然是與革命背道而馳的。讓我們時代的工農兵英雄人物去吟唱表
現古人的老腔老調，模擬死人的舉止動作，勢必歪曲新生活、醜
化新人物。相反，完全拋開京劇藝術特色，採取虛無主義的態度，
另起爐灶，搞白手起家，也是走不通的。要讓京劇的唱、做、念、
打各種藝術手段都爲塑造無產階級英雄形象服務，就必須從生活
出發，打破老腔老調，批判地吸收和改造其有用的東西，標社會
主義之新，立無產階級之異。十年來，京劇革命堅持了"古爲今
用，洋爲中用"、"推陳出新"的方針，正確地解決了京劇藝術
形式的批判繼承和創新的問題，古與今、洋與中、推陳與出新是
對立的統一，也就是破字當頭、立在其中的道理。"不破不立。
破，就是批判，就是革命。"革命樣板戲中英雄人物的音樂形象
和舞蹈形象的產生，都是批判繼承和改造了舊京劇藝術中有用成
分而進行創新的結果。每個英雄形象的成套唱段設計，對傳統的

唱腔和唱法都進行了革命，既具有強烈的時代精神，又發揮了京劇唱腔的藝術特色。今天，在人民群眾中，不論男女老少，不論是京劇的內行還是外行，都樂於學唱革命樣板戲的唱段，祖國大地到處飛揚著我們的英雄人物氣貫長虹、激越優美的曲調。舊京劇中那些所謂“最精彩”的唱段能有我們革命樣板戲的唱段這樣廣為流傳嗎？事實已經有力證明：我們的革命樣板戲已在藝術上戰勝了舊京劇，壓倒了舊京劇，為無產階級開闢了批判繼承和改造古典藝術形式的革命道路。

　　京劇革命既是發展社會主義文藝的強大動力，也是培養文藝隊伍的最好學校。十年來，京劇革命通過激烈的階級鬥爭和艱苦的藝術實踐，逐步形成了一支無產階級的文藝隊伍，這支隊伍，勇於實踐，敢於鬥爭，朝氣蓬勃，在無產階級文藝革命中發揮了骨幹作用。他們和音樂、舞蹈戰線韻革命文藝戰士並肩戰鬥，同廣大的工農兵業餘文藝隊伍匯合在一起，組成了無產階級文藝革命的主力軍。無產階級文藝隊伍是在革命實踐和藝術實踐中形成的，只有從戰鬥中培養出來的文藝隊伍，才有實際戰鬥力。在京劇革命中培養出來的文藝隊伍，在政治思想水準和藝術水準上，都是過去舊的藝術院校所培養的人才不可比擬的。這就表明了，**“從戰爭學習戰爭”**，應當是我們培養文藝隊伍的主要途徑和主要方法。今後，仍然要堅持在戰鬥中形成隊伍，團結隊伍，擴大隊伍。只要在戰鬥中狠抓隊伍的思想建設和組織建設，認真改造世界觀、文藝觀，重視抓創作思想，就一定能發展、壯大無產階級的文藝隊伍。

　　無產階級有了自己的樣板作品，有了自己的創作經驗，有了自己的文藝隊伍，這就為無產階級文藝事業打下了堅實的基礎，開闢了廣闊的道路。過去的十年，可以說是無產階級文藝的創業期。縱覽人類文藝史，各個剝削階級為建立他們本階級的文藝，用了多少年！封建階級搞了幾千年，資產階級搞了幾百年，流傳下來的代表性作品有限得很。資本主義發展到帝國主義階段，完全腐朽、墮落了，文藝領域中充斥著什麼現代派，野獸派，阿飛舞，脫衣舞等等荒誕下流的東西，五花八門，名堂雖多，實質卻是一個，就是毒害和麻痹人民。蘇修叛徒集團除了繼續惡性發展這些光怪陸離的貨色之外，近年來還竭力鼓噪寫什麼"軍事愛國主義題材"，大肆宣揚軍國主義，爲侵略別國領土的擴張主義服務，爲爭奪世界霸權製造輿論，帝國主義、社會帝國主義的文藝如同它們的社會制度和思想體系一樣，已是日薄西山，氣息奄奄，人命危淺，朝不慮夕，什麼像樣的作品也搞不出來了。看看我們的十年，比比地主資產階級的幾百年人幾千年，真是"風景這邊獨好"。

勝利從鬥爭中得來，勝利以後還有鬥爭，無產階級在粉碎了劉少奇、林彪一夥的干擾、破壞，佔領了京劇陣地，取得了偉大的勝利之後，文藝領域裡佔領與反佔領的鬥爭並沒有結束。當前，就有一小撮人在那股妄圖否定無產階級文化大革命的反動思潮中把攻擊的矛頭指向京劇革命。

所謂"'根本任務'欠妥當"。提出塑造無產階級英雄典型是社會主義文藝的根本任務，這是工農兵做了國家主人之後在文藝上的必然要求，是鞏固無產階級專政的需要。但有人竟認爲"這就欠妥當"，說這是"把文藝手段和文藝目的混爲一談"。這真是奇談怪論。古往今來，每個階級都用文藝塑造本階級的英雄形，宣傳本階級的世界觀，以達到按照本階級的面貌改造世界的目的。哪個階級的英雄形象佔領文藝舞臺，標誌著由哪個階級在文藝領域實行專政。把塑造無產階級英雄典型貶爲一種"文藝手段"，甚至誣衊當前文藝創作"吃了'根本任務論'的虧"，這完全是否定工農兵佔領文藝舞臺，向無產階級文藝路線進行猖狂的反撲。請問，在舊戲舞臺上帝王將相、才子佳人統治了幾百年，你們何曾說過"欠妥當"？在過去修正主義文藝路線統治下，舞臺上毒草叢生，群魔亂舞，你們爲什麼不提一句“欠妥當”？如今工農兵英雄形象登上文藝舞臺才不久，你們就叫嚷“欠妥當”，兩相對照，就可看出你們所謂的“妥當’，就是要把已被趕下臺的地主資產階級的代表人物重新捧上臺來，復辟他們的統治地位。

　　所謂“樣板戲標準太高，頂了台”。“標準太高”嗎？各個階級都有不同的政治標準和藝術標準，要我們放棄無產階級的政治標準，豈不就是給封、資、修文藝保留合法地位！要我們降低無產階級的藝術標準，豈不就是提倡粗製濫造，給資產階級以反攻倒算的可乘之機！所謂“標準太高”，不過是一種攻擊革命樣板戲的藉口。革命樣板戲登上舞臺以來，確實是把封、資、修文藝頂下了台。這個台頂得好，不頂不得了。不頂掉它們的台，怎樣引出社會主義文藝的繁榮來？哀歎被樣板戲“頂了台”，無非是要讓封、資、修文藝捲土重來，把樣板戲“頂”下去。革命樣板戲既然已經佔領了舞臺，就絕不允許封、資、修文藝重新爬上臺來。所謂要“突破樣板戲的框框”。這是反動的“離經叛道”論在新形勢下的變種。把革命樣板戲所遵循的創作方向、創作道路、創作原則、創作方法以及在實踐中所積累的創作經驗，統統誣衊爲“框框”，並且要“突”而“破”之，這究竟是哪個階級的語言，難道還不清楚嗎？他們所要“突破”的，正是毛主席的革命文藝路線。在當今的世界上，文藝不爲無產階級服務，就爲資產階級服務。“突破”之後向何處去？就是倒退到反革命的修正主義文藝路線。“突破框框”的實質，就是要在文藝上搞“克己復禮”，把歷史拉向倒退！

　　階級敵人對京劇革命的誣衊和攻擊，毫不足怪。這是階級鬥爭的必然反映。他們的反動叫囂，恰好從反面證明我們的京劇革命搞對了，搞得好，觸及到他們的痛處，擊中了他們的要害。革命是罵不倒的。敵人越是起勁地罵我們，我們越要堅持鬥爭，進一步普及和發展革命樣板戲，回擊那股妄圖否定無產階級文化大革命的反動思潮，鞏固和發展無產階級文化大革命的勝利成果，將我們的文藝革命進行到底。

京劇革命十年，是戰鬥的十年，勝利的十年，是值得在無產階級文藝史上大書特書的十年。"我們不但善於破壞一個舊世界，我們還將善於建設一個新世界。"當前，無產階級文藝革命正向著新的廣度和深度進軍。只要我們沿著《在延安文藝座談會上的講話》指引的方向前進，不斷總結實踐經驗，就一定能夠從勝利走向新的勝利。未來的十年、二十年，必定是社會主義文藝更加繁榮的年代。"快馬加鞭未下鞍"，我們應當加倍努力作戰，繼續譜寫無產階級文藝史上新的篇章！

（原載《紅旗》1974 年第 4 期）

走出“彼得堡”

—— 讀列寧一九一九年七月致高爾基的信有感

任　犢

　　最近，讀到胡萬春同志給《朝霞》編輯部的一封信，其中談到：他重新學習了列寧在一九一九年要高爾基走出彼得堡的教導，很有感受。一個在黨的培養下成長起來，而後又走過一段彎路的工人作者，回過頭來對革命導師的教導產生了切身體會，那麼對於文化大革命以來湧現的工農兵作者來說，記取他們的教訓，時時用革命導師的教導來鞭策自己，自然有著不言而喻的重要意義了。

　　列寧為什麼在十月革命勝利後不久要高爾基走出彼得堡？這是他在分析了當時意識形態領域裡的階級鬥爭以及這場鬥爭在高爾基身上的反映後得出的必然結論。很奇怪，廣大工人農民正在為保衛新生的無產階級專政而浴血奮戰，而當年曾熱情歡呼過革命暴風暴的高爾基卻在抱怨鎮壓反革命太‘殘酷’，卻在呼籲資產階級的“博愛、平等”，甚至還發牢騷說自己和共產主義的“分歧在加深”。什麼原因呢？列寧發覺，關鍵在於身為工人作家的高爾基脫離了自己的階級，脫離了工農群眾，把自己困於彼得堡內，“受到那些滿懷怨恨的資產階級知識份子的包圍”。因此，列寧在極其繁忙的工作中抽時間寫了一封長信，告誡他“要徹底改換預境，改換接觸的人，改換居住的地方，改換工作”，走出彼得堡，“到農村或外地的工廠（或前線），去觀察人們怎樣以新的方式建設生活。在那裡，單靠普通的觀察就能很容易地把舊事物的腐爛和新事物的萌芽區別開來”。

很顯然，列寧所說的“彼得堡”，我們不能僅僅作爲一個城市的名稱來讀。走出彼得堡，就是衝破資產階級知識份子的包圍圈。這個問題提出於革命勝利後的一九一九年，因此又包含著無產階級專政條件下階級鬥爭的一條規律。

無產階級專政建立後，“資產階級沒有打消復辟的念頭，沒有放棄恢復自己統治的嘗試”。記得十月革命後有一個極端反動的資產階級知識份子曾咬牙切齒地宣稱：“但也有一個領域，我們在其中還沒有變老，恰恰相反，我們越活得久；我們就越有經驗，越有力量。”這個領域就是文藝領域。因此他們就死死把守，苦心經營，在無產階級專政條件下延續對這個領域的資產階級專政，造成了一批大大小小的“彼得堡”。在十月革命後的蘇聯是如此，在解放後的我國也是如此。文化大革命前被修正主義文藝黑線控制的許多文藝團體，特別是那些名目繁多的“協會”，也就是這樣的“彼得堡’。毛主席在一九六四年曾尖銳指出：“這些協會和他們所掌握的刊物的大多數（據說有少數幾個好的），十五年來，基本上（不是一切人）不執行黨的政策，做官當老爺，不去接近工農兵，不去反映社會主義的革命和建設。最近幾年，竟然跌到了修正主義的邊緣。如不認真改造，勢必在將來的某一天，要變成像匈牙利裴多菲俱樂部那樣的團體。”列寧要高爾基走出彼得堡和毛主席對六十年代中國的“彼得堡”的批判，時隔近半個世紀，漫長的歲月，類似的情景，反映了這場在無產階級專政條件下所展開的鬥爭的長期性和曲折性。

走出“彼得堡”並不是放棄“彼得堡”。恰恰相反﹐正是爲了戰勝它、佔領它。但既然“彼得堡”，這個反動包圍圈的形成，不是僅僅代表了幾個人，而是代表了整個被推翻了的資產階級的利益，那麼，無產階級要戰勝它，也絕不能光靠一個或幾個個人，而只能依靠整個階級的力量。對高爾基來說，當時他的階級兄弟在哪裡？不在他的翻譯文學編輯室裡，不在他近旁那些陰暗的文藝沙龍裡，而是在工廠，在農村，在前線，在與鄧尼金和高爾察克匪幫搏鬥的戰壕裡。列寧要他走出彼得堡，就是要他回到自己的階級隊伍裡去，在那裡汲取生氣勃勃的戰鬥力，獲取足以對付包圍著他的資產階級的精神武裝，因此，這個親切而嚴肅的勸告，是代表了整個階級對高爾基的召喚和關懷。

一個單獨的工人是不能代表無產階級的，離開了階級隊伍，即便像高爾基這樣的工人作家，無論出身多好，以往的歷史多光榮，也無法戰勝資產階級，甚至無法抵禦資產階級對他本人的腐蝕和毒害。曾如海燕般頑強的高爾基在十月革命後竟一度變得低沉和動搖，原因正在這裡。解放後，我們黨也曾懷著極大的革命熱忱，培養過一批工農作者。他們的成長歷程，至今人們還記憶猶新（可惜他們中有的人自己卻忘了）。他們有的開始只有小學低年級的文化水準，有的還只是半文盲，是黨和整個無產階級交給他們一支筆，手把手教會了他們識字，寫作。當他們的第一批作品出現在讀者跟前的時候，儘管不那麼成熟，但卻如一陣春風吹進霉腐氣息濃重的文藝領域。清新、健康、充滿著革命的戰鬥力。之所以能這樣，正因為他們是無數戰鬥在車間裡、機床旁的階級兄弟的代言人。代表著一個生氣勃勃的革命階級說話，那麼，從人到作品，當然也必然是生氣勃勃的。但以後，人所共知，修正主義文藝黑線向他們招手了，終於把有些人鎖進了“**受到那些滿懷怨恨的資產階級知識份子的包圍**”的“彼得堡”—— 作家協會。結果，幾年下來，有的變修了，有的好一點，但也生上了黴斑。總之，要代表辛勤哺育自己的階級說話，很難了。

他們是怎麼變的？世界上的壞事往往從不勞動開始。離開了勞動崗位，離開了三大革命鬥爭的第一線，自己又不警惕，不注意思想改造，實際上，已逐漸離開了作爲一個工人的社會存在，"工人作家"裡的"工人"二字，僅僅變成了一個形式上的點綴，或者變成了一種歷史的回顧。這樣，對於一個作者來說，不僅由於離開了創作源泉，很難寫出紮根於革命現實生活中的優秀作品來了，而且，存在決定意識，立場觀點也必然發生變化。敏銳的感覺可以變得遲鈍，鮮明的是非觀可以變得顛倒。列寧告訴一度失去了革命是非標準的高爾基，在工農群眾戰鬥的第一線，"單靠普通的觀察就能很容易地把舊事物的腐爛和新事物的萌芽區別開來"。那麼，反過來，長期在"彼得堡"，在作家協會，即使你"獨具慧眼"，要對新舊事物區別開來卻不那麼容易了。於是把舊事物當作新事物，把自己過去曾厭惡過的東西當作追求的目標……，這一系列怪現象也就隨之產生。自然，這一切又都會不由自主地反映在作品中，工人作者的政治生命和藝術生命就會同時枯萎、凋謝。

這裡講的主要是主觀方面的因素。毛主席歷來教導我們，分析革命隊伍中產生的一些問題，"不應著重於一些個別同志的責任方面，而應著重於當時環境的分析，當時錯誤的內容，當時錯誤的社會根源、歷史根源和思想根源。"因此，我們又覺得，工人作者的變化，責任也不能全由他們自己來承擔。這是階級鬥爭和路線鬥爭在他們身上的反映。而這種鬥爭，又帶有無產階級專政條件下的特殊形式和特殊內容，總結一下，會有普遍的教育意義。當高爾基寫出《母親》等革命作品的時候，他何嘗沒有被資產階級包圍過？他們點著鼻子罵他是"赤色惡魔"、"危險分子"，甚至對他進行政治上、生活上的種種迫害，高爾基對這種包圍的回答是冷笑，是繼續戰鬥；但待到十月革命勝利，無產階級專政建立後，這些人一變而成爲高爾基的"舊友"、"故人"，阿諛、奉承以至懺悔，用資產階級人性論來"聯絡感情"，擦著眼淚求高爾基爲他們說情，這樣，高爾基就被軟化和迷惑了。我們不少工人作者也遭到過表現雖不相同、性質卻相類似的情景。在作家協會裡給他們以種種甜言蜜語、舒適待遇、以至“進修”條件的，很多正是在解放前騎在他們頭上作威作福、剝奪他們的政治權利和文化權利，或者在他們剛剛發表作品時曾詛咒、圍攻過的那些傢伙。兩種包圍，形式相反，卻包含著一個共同的特點，即資產階級是很明確地把工人作者作為工人階級的代表來對待的。壓迫也好，腐蝕也好，都是因為他們從工人作者的作品裡聽到了自已的掘墓人 —— 無產階級的雄壯聲音。他們深深懂得無產階級文藝隊伍的成長將給自己帶來什麼樣的威脅。這不能不使他們驚恐萬狀，多方設法：扼殺不了，就來爭奪。如果工人作者僅僅孑然一身，代表不了什麼，他們為什麼要如此煞費苦心？這一點，我們的同志有時會忘記，但資產階級卻從來不會含糊的，儘管他們口頭上總是矢口否認階級和階級鬥爭。

正因為這是一場階級的爭奪戰，因此，資產階級動用的也必然是他們階級的固有伎倆。資產階級的包圍圈，從某種意義上講，就是資產階級法權的包圍圈。赤裸裸的私有觀念，惡性擴展的等級差別，就是“彼得堡”裡的全部生活秩序。劉少奇、周揚一夥那麼起勁地鼓吹“三名三高”，那麼卑劣地用稿費、名利為釣餌來引誘一些工人作者，無非是想用資產階級法權的羅網把工人從自己的階級隊伍裡拉出來。當你確信自己是一個天生的作家，把階級的培養和委託徹底遺忘，把精力完全傾注在個人的事業，個人的“集子”的時候，當你不把文學事業當作階級的事業，熱衷於“一個人深入生活，一個人創作，一個人出名”的時候，當你也拉腔拖調地以過去資產階級老爺對待你的態度去對待新產生的工農兵作者的時候，他們的目的就達到了。到那時，他們又會眉開眼笑地把那些視陷阱為天堂、視“彼得堡”為吾家的工人作者尊為“彼得堡”的主人。

不錯，工人階級是國家的主人，當然也應該成為整個上層建築的主人，在意識形態領域裡實行全面的無產階級專政。但這是一種階級的專政，就一個具體的工人來說，只有當他作爲階級的一員出現，堅決執行黨的基本路線的時候，才會在意識形態領域裡戰鬥得有聲有色。否則，他就有逐步變爲階級異己分子的可能。主人仍是資產階級。在"作家協會"是這樣，在上層建築領域的其他部門也是這樣。這一點是已被歷史經驗所證實了的。這是一場多麼嚴峻的爭奪戰啊！

　　當然，幾個工人作者的一度被毒害，甚至個別人的垮掉，也絕不是資產階級的勝利。"彼得堡"也絕不會因此而增加些生命力。浩浩蕩蕩的無產階級革命隊伍仍在前進，在毛主席革命文藝路線的指引下，更多的工農兵作者在健康成長。無產階級的文藝事業在激烈的鬥爭中只會發展得更蓬勃更興旺。對於那些一度掉隊的同志，無產階級也絕不會拋棄了事。但要把他們從資產階級那裡爭奪過來，仍然只能在階級鬥爭的風暴中才能實現。首先是要加強對資產階級的專政，徹底摧毀形形色色的"彼得堡"，同時，還要用偉大列寧的辦法，要這些同志回到三大革命第一線中去。文化大革命以來，廣大工人同志承擔起了重新教育和改造幾年前的階級兄弟的任務。他們把這種革命措施很形象地稱作"回爐"；回到三大革命鬥爭的紅色熔爐中去，回到無產階級的革命隊伍中去，回到毛主席的無產階級革命路線上去，實踐證明，這些從"彼得堡"出來的工人作者還得經過艱苦的重新改造過程，才能恢復自己的階級本色，跟上新形勢。例如，要像大批新作者那樣積極地用自己的作品反映當前的現實鬥爭吧，更需要進行認真、謙虛的重新學習；但熊熊的爐火畢竟在不斷地燒毀他們身上沾染的資產階級的黴菌，不斷地爲他們的政治生命和藝術生命注入新的內容。我們相信，有了教訓，他們有可能比過去成長得更好、更迅速。

　　回顧從一九一九年到今天這場延續了數十年之久的進、出

“彼得堡”的鬥爭，具有很大的現實意義。文化大革命以來，黨又滿腔熱情地培育了一大批工農兵作者。他們從不會寫作到學會寫作，現在正積極地以筆為武器，為鞏固無產階級專政而戰鬥。新的革命鬥爭使他們在政治水準和藝術水準上都有不少超過以前的工農兵作者的地方，證明著無產階級文藝隊伍也像其他領域一樣，是“長江後浪推前浪，革命人一代勝一代”的。但歷史的經驗又告訴我們，在我們的社會裡，學會寫作並不太難，要永遠不背離自己的階級，永遠以筆來宣傳和捍衛黨的基本路線，卻是非常不容易的。作家協會作為修正主義文藝黑線的產物已被廣大革命人民唾棄了，但“**舊的一代被清除了，而在這塊土壤上還會不斷產生新的一代，因為這塊土壤過去產生過、現在還在產生許許多多資產者。**”正由於如此，社會上各種資產階級的包圍圈還會不斷出現，大大小小不叫作家協會的“彼得堡”還會產生。而它們的主要手法之一仍然如列寧所說，“有意要分化工人”，使工人階級一部分，黨員一部分，也產生資本主義和資產階級，這就很值得廣大工農兵新作者警惕。永遠不要脫離三大革命實踐，永遠不要放鬆馬列主義、毛澤東思想的學習，永遠不要放鬆自身思想改造，永遠不要迷戀於在文藝領域裡曾猖獗一時的資產階級法權，永遠不要把文學事業看成個人的事業，永遠不要讓資產階級把我們從自己的階級隊伍中分化出去！

讓列寧關於走出“彼得堡”的教導永遠響徹在我們耳邊！

（原載《朝霞》1975 年第 3 期）

重視對《水滸》的評論

《紅旗》雜誌短評

　　爲了開展對《水滸》的討論和批判，本刊這期發表了魯迅對《水滸》的一段評語，希望引起大家對這個問題的重視。

　　魯迅評《水滸》評得好。他指出："一部《水滸》，說得很分明：因爲不反對天子，所以大軍一到，便受招安，替國家打別的強盜 — 不'替天行道'的強盜去了。終於是奴才。"這個評語，完全正確。它指出了《水滸》的要害是"受招安"，即投降。原因是只反貪官，不反皇帝。從馬克思主義的觀點來看，《水滸》這部書，好就好在寫了投降的全過程，歌頌了投降主義路線，使它可以用來作爲一部有意義的反面教材。

　　毛主席指出："無產階級對於過去時代的文學藝術作品，也必須首先檢查它們對待人民的態度如何，在歷史上有無進步意義，而分別採取不同態度。"《水滸》是怎樣對待梁山農民起義革命事業的奠基人晁蓋和農民起義的叛徒宋江的呢？它極力歌頌宋江，而把晁蓋排除在一百零八人之外。這完全是爲了宣揚投降。晁蓋死後，宋江竊取了梁山農民革命的領導權，他第一件事便是把聚義廳改爲忠義堂，強行通過了爭取"招安"的投降主義路線。宋江對晁蓋起義路線的"修正"，是對農民革命的背叛，從這個意義上說，也就是搞修正主義。而《水滸》正是肯定和讚美了宋江的修正主義。當然，有投降，就有反投降。李逵、吳用、阮氏三兄弟不願意投降，堅持了農民革命的立場。但由於領導權掌握在宋江手裡，終於使這支農民起義隊伍受了"招安"，去打方臘，做了反動統治階級鎮壓其他起義軍的幫兇。宋江的反革命道路證明：搞修正主義，必然要當投降派，出賣革命，充當反動派的走狗。這是一切修正主義者的特點。劉少奇、林彪推行修正主義路線，就是對內搞階級投降主義，對外搞民族投降主義。從古代投降派宋江的身上，可以看到現代投降派的醜惡面目。

運用馬克思主義的觀點，進行階級分析，《水滸》所描寫的宋江同高俅的鬥爭，其實質是地主階級內部這一派反對那一派的鬥爭。宋江是地主階級內部一個派別的代表人物，他不反對皇帝這個地主階級利益的最高代表，他反對貪官，不過是爲了效忠於皇帝，維護反動的封建統治，在統治階級內部爭得一席地位而已。認清宋江這一階級本質，對於我們識破修正主義的欺騙性和危害性是很有意義的。爲什麼宋江能起到高俅所起不到的作用？爲什麼高俅的殘酷鎮壓不能打垮梁山農民起義軍，而宋江的投降主義路線卻能很快瓦解這支隊伍？這是因爲，鑽進農民革命隊伍的宋江以他同高俅的"鬥爭"掩蓋了他們同屬地主階級的實質，掩蓋了他們之間的矛盾只不過是地主階級內部一派反對另一派的矛盾。這樣，宋江就有機可乘，使投降主義路線得逞。李逵由於缺少階級分析的觀點，雖然沒有壯烈地死在高俅的屠刀下，卻讓宋江用毒酒斷送了性命，這個慘痛的教訓是值得革命人民永遠記取的。

無產階級文化大革命以前，關於《水滸》的許多評論，幾乎都違背了魯迅的論述。不少文章美化甚至歌頌《水滸》所肯定的宋江的投降主義路線，其中一個基本的論點就是把宋江的投降主義算作了"農民的局限性"。於是，投降派變成了英雄，農民起義的結果必然走向投降，農民階級和地主階級的尖銳對立、堅持農民起義路線和推行投降主義路線的原則鬥爭統統被抹煞了。請問：鬥爭不屈而失敗，同宋江爲追求"官爵升遷"而投降，怎麼能說成一回事？歷史上的農民起義，由於當時還沒有新的生產力和生產關係，沒有新的階級力量，沒有先進的政黨，因而往往陷於失敗，但投降絕不是它的必然結果。把宋江的投降主義算作"農民的局限性"，實質上是宣揚了階級調和論，這是必須加以討論和澄清的。

這裡，重溫一下毛主席在建國初期對電影《武訓傳》的批判，是很有必要的。毛主席說，像武訓那樣的人，"對反動的封建統治者竭盡奴顏婢膝的能事，這種醜惡的行為，難道是我們所應當歌頌的嗎"？毛主席還指出："在許多作者看來，歷史的發展不是以新事物代替舊事物，而是以種種努力去保持舊事物使它得免於死亡；不是以階級鬥爭去推翻應當推翻的反動的封建統治者，而是像武訓那樣否定被壓迫人民的階級鬥爭，向反動的封建統治者投降。"毛主席的這些深刻分析，對於我們今天開展對《水滸》的討論和批判，肅清《水滸》研究中的階級調和論的流毒，是完全適用的。《水滸》這部小說中的宋江，同《武訓傳》中的武訓是一丘之貉。歌頌叛徒宋江，同歌頌奴才武訓，是同樣性質的問題。我們應當以馬克思主義、列寧主義、毛澤東思想為武器，充分開展對《水滸》這部書的批判，充分發揮這部反面教材的作用，使人民群眾都知道投降派的真面目，學習用階級分析的觀點去看各種問題。這不但對於古典文學研究，對於整個文藝評論和文藝工作，而且對於中國共產黨人和中國人民在現在和將來貫徹執行毛主席的無產階級革命路線，堅持馬克思主義，反對修正主義，堅持社會主義道路，反對資本主義道路，加強革命團結，鞏固無產階級專政，都有著重大的意義。

（原載《紅旗》1975 年第 9 期）

周海嬰給毛主席的信[1]

周　海　嬰

主席：

　　近年來我常想到關於魯迅書信的處置和出版，魯迅著作的注釋，魯迅研究工作的進行等方面有些急待解決的問題，也曾向有關負責同志提出多次建議，始終沒有解決，感到實在不能再拖下去，只好向您反映，請求您的幫助。

　　一、關於魯迅的書信的處置和出版。出版比較完備和準確的魯迅書信集，始終是母親多年的願望。一九六八年母親去世前幾天，得悉戚本禹利用他在中央文革的職權，從舊文化部保險櫃弄走全部魯迅書信手稿一千多封，氣憤之下，立即向姚文元××反映，母親原有心臟病，受了刺激，在寫信的第二天心臟病復發，因心力衰竭去世。至今七年多了，書信集的出版仍然毫無消息。我非常盼望書信手稿能交給國家文物局負責保護收藏，以便於做兩件事：一是由文物局負責全部影印出版，供研究工作使用；二是由出版局負責編印一部比較完備和準確的魯迅書信集（包括給日本人的），供廣大讀者閱讀。一九四六年母親在上海編過一部書簡，收入當時收集到的書信 855 封。周揚主持文化部工作時，編的《魯迅全集》，只收書信 334 封。現在收集到的書信，我見過一個目錄，

1　一九七五年十一月一日毛澤東在來信上批示：　"我贊成周海嬰同志的意見，請將周信印發政治局，並討論一次，作出決定，立即實行。"（原載一九七七年五月二十一日《人民日報》）

已有一千二百多封（不包括魯迅給日本友人的信），其中二百多封從未發表過，我也沒有看到過信的全部內容。我常收到來信要我設法購買或借閱魯迅書信，但上述兩種版本早已不再印售，新的又一直未出，所以根本無法找到。我不瞭解魯迅書信長期不能出版的原因，如果認爲魯迅的收信人有的後來成了壞人不能出，我想這不應成爲障礙。因爲馬恩著作就有許多馬恩給拉薩爾、伯恩斯坦、考茨基的信，並未因此不出。敬愛的主席，您最瞭解魯迅書信的革命精神。早在一九三七年十月十九日您在陝北公學魯迅逝世周年紀念會的講演中，就引用過魯迅痛斥變節者的一封信，給我們留下難忘的印象。我們迫切希望在您的支持下，一部收入現存全部書信，認真按手稿校訂過的魯迅書信集，能夠早日出版。

二、關於魯迅著作的注釋。最近出版的魯迅著作，是按照三八年《魯迅全集》重印的，那個版本是母親在抗戰初期倉卒編成的，收入的作品不完全，編校也有缺點，更沒有必要的注釋。解放後出版的注釋本《魯迅全集》注釋中有嚴重政治錯誤，所以現在急需出版一部比較完善的、有注釋的新的《魯迅全集》（包括書信和日記）。這就需要動員一批認識和熟悉父親的老同志來參加工作。因爲魯迅著作中特別是書信、日記中涉及的某些人和事，除熟悉魯迅的少數老同志外別人弄不清楚。其中雖有不重要的，但也有重要的，應當弄清楚的。據我瞭解，這些老同志也希望在生前能有機會把自己所知道的魯迅情況提供出來。如曹靖華、李何林、楊霽雲等老同志，有的年已八十多歲，最年輕的也在六十歲以上，他們體力有限，也沒有必要的助手，感到力不從心，這件事如不加緊做，勢將造成難以挽回的損失。但這類事一直無人過問，因此，我也請求您能給予幫助，指示出版局立即把這一任務擔負起來。

三、關於魯迅研究。我有時看到香港和國外出版的魯迅傳和年譜一類著作，許多是以資產階級觀點歪曲魯迅的，流毒相當廣，並沒有人做消毒工作。國內發表的論述魯迅文章，也常有以唯心主義、形而上學曲解魯迅思想的。母親生前很注意這個問題，她逝世前幾天還在撰寫文章，批判瞿秋白對魯迅思想的歪曲（母親覺得瞿秋白認識魯迅前，全盤否定五四運動，否定魯迅，甚至說魯迅是學閥。認識魯迅後，也始終不承認魯迅是馬克思主義者，只說魯迅是“同路人”。母親認為應當予以批判）。我們到現在還未拿出一部按照主席對魯迅的評價寫出來的觀點正確、材料詳細可靠的魯迅傳，使研究魯迅思想和作品的讀者很感困難。為此，我想建議讓文物局和出版局共同把這一工作做起來。具體地說，就是將一九五八年下放給北京市文化局的魯迅博物館重新劃歸文物局領導，在該館增設魯迅研究室，調集對魯迅研究有相當基礎的必要人員，並請一些對魯迅熟悉瞭解的老同志作顧問，除和出版局共同負責《魯迅全集》注釋工作外，專門負責傳記和年譜的編寫工作，爭取在一九八一年魯迅誕生一百周年時，能把上述幾種書（《魯迅全集》注釋本、傳記、年譜）以及全部魯迅手稿影印本出齊。

這些想法，多半是母親去世前常常和我談及的，也就是母親對我的囑託。每當我想起母親的心願還未實現時，心裡總是深感不安。我和叔父在一起時，也常談到這些想法，他贊同我給您寫這封信。

敬愛的主席：您在一九六六年無產階級文化大革命初期寫過，您和魯迅的心是相通的。我在一九七一年聽到傳達您的這句話時，心情是何等激動啊！我覺得父親也是這樣想的。我聽母親和熟悉魯迅生活的老同志告訴我，父親在他生命的最後一年，也就是您率領紅軍經過二萬五千里長征勝利到達陝北後的那一年，心中總是深深想念您。他曾打電報給您表示祝賀，還常常興奮地和參加長征見過您的同志談起您，渴望知道關於您的一切。雖然他終於未能見您一面就去世了，然而我知道他的心是和您相通的。您是無產階級思想的偉大導師。父親的後期也是無產階級思想的忠誠戰士。我聽說他談起您時，總是點燃一支煙，眼中充滿愉快的微笑，輕輕地說，他願意在您的指導下做一名小兵，用筆。我想起這情景，就情不自禁地下定決心寫這封信，向您提出以上的請求。當然，我的想法可能有不妥之處，我多麼渴望跑到您的跟前，傾訴我心中的一切感受，傾聽您對我的親切教誨。主席啊，我衷心祝願您健康、長壽。

周海嬰

一九七五年十月二十八日

（選自《魯迅研究年刊》1975 年、1976 年合刊）

爲被林彪、“四人幫”迫害逝世和身後遭受誣陷的作家、藝術家們致哀

（一九七九年十一月一日陽翰笙同志宣讀）

同志們：

在舉行第四次文代大會的時候，我們偉大的無產階級文化戰士、中國文學藝術界聯合會主席郭沫若同志，離開我們已經一年多了，讓我們首先對這位偉大戰士表示深切的緬懷和悼念！

主席團建議我們的大會，對長期奮鬥爲我國革命文藝事業作出優異貢獻，因受林彪、“四人幫”迫害而逝世或身後遭到誣陷和凌辱的文藝戰士們，表示深切的哀悼和懷念！

中國無產階級文藝歷史的第一頁，就是用烈士的鮮血寫成的。在林彪、“四人幫”的殘酷壓迫下，許多優秀的作家、藝術家被迫害致死。許多同志和林彪、“四人幫”進行過英勇不屈的鬥爭，含冤而死，甚至慘遭殺害；有的因生前受到殘酷迫害，心身遭到嚴重摧殘，先後逝世。其中有：著名作家、詩人老舍、田漢、阿英、趙樹理、柳青、周立波、何其芳、鄭伯奇、楊朔、郭小川、聞捷、蘆芒、蔣牧良、李廣田、劉澍德、孟超、陳翔鶴、納·賽音朝克圖、馬健翎、魏金枝、司馬文森、羅廣斌、海默、韓北屏、黃谷柳、遠千里、方之、蕭也牧、李六如、穆木天、彭慧、姚以壯、鄧均吾、周瘦鵑、張慧劍、袁勃、徐嘉瑞、李亞群、林鶯、沈尹默、胡明樹；著名文藝評論家馮雪峰、邵荃麟、王任

叔、劉芝明、何家槐、葉以群、侯金鏡、陳笑雨、徐懋庸；著名
翻譯家董秋斯、傅雷、滿濤、麗尼；著名京劇表演藝術家周信芳、
蓋叫天、苟慧生、馬連良、尚小雲、言慧珠、李少春、葉盛蘭、
葉盛章、高百歲、裘盛戎、白雲生（昆曲）、韓世昌（昆曲）；著
名話劇藝術家章泯、焦菊隱、孫維世、舒繡文、蘭馬、高重實、
萬籟天、白辛、伊兵；著名電影藝術家蔡楚生、鄭君裡、袁牧之、
田方、崔嵬、上官雲珠、應雲衛、孟君謀、徐韜、顧而已、魏鶴
齡、楊小仲、劉國權、羅靜予、孫師毅、夏雲瑚、馮拮、呂班、
王瑩、趙慧深、瞿白音；著名地方戲曲藝術家張德成、李再雯、
竺水招、嚴鳳英、蘇育民、顧月珍、筱愛琴、韓俊卿、丁果仙、
閻逢春、徐紹清、蔡尤本、劉成基；著名音樂家鄭律成、馬可、
黎國荃、顧聖嬰、向隅、蔡紹序、陸洪恩、費克、舍拉西、查阜
西、李淦、張斌、王建中、沈知白、李翠貞、阿泡、楊寶忠；著
名美術家潘天壽、王式廓、董希文、豐子愷、陳半丁、秦仲文、
陳煙橋、馬達、倪貽德、蕭傳玖、吳耘、張正宇、吳鏡汀、葉恭
綽、劉子久、烏叔養、符羅飛、賀天健、彭沛民、鄭野夫、李斛、
沃渣、王頌成、李又罘、張肇銘、李芝卿；著名民族歌手、民間
詩人毛一罕、琶傑、王老九、霍滿生；著名攝影家張印泉、鄭景
康、吳中行、劉旭滄；著名曲藝家王尊三、王少堂、張壽臣、俞
笑飛、江楓、連闊如、蕭亦吾、固桐晟；著名木偶藝術家楊勝等
同志。

　　有一些藝術大師和傑出的作家、藝術家，他們雖然早已去
世，也受到了林彪、"四人幫"滅絕人性的誣陷和凌辱。他們當
中有梅蘭芳、歐陽予倩、程硯秋、徐悲鴻、齊白石、洪深、史東
山、柯仲平、傅抱石、常寶堃、宋之的、郝壽臣、方光燾、陳之
佛等同志。

　　林彪、"四人幫"對我國文藝事業和文藝隊伍的摧殘，是一
場空前的浩劫。許多同志的逝世，是我國革命文藝的重大損失。

他們雖然離開了我們，但是他們永遠活在我們心中。我們懷著沉痛的心情，對這些同志。對一切被林彪、“四人幫”迫害致死和身後遭受誣陷的文藝工作者，表示最深的哀悼。

　　現在，我提議：全體起立，默哀。

（選自《中國文學藝術工作者代表大會文集》，

1980 年 7 月，四川人民出版社出版。）